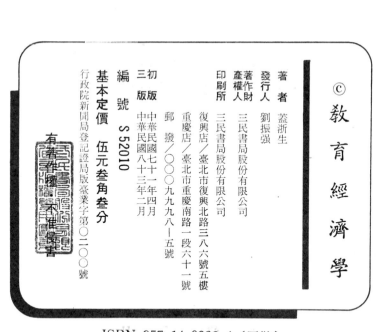

ⓒ 教育經濟學

著　者　蓋浙生
發行人　劉振強
著作財　三民書局股份有限公司
產權人
印刷所　三民書局股份有限公司
　　　　復興店／臺北市復興北路三八六號五樓
　　　　重慶店／臺北市重慶南路一段六十一號
　　　郵撥／〇〇〇九九九八一五號
初版　中華民國七十一年四月
三版　中華民國八十三年二月
編　號　S 52010
基本定價　伍元叁角叁分
行政院新聞局登記證局版臺業字第〇二〇〇號

ISBN 957-14-0333-4 (平裝)

教育經濟學

蓋浙生 著

學歷：國立政治大學教育研究所畢業
　　　美國史丹福大學研究
　　　美國芝加哥大學博士課程進修
經歷：行政院國際經濟合作發展委員會
　　　人力發展小組研究員
　　　教育部教育計劃小組研究員
現職：國立台灣師範大學副教授

三 民 書 局 印 行

上我國目前已有的研究資料作比較說明，期以瞭解我國及其它各國間發展的實況。

　　在寫作過程中，多承長官、師友的鼓勵，及授課學生的幫助繕寫文稿與校對，衷心感激。本書的出版，並承三民書局負責人劉振強先生的全力支持，乃得以順利付梓，於此併誌謝忱。

　　本書在撰寫時，雖力求審慎，但因個人學力有限與時間匆促，舛誤疏漏之處，在所難免，敬祈先進學者不吝賜教，俾供以後修正之指針。

蓋浙生　謹識

民國七十一年二月十一日

於國立臺灣師範大學教育系

序

　　雖然教育經濟學的觀念與思想淵源甚早，但是它能够自成一門獨立的學科去研究，是二十世紀六十年代以後的事，美國各大學研究所開授此一方面的課程，亦爲時甚短。在我國，由於師資及教材的缺乏，起步稍晚，這門學科尚在萌芽階段，因此，教育經濟學在學術的園地裏，堪稱是一門非常年輕的學科。

　　著者在民國六十三年任職於教育部期間，該部因感於有關從事教育計畫工作專業人員之缺乏，得蒙公費資助，赴美國芝加哥大學進修，指定研習教育計畫與教育經濟等課程。返國後，繼續從事此一方面的研究工作，並承邀於工作之餘，爲教育部教育計畫小組撰寫「教育經濟學」一書，以期介紹此一學科的新學理、新觀念給各級學校教育人員閱讀參考。

　　在芝加哥大學進修期間，倖隨蘇爾滋（T. W. Schultz）、溫德漢（D. M. Windham）、安德森（C. A. Anderson）、及湯瑪斯（J. A. Thomas）等名師學習，獲益匪淺。本書所採用的資料，泰半在那段期間搜集而得，返國後，復蒙母校國立臺灣師範大學聘請返系開授「教育經濟學」一課，授課之餘，對於原有的各項資料再重新予以訂正。

　　本書在架構上概分十二章四十節，除首章爲緒論外，其餘各章節按其主題分別就教育與經濟發展、教育與人力發展、教育的需求與供應、教育成本、教育投資、教育收益、教育生產力、學校經營規模、教育計畫、教育經費，及教育經濟學的展望諸課題逐一加以闡述，並儘可能加

教育經濟學　目次

附　　　錄

壹、圖表索引

一、附圖索引

二、附表索引

貳、參考書目

第一章 緒 論

第一節 教育經濟學的基本概念

壹、教育經濟學的理論基礎

任何一門學科的興起必有其理論的基礎、時代的背景爲依據。教育經濟學（The Economics of Education）的產生亦然。它的理論基礎，我們可以從下面幾位先驅者的思想淵源去加以探討。

一、亞當史密斯（Adam Smith）的「人爲中心」論

在古典的經濟理論中，經濟學家僉認爲生產的三大要素爲土地、資本與勞力。其中勞力是指人的體能的貢獻，此一體能的貢獻，是自然成長的，不學而得的，因爲，在他們的觀念中，人人都具有從事粗陋手工藝的能力，而且大家所具有的此種能力，都是相差無幾。因此，對於這種勞力在古典的經濟學中就都假定其爲同質的。過去經濟學家之所以持這種看法就是由於他們不承認「人」是一種「資本」，經濟的發展應以「人」爲中心。當然，這並不是指在古典的經濟理論中所有的經濟學家

都不重視「人為中心」的因素。例如，亞當史密斯在他的經濟理論中，就充滿着「人為中心」的思想，視人的各種能力、才幹是最可貴的資本之一。

要瞭解史氏「人為中心」的經濟發展理論，須先認識他對教育所持的態度與看法，史氏雖為經濟學家，但卻非常重視教育的因素，在他的不朽名著「國富論」(The Wealth of Nations)中卽有明確的揭櫫。例如，他強調社會中的每一個份子都應該保證有獲得最基本教育的機會，以便其有足夠的能力去面對生活上的要求。氏謂「一個受過教育和有才智的人民通常較之一個無知和愚蠢的人民要來得受人尊敬和守秩序，也許在一個文明的商業社會中，普通人民的教育問題較之高級的社會階層更應該受到重視。因為高層社會的子女他們都可以接受教育，而惟有平民大眾缺乏受教機會，需要特別的照顧。因之，國家應負擔一部份的經費與建學校，讓人民均有接受教育的機會，必要時還可以用國家的力量，強迫兒童在未就業之前接受教育」❶。

史氏之所以重視教育，主要是認為人的能力，大部份都是靠後天的環境或教育而獲得的，一旦獲得之後卽永遠屬於個體，非常可靠，不致損失。個人的才能品德不僅是個人資產的重要部份，亦是社會財富或國家資源的一部份。但技能與知識的學習，需要投入相當的費用，且常耗費不貲，但此儘可以視為對其個人固定而眞實的投資，因為這些學得的知能，不僅對本身前途之得失攸關，且對社會亦同有助益❷。由此可見，史氏認為經由教育所獲致的能力及所啓發的人類理性，對於社會的發

❶　請見伊力・金柏 (Eli Gingberg) 著：「人力資源——富國論」，協志工業叢書，民國五十五年八月初版，頁五。

❷　Adam Smith: An Inquiry into the Nature and Causes of the Wealth of Nations, Cannan ed, (reissued by Modern Library), Random House, Inc., 1937, book II, p.p. 265–266.

展，經濟的成長，確有實質的貢獻，此一論點，對於敎育經濟學的觀念，具有很大的啓發性，可惜在當時的經濟理論中，並沒有十分的重視。

二、馬歇爾 (Alfred Marshall) 的「人力資本」論

繼史氏之後再度重視人的能力與才智的，是英國的經濟學家馬歇爾。在其所著的「經濟學原理」(Principles of Economics) 一書中，馬氏一再強調敎育對經濟發展的重要性，主張經濟生產的要素，除土地、勞動、資本外，應該再加上敎育的因素。他認爲敎育可以分爲三類：卽普通的、技術的、及選擇的敎育。普通敎育主要在適合於中等階級，旨在提高彼等工作的情緒；技術敎育係爲勞動階級而設，期以激發其最大的生產力；而選擇性的敎育卽在培養能力高強的人，以應高層人力的需求[3]，顯見敎育對於各級人力的供應，實具有重大的影響。馬氏又認爲生產效率的改進，要靠兩種能力，一種是普通能力（general ability），在提高其對於職業的銳敏性、精力，及知識能力等；另一種是專門能力 (specialized ability)，特別在提高某一類職業特殊的熟練技術或知識能力等[4]，上述三類敎育，卽在助長人類的普通能力及專門能力。因此，馬氏首先提出「敎育是國家投資」的觀念，認爲「用之於人——敎育上的投資，是最有效的投資」[5]，「在所有資本之中，最有價值的就是對人投資而形成的資本」[6]。

---

[3] G. F. Kneller: Education and Economic Thought, John Wiley and Sons, Inc., New York, 1968, p. 51.

[4] 請見余書麟：「敎育經濟學基礎」，原載於雷國鼎等編著「敎育學」，華岡出版部印行，民國六十三年三月，頁一二七。

[5] F. Harbison & C. A. Myers: Education, Manpower and Economic Growth; Mcgraw-Hill Book. Co., N. Y. 1964, p.p. 3-4.

[6] Alfred Marshall: Principles of Economics, 8th ed., Macmillan & Co., Ltd., London, 1930, p.p. 216.

馬歇爾雖然認為對人投資所形成的資本是最有價值的資本，但是，很可惜的，馬氏並未真實的將人力資本包括在資本的定義裏面。因為他認為自抽象與數理的觀點，毫無疑問的，人是一種資本，但在實際分析當中，市場上並未視為資本，如果真的將「人」視為「資本」的一部份來處理，那還是一件不可思議的事情❼。儘管如此，馬氏對於人力所發揮之「資本」的功能，對日後教育經濟學理論的發展當能有所體悟。

三、熊彼得（Joseph Alois Schumpeter）的「技術創新」論

熊彼得認為生產能力（Productive Force）包括兩部份因素的組合，一部份是物質的，另一部份是非物質的。在物質方面，基本的生產因素有勞力與土地等，此為一切財貨所由來。非物質的因素為技術與社會結構，非物質因素亦影響着經濟活動的水準與性質。雖然作靜態分析時，這兩種生產能力可以視為固定，但熊彼德卻在動態經濟中，賦與技術與社會兩因素極為重大的使命❽。特別在技術方面，他認為「技術好比是一望無垠的大海，……事實上，雖然有些資源已被探知，但有些卻尚未發現，故我們絕不能以為前者比後者更富生產力。因此，我們絕無理由以為可使用技術的耗竭而想像產出率的停頓」❾。準此而言，熊彼得強調技術創新（卽企業家的創新）應該是經濟進步的原動力。

在熊彼得企業家的創新觀念中，認為企業家最重要的特質是使生產手段置於新的途徑，所以企業家的指導作用，是經濟發展中不可或缺的條件。故熊氏在動態的經濟發展中特別強調創造活動、社會狀態所形成

---

❼ T. W. Schultz: Investment in Human Capital, The American Economic Review, VOL. 51 (1961), p.p. 3. 原文請見 Alfred Marshall: Principles of Economics, 8th ed., London, App. E. 787-788.

❽ J. A. Schumpeter: The Theory of Economic Development, Harvard University press, 1949, p.p. 11, p.p. 58.

❾ J. A. Schumpeter: Capitalism, Socialism and Democracy, 3ed. Harper, 1950, p.p. 118.

的規律或信度、及企業家的指導作用三件事。他認為在穩定均衡的經濟狀態下，一切經濟活動均依循一定的軌跡而活動，不可能有創新的機會，企業家形同點綴，毫無發揮其能力的餘地。像這種維持現狀的經濟，是靜態的，更談不上發展。欲使經濟得以突破現狀繼續發展，則必須改變現況，發明新產品、介紹新方法、開拓新市場、發現新資源、及組織新的企業等⑩。企業家為了達成上面的改變，必須要有技術知識的存在，以不同的方式來組合生產因素，對此一知識與技術的獲得與增進，主要的活動就是教育。熊氏認為教育雖不能增加勞動力的數量，卻能提高勞動力的素質，以滿足創新技術的需要。他的理論對於教育經濟學理論基礎的奠定，無不有所影響。

四、伊力·金柏（Eli Gingberg）的「教育效果」論

伊力·金柏為美國當代的經濟學家，曾任哥倫比亞大學「人力資源維護計畫」，及「國家人力委員會」的主持人。在他所著的「人力資源——富國論」(Human Resources-The Wealth of Nation)一書中，認為人類是所有經濟的基本資源，每一個人生來都保有大量的潛力，如果予以充分的發展，將使世界的財富大量的增加，人類潛能發展的程度將依賴那些重要的社會機構是否有效地發揮其效能，特別是家庭、學校、衛生服務、以及職業市場。人們愈是被鼓勵領導自己，對自己的抉擇負責，則他們愈會辛苦的工作，而社會也愈將富有⑪。因此，金氏特別強調「教育效果」的重要，因為祇有教育能夠發展人們創造財富的才能與技巧，祇有受過教育的人才能在政治領域中面對選擇時達成合理的決定。民主政體生存之最佳保障就是受過教育的人民，教育的效果是今天

⑩ J. A. Schumpeter: Business Cycles, Mcgraw-Hill Company, 1939, VOL. I, p.p. 66.

⑪ 伊力·金柏：「人力資源——富國論」，協志工業叢書出版公司譯，民國五十五年八月初版，頁五（中文版前言）。

西方經濟進步與政治民主的基石⑫。由於他特別重視教育效果，所以將此一因素列為美國當今經濟發展的首要因素（其他因素依次為科學的研究、民主的制度及實證主義的精神）。認為美國有今日的成就，主要是靠全體國民的教育水準及潛在能力的充分發揮。

五、蘇爾滋（Theodore W. Schultz）的「人力與教育投資」論

在經濟學家當中，特別重視人力與教育投資的，除前述之亞當·史密斯外，就首推蘇爾滋了。這位在美國芝加哥大學任教多年的教授，於一九六〇年擔任美國經濟學會主席時，曾以一篇「人力資本投資」（Investment in Human Capital）論文，再度提醒經濟學家對於教育之經濟功能，實不能再予忽視。他的這篇文章，不僅為教育經濟學開拓了自己的園地，也奠定了日後教育經濟學的誕生與成長的基礎。

要瞭解蘇爾滋的人力與教育投資觀念，須先就蘇氏對於「人力」的看法加以解說。他認為人力要素，是生產的重要資本。國民所得之增加，主要是由於人力投資以後，可以提高生產的效果所致。但是，我們卻把這個重要的資本給忽視掉了。曾謂：「我們未能確切地認為人力資源亦是資本之一，實助長了對人力二字古老觀念的流行──不認為人力乃是一種有效的生產力，他們只不過是一些勞動工作者，工作簡單，不學而能，根本不需要什麼智能的訓練。這種看法，在過去固然不對，在今天尤其錯誤。我們不宜就各個個人的能耐看作是經濟因素之數學量度方式之一，猶如不能以機器的運轉情形來判定其在成本或生產兩方面的經濟重要性一樣」⑬。故蘇氏認為經濟發展之鎖鑰，應該是人的本身，而非物質資源。

人力既然是一種可貴的資本，則必須加強這一方面的投資，那麼，

---

⑫　同⑪，見頁四（中文版前言）。
⑬　T. W. Schultz: op. cit., p.p. 3.

透過教育及其他等方式的進行，卽可以使人獲得知識、技藝與能力。此一論點，在他的「教育之經濟價值」（The Economic Value of Education）一書中，有詳盡的闡述。

　　蘇氏重視教育投資，所以對於投入的成本(cost)與收益（benefit）亦有其獨特的見解與看法。他認爲教育投資的總經費，除了一般會計上所列的建築費、維護費、人事費、臨時費等數額及家庭教育費之外，學生在學所喪失的收入（卽機會成本，opportunity cost）也應該列入。因爲在這段期間，如果他們沒有在學，他們可以從事社會上有生產性的經濟活動，可以獲得報酬或所得，這一筆數字是相當可觀的。至於收益方面，蘇氏肯定地認爲教育收益率的計算，是解決教育投資問題、資本累積、經濟成長問題與教育資源分配的有效方法。

　　其次，蘇氏對於教育的經濟功能、教育對經濟成長的貢獻及教育的經濟效益諸方面的問題在其有關的著作中亦一再述及，這一些觀念的倡導與研究資料，都是經濟學重要的探討領域。總之，蘇氏對於人力與教育投資理論之建立，具有開創之偉績，在他的提倡之後，對於這門學科的研究，乃蔚爲成風，產生了許多人力與教育投資之論著，教育經濟學能有今日之成就，蘇氏其功厥偉，而不可沒。

貳、教育經濟學的時代背景

　　教育被視爲國家的一種「知識的產業」（Knowledge industry）這個概念，雖然還沒有普遍地被接受與採用，但是許多經濟學家卻認爲教育經費的開支，是對人力資源的開發；也是對人力資源的一種投資。這樣的投資，就是促進人力資本的累積。開發人力資源，不僅對個人有好處，對國家的經濟，也有實質的貢獻。因爲經濟上的大量生產，機械的使用，自動化的生產設備以及現代化的生產組織，都需要專門的人力，

參與其活動，才能使上述的目的得以實現。但是，這些專門人力的訓練，都必須靠有組織、有效率的教育制度訓練出來。

近幾十年來，經濟學家對於經濟成長的分析，除了自然資源、資本、勞動力的增加等因素之外，還有政治的、社會的，以及一部分不能用各生產因素去解釋的，經濟學家謂之第三因素（Third factor）或餘留因素（Residual factor）。在分析當中，他們發現勞動力的素質，以及術的因素等，對於經濟的發展，具有決定性的作用。因此，各國對於人力資源的開發，就非常重視而不餘遺力。然而，人力資源的發展，必須借助於正規教育、在職訓練、成人教育、以及醫藥衛生的實施。其中，教育與訓練被認為是改善勞動素質最有效的方法，所以特別引起經濟學家們研究的興趣，紛紛從理論與實際上加以分析與探討，期以確立教育對於經濟成長所作的貢獻究竟如何。

二次世界大戰以後，許多國家在戰後復興的奇蹟，給了經濟學家很大的啓示，他們發現今天已經不是一個資本萬能的時代了，因為有些國家有了資本，經濟並不能夠發展，相反地，在資本不足的國家裏，**經濟**卻能快速的成長，這到底是什麼因素造成的，結果，歐洲的西德與亞洲的日本給了它們很好的答案，它們在經濟上的奇蹟主要是人為的因素，換言之，就是經由教育與訓練等的效果，對於勞力素質的改善與提高。至此，教育的經濟價值乃得以確認而不疑。於是，研究者與有關方面的著作，有如雨後春筍的崛起，助長了教育經濟學這門學科的產生。

叁、教育經濟學的範圍

由於教育經濟學的領域及其內涵至今尚未完全的確定，故在研究範圍上當視個人研究的重點而定。有系統的介紹教育經濟學這一門學科，以國外資料言，按其順序分，計有：斐齊(John Vaizey)等編著的「教

育經濟學論文集」 (The Economics of Education, 1966)、布勞格 (Mark Blaug) 的「敎育經濟學導論」 (An Introduction to the Economics of Education, 1970)，及普爾門 (Richard Perlman)、錫漢 (John Sheehan) 與柯恩 (Elchanan Cohn) 的「敎育經濟學」 (The Economics of Education) 這幾本書，他們雖然研究內容上略有差異，大體上不外乎包括了下面這幾個主題:

一、有關敎育與人力方面的問題。

二、有關敎育與經濟方面的問題。

三、有關敎育與勞動市場方面的問題。

四、有關敎育供需方面的問題。

五、有關敎育成本方面的問題。

六、有關敎育投資方面的問題。

七、有關敎育收益方面的問題。

八、有關敎育的投入與產出方面的問題。

九、有關敎育財政方面的問題。

十、有關敎育計畫方面的問題。

上面十個課題，是敎育經濟學研究的主要範圍。在本國資料方面，高希均敎授主編的「敎育經濟學論文集」及林文達敎授的「敎育經濟與計畫」，亦以此爲主要的論點。此外，尙有許多其他的論著不下百餘種，如蘇爾滋（T. W. Schultz）的「論敎育的經濟價值」（The Economic Value of Education），哈必遜與梅耶斯（F. Harbison and C. Myers）的「敎育、人力與經濟成長」(Education, Manpower and Economic Growth) 等，無一不與敎育經濟學有關。至於期刊及論文方面，更無以數計了。

本書撰寫的範圍，亦以上述之課題爲依歸，除作一般理論之探討

外，並盡可能的將本國的資料與研究所得的結果，歸入其體系，俾便比較與印證。

　　總之，教育經濟學仍是一門新興起的學科，它的研究範圍，將會在今後為熱心於這門學科的人加以發揚起來，成為一門更完善與充實的學問，這是無可置疑的。

第二節　教育經濟學的重要

　　在沒有論及本題以前，我們需要先瞭解什麼是教育經濟學，從而探究其重要性為何。教育經濟學，顧名思義，是教育與經濟兩門學科的結合，它是從經濟學的立場來研究教育事象的科學，其目的是運用經濟上的理論、原則，來闡釋教育上有關之經濟問題。經濟學家高希均博士曾對這門學科作如下之定義：

　　教育經濟學是應用經濟的理論與原則到教育部門，特別側重教育部門中資源分配的效率、人力供需的配合、教育計畫的釐訂、以及教育對經濟發展、社會福利與公平原則所產生的短期與長期影響❹。

　　根據上述之定義，教育經濟學應以教育為主體，旨在運用經濟上的理論與原則，在不損及或降低教育品質的前提下，使教育資源能夠作合理的分配及充分利用，期以提高教育制度的效率及生產力，促進國家全盤的發展。因此，對於教育背景與基礎，乃不致有所偏廢，導致教育目的與功能的缺失。準此而言，則教育經濟學，一如新近發展的教育生態學、教育文化學等學科一樣，應是教育學的一部份而非經濟學的範疇。

　　其次，教育經濟學與經濟教育學（Economic Education）二者不

---

❹　見高希均主編：教育經濟學論文集，聯經出版社出版，民國六十六年一月，頁九。

容混淆。經濟教育學是運用教育的方法，對於經濟上學理的介紹與宣導等，或者是研究以何種教學方法及何種教材，才可使經濟學科的講授與學習更有效❺，二者在內涵上是有着顯著的差異。

我們瞭解到教育經濟學的性質及定義以後，試就其重要性再作如下之探討。教育經濟學的重要，根據它的性質，可以歸納爲下列四點：

第一、可以使教育資源能夠作有效的分配與充分的運用

二次世界大戰以後， 國家在資源分配上有兩種經費所佔的比例較重，其一是國防費用， 其二卽是教育費用， 前者在充實國家的軍事力量，以求獨立與自保；後者在增進人民的知識領域，以求統一與興盛。此一事實發展的結果，使國家在資源分配上日益感到困難。近年來，敎育的擴張，導致教育經費不斷地增加，主要原因是人民對於教育的需求有向上延伸的趨勢，其次，學生單位成本的提高（主要在改善教師的待遇及學校設備等）及各項物價的上升，均促使教育投資自然的增長。這種教育經費日漸增加的趨勢，引起教育經濟學家的注意，認爲教育資源究竟有限，如不及早規畫，作最有效的分配與運用，則對教育的發展，將產生不利的影響。

在發展過程中，資源的稀有性（Scarcity of Resources）是任何階段都會產生的現象與困擾。因此，一般經濟學家在談到資源運用的時候， 必須考慮到它們的利益。 經濟上所謂之成本與效率分析（Cost-effective Analysis）、投資與利潤（Investment-Profit）的觀念及機會成本（Opportunity Costs）的估算，均依此而產生。此一原則運用在教育經濟學上，卽涉及到教育成本之計算、教育投資策略之選擇、教育收益的測定、教育經費政策之擬訂等諸項問題。其目的無非在使教育投資不致浪費，並使此一有限之資源能夠作有效的分配與充分利用。以

---

❺ 同❹，頁九。

解決政府在資源分配中的困境。

第二、可以提高教育制度的效率及生產力

當就學人數大量增加時，教育制度就很難保持擴展之前的教育素質及效率。此一結果如果反映在就業市場上，一個很明顯的現象是因為教育發展過速或不當，而經濟發展所能提供的生產性就業機會又有限時，則教育所培養出來的人才卽不易為社會所吸收，導致知識份子失業機會的增多，因而降低了教育擴張的經濟利益(包括社會與個人兩方面的)。

從經濟成長的觀點言，一國之教育制度是否具有效率及生產力，乃視教育是否適合各人的需要，以及是否適合各人的文化背景與該國的實際情況而定。因此，教育並非在任何情況下均具有生產的效能，有時因其內容的不同（主要是素質的改變）或實施教育之場所與時間的不同，而使教育的效率及生產力有所差異。

再就經濟的意義言，教育通常係表示是一種投資或消費，但有時卻可能表示是一種浪費⓰。首先，就投資而言，教育不僅是使人民獲得基本的知識，同時也使他們增加了生產的能力與技藝，因而提高了他們的素質與工作效率，那麼，表示投資的教育，不僅可以使個人將來的實質所得可以增加，亦可助長一國之經濟發展與成長。其次，就消費而論，因為在教育實施期間，個人不僅不能工作獲致報酬，反而還要支付大量的金錢，但是此一消費若能導致個人精神的滿足與快樂，則未嘗不可以視為是另外一種報償，顯然在消費之中仍有投資的意義在裏面。至於教育的浪費主要在顯示教育的產出（Output）不能配合社會的需求，或是社會上有大量的學生失業，則視教育為一種浪費。

教育經濟學的興起，旨在研究如何經濟而有效地利用人力及物力，

⓰ Fritz Machlup: Education and Economic Growth, University of Nebraska press, 1970, p.p. 5.

以提高教育制度的效率及生產力，培養社會上所需要的人才。一國教育
制度的成效，可以從它的內部效率（Internal Efficiency）及外在生產
力（External Productivity）而定。內部效率是比較資源利用量與教
育上成果的關係，諸如教育經費使用的概況，學生人數或就業率等事實
的表現。外在生產力則是指教育部門所用的資源與學生及社會所獲致利
益的關係，亦即指學校所培養出來的人力與國家需要的符合程度而言。
這一些都是當今教育發展上不容忽視的課題。

第三、可以提供教育行政部門及受教者作決策的參考

在傳統上，個人接受教育是爲了增進知識、陶冶品德。因此，教育
的無形價值卽重於有形的價值。但時至今日，由於教育經濟學這門學科
的崛起，使人們對於教育的功能又有了更深一層的體認，僉認爲教育除
了文化的陶融，充實個人的精神生活外，還可以增加個人終身的所得，
獲致實質的經濟利益。而國家辦理教育，也不純粹的僅是爲了滿足國民
求知的慾望，同時也要考慮到對於國家整體發展的需要，此一觀念的轉
變與實施，在以前是不甚顯著的。由於教育兼及經濟與非經濟的功能，
因之教育行政部門在學校類別的增設及系科的調整就極其愼重而有所選
擇。對於家庭及個人（學生）而言，也可以據此作爲決定選擇何種類別
的教育是對個人最有利的投資。

第四、可以促進經社的安定與和諧，導致均富社會的早日實現

蘇爾滋教授根據他多年研究的結果，對於人力或教育投資的重要作
了如下的結論：「美國制度的最大特色，就是人力或教育投資的急遽增
加。如果沒有它，大地一片艱苦，雙手工作與貧窮處處可見」**⑰**。又謂
：「沒有技藝與知識的人，是無所依靠的」**⑱**。教育經濟學，強調教育投

---

⑰　T. W. Schultz: op cit., p.p. 16
⑱　Ibid., p.p. 16.

資的觀念，告訴我們國家之所以富強，主要是人民增受教育的結果。

其次，對於均富社會的實現，是各國一致努力的目標，但要想實現此一目標，首先必須要縮短各人貧富之間的差距，設法增加貧困者的所得，一個最有效的捷徑就是投入更多的資本在低所得者的身上，使他們因為接受較多的教育與訓練以後，加速增加他們的收入。教育經濟學重視人的價值與投資，此一觀念如被大家所接受，則增加投資的結果，可以促進經社的安定與和諧，並導致均富社會的早日實現。

本章摘要

教育經濟學是在科際整合（Inter disciplinary）下所產生的一門新的學科，雖然興起於廿世紀的六十年代，但其思想淵源在早期的經濟學家中卽已產生，諸如經濟學鼻祖亞當·史密斯（Adam Smith）在其不朽名著「國富論」（The Wealth of Nations）卽明確揭櫫「人」對於個人及國家影響的重要性，其他古典經濟學家馬歇爾（Alfred Marshall）、熊彼得（J. A. Schumpeter）等亦對於「人」在經濟發展中的重要性有所闡明。在近代經濟學家中，如伊力·金柏(Eli Gingberg)、何欽思（R. M. Hutchins）、顧志耐（Simon Kuznets）及蘇爾滋（T. W. Schultz）等對於教育的經濟效果更加以確認而無疑。其中，集其大成者，首推芝加哥大學的蘇爾滋教授，對於日後所謂「人力經濟學」及「教育經濟學」的產生有其深遠的影響。

本章，除對於教育經濟學的理論基礎首予闡釋外，次就教育經濟學產生的意義、背景及其研究範圍加以說明。並對「教育經濟學」這門學科，試作如下之定義：

「教育經濟學是以教育為主體，旨在運用經濟上的理論與原則，

在不損及或降低教育品質的前提下，使教育資源能夠作合理的分配及充分的利用，期以提高教育制度的效率及生產力，以促進國家全盤的發展」。

至於教育經濟學在當今時代的重要性，本文認爲教育經濟學可以達成下列四項目標:

其一、可以使教育資源能夠作有效的分配與充分運用。

其二、可以提高教育制度的效率及生產力。

其三、可以提供教育行政部門及受教者作決策的參考。

其四、可以促進經社的安定與和諧，導致均富社會的早日實現。

第二章 教育與經濟發展

第一節 經濟發展與經濟成長

經濟發展（Economic Development）與經濟成長（Economic Growth）這兩個名詞，在討論經濟課題時，有時會被混為一談，在未論及本章主題之前，有加以區別與解釋的必要。

所謂經濟發展，是指經濟結構與生產方式的改變而言。這可以從一個國家的農業人口佔全人口的百分比，都市化與工業化的程度，資本與勞動力的配合，以及人民生活方式與社會技術工藝水平看出來。要是一個社會，是從以農業生產為主，而逐漸改變成第二級產業（Secondary Product）生產與第三級產業（Tertiary Product）生產為主；人民的生活習慣及價值觀念，是從農業社會的那種常模，改變成工業社會的特徵，我們就說這個社會是一個朝向工業化方向邁進的社會，這是指它的經濟發展。

經濟發展的目的為何，由於各國發展情況的互異而有所不同，不過，歸納起來，可以得到下列三點共通的目的。

　　第一、建立國家現代化的基礎。經濟發展雖非以達成現代化為其本體之全部，但對開發中國家言，經濟發展確是走向現代化所必備的重要條件。亞當斯及約克（Don Adams And Robert M. Bjork）曾列舉了二十二項國家非現代化的特徵，其最主要者有下列幾項：一、出生率及死亡率均高；二、農民佔總人口的比例高；三、國民平均所得偏低；四、文盲率高；　五、　工業技術落後；　六、　各項資源均未充分利用[1]。因此，經濟發展的目的，即在改善上述各點之缺失，增進經濟福利的行動，奠定國家現代化的基礎。

　　第二、追求最大可能的經濟成長。開發中國家促進經濟發展的第二目的，就是追求可能的最大成長率，亦即儘可能提高國民所得水準。為達到此一目的，有些開發中國家的投資計畫，首先注重總產量的增加。有些開發中國家，則在國內先建立若干重工業，期之於工業基礎建立以後，資本財（Capital Goods）及消費財（Consumers' Goods）的大量生產，可如願以償。經濟成長為經濟進步的實現，商品與勞務大量增長的結果，更能表現出經濟成長的實質。

　　第三、提高人民的生活水準與生活素質。提高人民的生活水準是指國民所得的增加。改善生活素質則是指促進人民生活的安定與和諧，社會風氣的敦厚與純樸，　音樂設備的提高與普及，　自然環境的淨化與美化，與公害的防止與減少[2]。前者因有更多的財貨與勞務的消費，使人民的生活過得更舒適，後者由於各種因素的協調，使人民過得更快樂。故提高人民的生活水準是手段，改善人民的生活素質才是真正地經濟發

---

[1] Don Adams and Robert M. Bjork, "Education in Developing Areas", New York, David Mckay Company, Inc., 1972, p. 5.

[2] 見高希均：「生活水準與生活素質─論經濟發展的過程與目的」，載於「人力經濟與教育支出研究」第十四篇，行政院經合會人力發展叢書第四八輯，頁一六二。

展的目的。因此，這二個重要的觀念並不一定衝突，配合得當，二者相輔相成，否則，如果祇重生活水準，忽略生活素質，二者失去平衡，就會形成一個「富裕」但不「康樂」的社會。

在開發中國家走上經濟發展的初期，把生活水準提高作爲一個首要目標是無可訾議的。因爲在此一階段中，唯有所得增加，人民才可以脫離飢餓與匱乏。人民生活水準的提高是人民生活素質改善的先決條件。但當一國經濟逐漸擺脫落後，經濟發展政策就要看淸方向，把生活水準的提高看成經濟發展的一個手段，一個過程，而把生活素質的提高，作爲一個目的，在論及經濟發展的過程與目的時，是應該認識淸楚的。

當我們瞭解到經濟發展的目的後，對一國經濟發展的程度是否可以加以測定呢？經濟學家測定經濟發展的標準，常用平均每人實質所得作爲劃分低度開發與已開發國家的基準，如果採用全世界每人國民所得的平均數作爲此種劃分的標準，則全世界約有三分之二的人口（包括絕大多數的亞洲、非洲及拉丁美洲的國家）是屬於低度開發國家的範圍，而且世界上最富裕國家平均每人所得超過最貧窮國家平均每人所得的六十倍以上。雖然測定與比較世界各國的實質國民所得有許多技術上與統計上的困難❸，但其誤差尙不致改變此種劃分。

經濟學家採用平均每人所得作爲劃分低度開發與已開發國家的主要

---

❸　貝貝拉斯（A. Pepelasis）等氏在其所編纂的「經濟發展論」一書中，曾將國民所得當作衡量一國經濟發展的尺度所遭遇的困難，歸納爲下列四點：
　1. 有關國民所得估計所應包含之項目問題。
　2. 對國民所得所含主要項目之估價的一切技術問題。
　3. 以各國貨幣所表示的國民所得，換成共通的貨幣單位之問題。
　4. 在國民生產總額與社會福利水準之間，缺乏一種完全的對等關係之問題。
　本文係引自史元慶：「經濟發展理論」，三民書局印行，民國五十九年，頁三十三─三十四。

原因，即其爲表示一國經濟福利（Economic Welfare）的較佳標準。換言之，在其它條件不變下，一國平均每人實質所得的高低，即可表示其國民生活水準或消費水準的高低。不過，應用每人平均實質所得的指標來衡量亦有其缺點：第一、每人平均所得是一個平均數的概念，沒有考慮平均數上下數字的變動情形，假如一國的國民所得分配極不平均，即使每人平均所得相當高，但絕大多數的人民生活水準可能很低；第二、所得水準僅表示當期所得而不是當期消費水準，例如有些國家以當期所得的絕大部份購買軍事設備，消費財及勞務的供應量當然隨之減少，因此，所得水準可能是生活水準的一個很壞的指標，最顯著的例子即爲近年來因爲油價暴漲，石油輸出國家所得急劇增加，雖然每人平均所得在世界各國之間名列前茅，但仍未被視爲已開發國家，這不僅是由於這些國家的所得分配極不平均，而且其經濟開發程序及工業技術水準還很落後之故。

上述各點，是我們對經濟發展應有的認識。它與經濟成長有什麼不同，又是值得加以推究的問題。究竟什麼是代表著一國之經濟成長？學者見解並不一致，惟近年來之經濟成長論，多以已開發國家爲研究之主要對象，主題亦多集中於已開發國家如何維持繁榮問題，故其討論之內容，多爲減少失業，提高成長率，與防止景氣波動。而以安定成長，充分就業與達成資源最經濟之配置爲研究之目標。多瑪（E. D. Domar）教授爲當代著名的經濟學權威，即認爲目前我們之所以關心經濟成長者，並非偶然。一方面因爲我們深深瞭解目前之經濟制度，如果經濟不能繼續發展，即難以獲得分之就業；另一方面，則由於國際間的衝突，經濟成長實已成爲繼續生存條件之一❹。基此，我們可以確認，經濟成長旨在討論已開發國家及開發中國家之如何繼續發展經濟，以達成充分

---

❹ 同❸，頁九。

就業爲目標。

衡量一個國家的經濟成長，通常是指該國在某一段時間內，經濟生產的總量或國民總收入與過去一段時間內生產總量或國民總收入之比。若以百分比來看，就是所謂的經濟成長率(Rate of Economic Growth)。

國家總生產量的增加，是經濟的成長，但並不一定意味著國民個人所得 (National Income per Capital) 的增加，但是國民個人所得的增加，卻說明了經濟是在成長。這一點，是我們應該認識清楚的。

世界各國的經濟結構、社會組織以及經濟條件的不同，經濟發展的方向以及成長的速率也各不相同。經濟學家羅斯陶 (W. W. Rostow) 從歷史的觀點對經濟發展問題作一個有系統的分析。羅氏認爲各國國民經濟或某一地區的經濟發展史，可以分割成一套「成長階段」，這樣不但構成了經濟成長的理論，而且還是整部現代史的部份史論，依照他的說法，一個社會的經濟發展，可以分爲五個階段，即（一）傳統性社會 (The Traditional Society)，（二）前發軔期或稱過渡期社會（The Transitional Society)，（三）發軔期或稱起飛期社會（The Take-off Society)，（四）成熟期社會 (The Maturing Society)，（五）大衆化高度消費期社會 (The Age of High Mass Consumption Society) ❺。在這五個階段當中，各有其不同的特徵，茲摘要略述如下：

一、傳統性社會。在傳統性社會中，大多生產力薄弱，科學及工藝尚未開始運用。資源亦多用於農業，生產量及生產率的增加，都有一定的

❺ Rostow, W. W.: "The Stage of Economic Growth" Cambridge at the University press, 1962.
中文版見饒餘慶譯：「經濟發展史觀」，今日世界出版社，民國五十四年再版，頁二〇——卅三。

限度。世襲特權階級的社會結構是其特色，社會流動的現象極少。

二、過渡期社會。當經濟結構轉向過渡期社會時，農業人口逐漸減少而移向於工業、交通、及貿易等方面。經濟投資率的增加，開始超越人口增加率。此時，經濟、社會及政治制度，已由區域性漸轉至全國性及國際性。人們的價值觀念顯著地改變，新的社會領導階層也於此時產生。

三、起飛期社會。當一國之經濟已達起飛階段時，將有下列幾項特徵：

1.生產投資由國民所得之5％至10％以上。

2.新工業發展迅速，所得利潤又用以擴充資本設備，製造業增長率極高。

3.農業生產率的革命性進步，是起飛成功的重要決定因素。

4.在一、二十年內，整個社會及政治結構都會發生空前的變革，以適應經濟制度的更新。

羅氏特別強調「起飛」階段是最重要的一個關鍵。他認為此一起飛階段在過去各國都只需要二、三十年的工夫，經過了二、三十年的努力，各國的經濟結構與社會政治組織就可以徹底改觀，成為以後持續發展的基礎。

四、成熟期社會。起飛後約六十年，可達此一階段。工藝進步及工業的更新，改變了整個經濟制度的面貌，此期的特徵為：（一）農業人口比重逐漸縮小，經由40％降至20％以下。（二）技術工人增加，勞工立法人道化，使勞工福利與勞動安全大為增進。（三）高度的分工合作，職業性經理階層隨之形成。（四）新的問題的衝擊，接踵而至。例如：如何利用高度技術以加速成長；如何增進全民福利與閒暇，以及提高職業安全等問題必須謀求解決。到此一階段之末期，大多努力於對外擴張勢

力，爭取資源與市場，實行累進的直接稅制，迅速提高消費水準。

五 、 大衆化高度消費期社會。 此一時期之特徵爲經濟中的領先部門轉向耐用消費財與勞務之享受。都市人口激增，技術工人與職員比例上升，享受消費性的提高，不再以推廣現代化技術爲主要目標。羅斯陶認爲美國於一九四六年至五六年間達到此一階段，西歐與日本則於一九五九年間先後進入此一階段。

羅斯陶的「經濟成長階段」提出以後，各方反應不一。一般而論，歷史學家持贊成的看成，部份經濟學家則多不首肯，或同意其在歐洲如此，而在今日的開發中國家並不適合。雖有部份學者對羅斯陶的理論，不予贊同，並指出若干不適當之處，但仍有許多推崇羅斯陶理論的人，認爲此書之問世，對於經濟開發政策與理論有其重大的貢獻❻。

第二節　教育與經濟發展的關係

經濟的發展或成長，由兩個因素來決定：一個是自然的因素，另一個人文因素。自然的因素就是天然資源的多寡、土地的優劣、氣候的好壞等；人文因素則是經濟的、社會的、政治的與文化的因素所致。這些因素包括了資本的利用、土地的開發、勞動力、人民的教育水準與技術

---

❻　一九六○年九月國際經濟協會(International Economic Association)曾舉行會議，討論羅斯陶的經濟發展階段論，羅莎夫基 (Henry Rosovsky) 教授曾以「起飛進入自力成長的論辯」一文提出補充意見，與會人員對羅氏理論所持態度，歸納爲四種：第一種認爲不贊成，如 Kuznets, Habakkuk, Deane, Marczewski, Gerschenkron, Solow 等。第二種大致贊成， 如 Hoffman, Tsuru, Leibenstein, Boserup, Cairncross, Berrill, Landes等。第三種爲非常積極的贊成者， 如 Rostow本人。第四種並不重視其學說，但甚欲參與此類會議，如North, Fischer, Bulhoes, Cootner等。
本文係引自史元慶: 「經濟發展理論」，三民書局印行，民國五十九年，頁七三。

工藝程度，及企業精神等。一個國家自然環境的好壞，天然資源的豐富與否，固然是很重要，但是並不是唯一的因素。例如，許多工業化國家之所以富強，大多是因爲有豐富的天然資源，但也有缺乏天然資源而躋入先進國家之列的，日本、挪威、瑞士、瑞典等國即是。而在發展中國家之中，也不乏資源豐富而其經濟發展遠不如缺乏天然資源的工業化國家，如印尼、巴西、阿根廷諸國。由此可見國家的繁榮與落後，經濟的成長與衰退，並不完全決定於自然的因素。倒是人文的因素，支配了經濟的發展與成長。

在經濟發展與成長的過程中，勞動力（Labour force）所扮演的角色，已日趨重要。勞動力的素質、教育程度、科學水準、與知識的累積，都是構成經濟成長的一股動力。事實證明的結果，經濟學家已經肯定了教育是促進經濟成長的重要因素之一。

儘管經濟學家用數字的計算，列出教育對國民收入，對國家總生產的貢獻，說明教育是促進經濟成長的重要因素之一，但是，也有許多開發中國家，在教育上大量的投資，仍然沒有見到教育對經濟成長的貢獻，有時反而出現知識份子失業的現象，這不禁使人懷疑到教育是否爲一把金鎖匙，得以啓開經濟成長的門戶。假如我們說經濟成長的多少百分比，是由於國民受了較高的教育，就能夠增加其所得，這並不完全正確，因爲促成經濟成長的，不僅是教育，還有其他各種複雜的因素。同樣的，忽略了教育的經濟價值，也是錯誤的。設若不肯定教育的經濟價值，而希望國家走向工業化、現代化，這似乎是非常困難。即使肯定教育的經濟價值，還必須配合社會的經濟狀況，作一些適當的安排，才能促使經濟的逐漸成長。

工業化國家爲了配合社會的發展以及經濟的高度開發，除了培養基層及中層人力之外，還特別強調高層人力的培植。因爲在它們的現實環

境中，高度工業化、機械化、現代化以及自動化，需要大量的人才去操縱這些生產工具，去管理生產事業以及從事研究等。因此工業化國家對於高層人力的訓練，可謂不遺餘力。這可從其高等教育在學人數的比率而得知端倪。

反過來看一些發展中國家的情形，它們祇察覺到高層人力對於國家經濟發展有著密切的關係。所以認為只要提高大專院校的在學率（Enrolment ratio）訓練出更多高層人力，就可以加速經濟的發展，但其領導階層並沒有認眞地體會到在他們的經濟發展階段，是否應該向工業化國家看齊，大量訓練高層人力。結果，對高等教育過份的投資，使高等教育的膨脹非常迅速，而這些大學生離校後，不能充分地被現有的經濟結構所吸收，就容易造成人才外流或高等知識份子失業的現象。

如果一個開發中國家，不論它是否已進入羅斯陶所謂的經濟起飛時期（the take-off），就依賴工業先進國家輸入醫藥、機械、以及現代化的設備，但卻沒有把這些現代化的生產知識與技術，傳授給自己的國民，只靠外來的援助，借用國外的技術人員去操縱這些機器，使生產能夠進行，技術輸入一旦停止，生產事業即無法持續。但是要培養一批科學技術人才，並不是一朝一夕可以達成的，所以，教育不但要配合當前的經濟發展情況加以調整，並且還要研訂不同進程的教育發展計畫，才能與經濟發展相互配合。

哈必遜（F. Harbison）和梅耶斯（C. A. Myers）在討論教育、人力與經濟成長時，就世界七十五個國家，用綜合指數（Composite Index）❼的高低，把它們分為四組：第一組十七個國家稱之為未開發

❼ 哈必遜與梅耶氏（Harbison and Myers）為使許多國家人力資源發展程度之統計指標易於比較應用，乃誘導出一個「綜合指數」，其意義與求法是這樣的：
1. 每萬人中之教員數（小學及中等學校）。

國家（Underdeveloped Country），第二組廿一個國家稱爲部分開發國家（Partially Developed Country），第三組亦爲廿一個國家，稱爲半先進國家（Semiadvanced Country），第四組十六個國家，稱爲先進國家（Advanced Country）❽。未開發國家的綜合指數的組距是在 0.3 到 7.5 之間，平均爲 3.2，部份開發國家是 10.78 到 31.2 之間，平均是 21，半先進國家是 33 到 73.8 之間，平均是 50，先進國家是從 77 到 216.3 之間，平均是 115。

根據二氏當時的研究，在未開發國家裏，國民個人所得爲八十四美元，部份開發國家是一八二美元，半先進國家是三八〇美元，先進國家是一、一〇〇美元（依據聯合國「統計月報」U. N. Monthly Bulletin of Statistics 一九七八年資料顯示，目前未開發國家之國民所得平均已增至一〇四美元，開發中國家平均增至四六八美元，已開發國家平均增至四、五〇〇美元左右）。不同的國民收入，反映在不同的在學率，第一組國家第一、二、三級之在學率各爲二〇，二·七和〇·一五，第二

---

2. 每萬人中之工程師與科學家。
3. 每萬人中之醫生與牙醫生。
4. 五歲至十四歲估計人口中小學教育在學人數之百分比。
5. 經調整後第一級（小學）及第二級（中學）教育之在學率。
6. 十五一十九歲估計人口中，中等教育在學人數之百分比，此一百分比並已比照學制長短調整。
7. 二〇一二四歲年齡組中第三級（高等）教育在學人數之百分比。
   在上述七種指數，前三種是對人力資源儲藏量作局部之衡量，後四種是對人力資源儲藏量作整體之衡量。至於綜合指數計算的公式爲:

$$r = \frac{\sum xy - \frac{1}{N}(\sum x)(\sum y)}{\sqrt{(\sum x^2 - \frac{1}{N}(\sum x)^2)[\sum y^2 - (\frac{1}{N}\sum y^2)]}}$$

❽ Frederick Harbison & Charles A. Myers: "Education, Manpower and Economic Growth" Mcgraw-Hill book Company, New York, 1964, p. 31–32.

組國家是四五，一二和一‧六，第三組國家是六六，二七和五，第四組
國家則是八九，五九和一一。換句話說，在學率較高的國家，其國民個
人所得比在學率低的國家國民個人所得來得高，這種差別，在第一與第
二組國家之間，差異尤其顯著。其國民個人所得和在學率之間所求得的
相關係數 (Co-efficient of Correlation) 如下：

	第一級教育	第二級教育	第三級教育
相關係數	0.668	0.817	0.735

　相關係數越大，表示兩者之間的相關越大，就七十五個國家的平均
國民個人所得與中等教育的在學率比較而言，其相關係數○‧八一七，
大過其他二級教育。

　　哈必遜與梅耶斯的探討，是把國民個人所得與其他各項人力發展的
指標之間的關係，建立在量的分析，不能導出一個更完善的結論，但是
在說明教育與國家的經濟發展方面，卻是很重要的。

　　為了進一步說明教育與經濟發展的關係，本文擬再就國民的教育水
準、教育素質及教育制度等方面試加探討。

一、國民的教育水準

　　哈必遜與梅耶斯二人在其所列舉的十四項人力資源與經濟發展指標
中❾，有幾項說明了國民的教育水準，人口中的專業人數，對於國家的
生產都有很高的相關係數。換句話說，國民教育水準的高低與國家高層
人力之多寡，對於一國經濟之發展實有著密切的關係。

❾　哈必遜與梅耶氏所列的十四項指標是：(1)第二級至第三級教育的綜合指數
　；(2)個人國民生產毛額；(3)從事農業活動人口之百分數；(4)第一級與第二
　級教育每萬人中之教員數；(5)每萬人中科學家與工程師數；(6)每萬人中醫
　生與牙醫數；(7)未調整時第一級教育之在學率；(8)已調整後第一級與第二
　級教育之在學率；(9)已調整後第二級教育在學率；(10)未調整時第三級教育
　在學率；(11)進入科學與技術系科之百分數；(12)進入人文社會系科之四歲年
　齡組人口佔總人口之百分數。
　上項資料來源同❽，頁三八。

其次，美國明尼蘇達州立大學經濟系副教授葛羅格爾（Anne O. Krueger）曾研究了廿餘國的教育與人力因素及經濟發展的關係。他指出影響一國國民所得的三大因素為：（一）年齡結構、（二）教育水準、及（三）人民在都市與鄉村的比率❿。根據葛氏之估計，如果臺灣教育水準和美國一樣，個人所得可以增加21％，年齡結構與美國一樣則可提高14.5％（因為在我們的年齡結構中，十五歲以下的幼童與老年人所佔比例較大之故）。上面的數字都在說明教育對經濟發展的重要，因此，能夠改善教育的素質與結構，就能導致較高的經濟發展。

歐洲的西德與亞洲的日本也是一個很好的例子，二次大戰期間，二國雖然遭受戰火的洗禮，滿目瘡痍，但是由於這二個國家的人民已經有了很高的教育水準，他們的知識、經驗與技術的累積，並未因戰爭而損失，所以在短短的二十年內，能夠很快的達成經濟的復興。日本經濟學家大來佐武郎在其所著「日本戰後經濟高速成長的原因與問題及其對新開發國家的啟示」一文中，曾明確指出日本經濟生產的潛力，乃由於其國民所受教育程度，所累積的技術知識，以及工商業者之卓越經營能力等因素而得以發揮。此等因素雖在戰爭期間亦仍存續，因而其戰後復原的進度更得以超邁其戰前水準而前進」。英國「經濟學人」週刊亦報導說，日本就業市場中，年輕的新進人員具有 30％ 為大學畢業生，廿五歲以下的日本青年工作者，特別在技術科學方面，較之同等數量的同類美國青年工人所受教育為多。在西德，情形亦與日本相似，因而西德於戰後能迅速復興其經濟，躋於工業先進國家之列。

從上述各國發展的經驗與事實，證明了一國人民教育水準的高低，以及科學、技術、工藝和知識與經驗的累積，是經濟發展與成長的重要

❿　請見高希均：「教育、人力與經濟發展」，教育計畫叢書之十二，教育部教育計畫小組編印，民國六十四年十月，頁九至十。

因素之一。

二、教育的素質

　　若僅就量的方面來探討教育與經濟發展的關係，所得結論，尚不足以完全探信，我們必須再從教育的素質（Quality of Education）上進一步窺識其關係若何。

　　從工業化國家經濟發展的經驗來看，中等教育與高等教育對於經濟的成長，是非常重要的。因為中層人力與高層人力之培育，係以此二級教育為其主體，一個國家之內，受此二級教育的人口佔全人口的比值愈大，其經濟發展亦愈快速。就資料顯示，舉凡經濟成長較快速的工業化國家，高等教育人數與人口的比值較諸開發中國家為高，例如一九七六年，每萬人口當中，西德有大學生四三〇人，美國三九二人，法國二五七人，加拿大三五一人，日本二八八人❶。另一方面，我們看到許多開發中國家，雖然接受高等教育之學生人數不若工業化國家高，但亦不算低（如菲律賓於一九七六年每萬人口中之高等教育人數為一二八人，阿根廷一〇二人，韓國一〇六人），然其經濟發展的速度若與工業化國家相較，仍有一段很大的差距，其中一個因素，就是教育的素質問題。因為工業化國家，經過了一段長時間的努力，穩定了人口的增長率，並在教育普及以後，便可以進一步提高教育的素質。但對開發中國家言，因於人口膨脹的壓力太大，國家在基本建設上已經難以應付，還需要花費大量金錢來掃除文盲，開辦學校，並滿足人民「教育的渴望」（The Thirst for Education），在這種情形下，要擴充設備，減少師生比率（pupil/teacher　ratio），改善師資素質，增加資本開支（Capital expenditure）似乎是很困難的。在量的增加快過投入教育資金增加的情況下，教育素質能否合於經濟發展中所需人力的要求，就很難斷定。

❶　UNESCO: Statistical Yearbook, 1978.

　　有許多開發中國家是在二次世界大戰以後從殖民宗主國的統治下脫
離自立，或從傳統性的社會逐漸蛻變出來的，它們的社會，不是受了殖
民地主義毒素的渲染，便是固執於那種保守的觀念。故不論在推行社會
工作、經濟計畫以及種種新的措施上，都不易被接受。本來工業化國家
經過長期經驗所得到的成果，可爲開發中國家之借鏡；選取適合自己國
家的，善加使用，這不但可以縮短很多路途，也可以建立自己的經濟、
社會與敎育體系。這種接受力，必須要有一個品質高超的敎育系統，有
效地去改變人民的價值觀念與態度，人民如果還是留戀於過去那種守舊
的思想與觀念，經濟的發展與社會的改革卽無法加速進行。

　　敎育素質的高低，並沒有一個適當的標準去加以衡量。不過，在敎
育產品當中，如果能具有一種接受創新的價值觀念，比如說，從農業社
會的那種散漫的紀律，悠閒的生活方式，改變成爲有嚴謹紀律，願意工
作的那種工業社會的生活方式，以及能夠有效的處理周遭環境所發生的
事務的那種能力與工作的技能，那麼，我們可以說，經由此產出的敎育
素質是高的。敎育素質的提高，正是經濟發展所需要的一種激素。

三、敎育制度與結構

　　一國之敎育制度與結構，是隨著敎育目標的不同而有所改變。若從
敎育的經濟效益來探討敎育制度與結構，主要功能卽在彌補公私之各級
機構技術人力，一般行政及各類專門性服務人員之不足，其成效足以改
變現行經濟發展的型態，以加速其成長的速率。所以國家發展階段之不
同，敎育目標亦隨之而異，當然，相對地也就導致敎育制度與結構的變
革。以未開發國家言，一方面由於前述敎育尚未普及化，文盲率仍很
高，再方面，在全國各類機構中，人力與職位的缺額之間，仍有很大的
差距，亟需各類技術人員、工程師加以補充，因於資源分配不足所限，
敎育發展目標就僅能以前者爲其首要之務了。

至於開發中國家，中等教育的結構，與工業化國家相較，仍有一段很大的距離，這是因為經濟發展情況的不同以及教育上發展策略的差異所致。在開發中國家，中等教育絕大多數是偏重於普通教育，而忽略了職業技術教育。依據聯合國一九七五年統計資料顯示，一九七三年時，馬來西亞普通中學與職業學校學生人數之比為二三：一，菲律賓為一四：一，印度為二二：一，巴基斯坦更高為五十：一，普通中學學生人數過高，將影響到工業發展中所需技術人力之不足。同樣情形，高等教育方面，開發中國家亦側重於人文社會系科人力的訓練，忽視科技人才的培育。因此，一國之教育制度，對於人力的供求如果缺乏積極的刺激與誘導，會使訓練的「供」，與社會的「求」無法相互調適與平衡。

綜上所述，我們可以體認到教育在經濟發展的過程中，扮演着非常重要的角色。先進國家對於教育的發展，不僅在量方面的重視，即在教育素質、教育制度方面，亦十分注重，其目的，即在配合國家發展的需要。開發中國家在人力資源發展方面，雖然比先進國家慢了幾步，但是在技術方面，開發中國家是可以得到很大的便宜。由於先進國家經過長時間的實驗，經驗的累積，改進各種生產技術，開發中國家就可以利用它們的這種成就，來促進國家的經濟發展。

其次，多數先進國家從經濟起飛到成熟，大概需要半世紀的時間，才能進入大眾化高度消費時期。開發中國家如果依照先進國家的道路去走，所需的時間，恐怕不止半世紀，因為在開發中國家當中，有很多還是在傳統性的社會階段，人力資源的發展還需要長時間的努力。在這個瞬息萬變，突飛猛進的世界裏，一種新的生產技術還未普遍介紹給人民，另一種新的生產技術又出現了；先進國家輸入的機器，在開發中國家還未能訓練一批操縱的人才來應用時，另一種新式的機器又已出現。所以開發中國家不能一味跟著先進國家，而必須在開發人力資源，整頓

教育方面著手，尋找出適合自己國家情況的模式，來促進經濟的發展，這樣，除了政治、經濟等因素外，教育對於一國經濟發展與成長的效應，更得以確認而不疑。

第三節　教育對經濟成長的貢獻

教育對經濟成長的貢獻，一般多著重於勞動力的素質、資本的增進、以及生產的效率等方面加以探討。麥克魯（Fritz Machlup）在「教育與經濟成長」一文中曾經指出：國家總生產量的增加，經分析結果可能是由於下列諸因素所導致：（一）更多勞工的利用。（二）更多物質資本的利用。（三）較佳勞工的利用。（四）較佳機器的使用。以及（五）勞力、物資及機器的更有效地分配與使用[12]。麥氏進一步說明教育對（一）、（二）兩項的影響，雖然兼具正、反兩方面，但在改進勞動力素質方面，教育實扮演著重要的角色，其中包括了：（一）較好的習慣與紀律。（二）較佳的健康。（三）增進技術，對工作要求更多的了解與增強工作效率。（四）對瞬息萬變的社會情境提供良好的適應並對新訊息的快速評價與應變能力。（五）增加更具生產力或職業流動的可能性。至於對（四）、（五）兩項（即較佳機器的使用與勞力、物資及機器的更有效地分配與使用），教育至少亦提供了兩方面的貢獻，其一即為使人們更有興趣於改進設備，且更能夠使用它們並留意其效果，其二是由於以科學及工藝等方法去訓練他們，因而在研究與發展方面，擴大了它們的能力。

麥克魯同時並指出，如果教育能夠幫助人口降低其出生率，則對於

---

[12] Fritz Machlup: Education and Economic Growth, University of Nebraska press, 1970, p.p. 6–8.

經濟成長有另外五種貢獻，分別爲：（一）可以使較少的人口享受全部的生產。（二）可以有更多的資本作有效的運用。（三）減少十二歲到十五歲的人口，會有更多的資本及自然資源使生產量得以增加。（四）較少的嬰兒被撫育，會使勞動力的健康較佳。（五）較佳的營養基礎及較少的受教人口，會使勞動力的教育可能較佳⑬。

對於教育對經濟成長的貢獻，研究最具成效者，首推芝加哥大學的蘇爾滋（T. W. Schultz）教授，蘇氏首先認爲教育機構的本身即具有經濟的功能，即是（一）進行科學研究，改進生產技術，直接或間接的貢獻經濟的成長。（二）發掘與培養學生的潛在能力，對於經濟的成長，頗具價值。（三）培養具有適當的理想與態度的工作者。（四）增進學生或工作者適應職業變遷的能力，期以減少失業機會。（五）培養各級師資及科學家，以造就國家所需的各類人才⑭。因此，蘇氏即特別強調學校教育與知識的進步，同爲經濟成長的主要因素，視教育發展爲因，經濟成長爲果⑮。

由於蘇氏重視學校教育的經濟功能，所以也就特別重視教育投資，其重要性可用蘇氏對教育在資本形成中所作貢獻之各種估算來說明，這些估算顯示一九〇〇年至一九五七年期間根據培育成本(Costs of Producing) 所計算之勞動力教育財貨價值從一九〇〇年之六三〇億美元增爲一九五七年之五、三五〇億美元，此均根據一九五六年之教育成本計算而得。而這些財貨分別佔同期物資財貨之 22% 與 42%。可見教育資本在生產中顯然是一項重要因素，如果教育資本增加較快，則更形重

⑬ Ibid., p.p. 17-21.
⑭ Theodore W. Schultz: The Economic Value of Education, Columbia University press, 1963, p.p. 38-63.
⑮ Ibid., p. 53.

要⑯。

　　至於教育投資與國民生產毛額間的關係，經他研究的結論是：「美國國民所得增加總額中有33%乃是由增加教育投資所產生。換言之，卽在美國教育對國民所得增加的貢獻估計為 33%」⑰。因此，他強調說：「美國生產力之增長，僅有五分之一係得益於工廠設備之改良，而其餘五分之四，應歸功於生產方法、管理技術與員工素質之改進」⑱。凡此，卽屬於教育的範疇，也再次證明了教育對經濟成長的功能與貢獻。

　　鄧尼森（Edward Denison）是研究教育與經濟成長間關係第二位有名的經濟學者。鄧氏曾對各種因素質量改變在產出成長中所作之貢獻予以估算⑲，第一次研究是關於美國一九〇九至一九五七年期間之經濟成長，研究分析影響成長之質量因素共有二十個，並將此一時期分為一九〇九至一九二九年及一九二九至一九五七年二個階段。所估算之實質國民所得成長率第一階段為 2.82%，第二階段為 2.93%。其中資本財貨之增加分別為 0.73% 與 0.43%；勞動力改變之貢獻分別為 1.53% 與 1.57%。量之主要改變為就業人口之增加及工作時間之減少；質之主要改變為教育，其對每一階段成長之貢獻，估計分別為 0.35% 與 0.67%，以總成長言之，各階段資本與勞力投入分別作 2.26% 與 2%，剩餘生產力之

---

⑯　Martin O'Donogbue: Economic Dimensions in Education, Republic of Ireland, Cohill and Co. Limited, Dublin, 1971, p.p. 107.
　　原文請見 T. W. Schultz: Rise in Capital Stock represented by Education in the U. S. 1900–57, in Economics of Higher Education, ed. S. Mushkin, Washington, 1962.
⑰　T. W. Schultz: Education and Economic Growth, University of Chicago press, Chicago, 1961. p. 60.
⑱　Ibid., p.p. 73.
⑲　Martin O'Donogbue: op. cit., p.p. 108.
　　原文請見 Edward Denison: The Sources of Economic Growth in the U. S. paper No. 13, Committee for Economic Development, New York, 1962.

增加分別爲 0.56% 與 0.93%。在第二階段中，若將剩餘價值分配於其他各種因素，其中最重要者爲知識的進步，計佔 0.58%，規模經濟（Economics of scale）計佔 0.35% ❷。基於此一估算，教育應爲經濟成長之重要來源，其對總成長之貢獻在第一階段中爲12%，第二階段中爲23%，如視知識進步亦具教育之含義，則教育對於經濟成長之重要性將更大。

鄧氏根據上面的研究，指出從一九二九至一九五七年（卽在第二階段中），這二十八年間美國經濟發展的因素可歸納爲下面四項：

（一）更多的人投入生產行列，也就是更多的人進入勞力市場（此一因素佔36%）。

（二）教育的發展，促使勞力素質的提高（佔23%）。

（三）技術水準的提高（佔20%）。

（四）資本的增加（佔15%）。

在以上四個因素中，教育的因素佔了43%，而其它二項因素亦無一不與教育有密切的關係，美國有今日之經濟成長，教育的功效實不可抹滅。

另外一位經濟學家沙查菠羅氏（G. Psacharopoulos）是以國際比較的方法以窺識教育對經濟成長的貢獻。沙氏引用三種不同的計算程序爲基礎，首先引用「蘇氏計算法」（Schultz-Type Calculations），以收益率乘上教育投資額估算教育對經濟對成長的貢獻。其次，運用這項估計值再與以鄧尼森（Denison）發展出來的「時間數列計算法」（Time-Series Calculations）求得的差異資料作一比較，最後，再以「

---

❷ 從生產上講，當廠商之經營（工廠）規模擴大時，其長期平均生產成本會隨經營規模的擴大而減少。引起規模經濟或長期平均生產成本減少的原因有：㈠資源更具專業化；㈡更有效率的使用設備；㈢單位投入成本的降低；㈣副產品的有效利用；㈤輔助設備的增加。

鄧尼森交叉分類法」(Cross-Sectioned Denison-Type Calculations)
計算各組國家間經由教育勞力之差異而引起的個人所得差異。

　　若以個人所得來區分教育對經濟成長所作之貢獻，沙氏發現個人所
得偏低的國家，其貢獻率愈大[21]（請見表一）。

表一　教育對經濟成長所作之貢獻（按個人所得區分）

個　人　所　得（美　金）	貢　　獻　　率（%）
180	15.5
500	13.7
2,000	11.2

　　同樣的，若就國家言，在三組國家中（已開發、開發中，及低開發
國家），低開發國家教育對經濟成長的貢獻，通常亦都較大[22]（請見表
二）。

[21]　G. Psacharopoulos: Return To Education, Jossey-Bass Inc.,
　　Publishers, San Francisco, 1973, p. 117.
[22]　Ibid., p.p. 116.

表二　世界主要國家教育對經濟成長的貢獻（％）

國　別	蘇氏計算法	鄧氏計算法
(1)	(2)	(3)
美　國	17.9	15.0
加拿大	…	25.0
英　國	8.4	12.0
挪　威	6.3	7.0
荷　蘭	4.0	5.0
比利時	…	14.0
丹　麥	…	4.0
德　國	…	2.0
意大利	…	7.0
法　國	…	6.0
希　臘	…	3.0
以色列	4.7	…
紐西蘭	18.3	…
夏威夷	12.0	16.1
墨西哥	13.2	0.8
委內瑞拉	14.8	2.4
哥倫比亞	24.5	4.1
智　利	11.4	4.5
阿根廷	…	16.5
巴　西	…	3.3
厄瓜多爾	…	4.9
宏都拉斯	…	6.5
秘　魯	…	2.5
馬來西亞	14.7	…
菲律賓	10.8	10.5
南　韓	15.9	…
奈及利亞	16.0	…
加　納	23.2	…
肯　亞	12.4	…

從上面兩項資料，我們可以發現下面的事實：其一，教育資本形成及其貢獻率，是因經濟發展階段而不同的，經濟發展過程中，教育資本形成的量逐漸增加，貢獻率卻逐漸減少。因此，不同階段的經濟發展（以國民所得為指標），教育對經濟成長貢獻的比例即有所不同；其二，低度開發國家，由於教育投資不足，人民知識，技能水準甚低，經濟即無以發展，故教育投資常較資本投資對經濟成長的貢獻為大。

進一步觀之，再就不同教育類別對經濟成長的貢獻加以比較。在沙氏研究的資料中，多數國家均以初等教育之貢獻率為最大，平均為46％，中等教育次之，平均為40％，而以高等教育為最小，平均為 14％㉓（請見表三），此乃因為各級教育的成本有所差異所致（有關教育成本及收益之概念，請見本書第五章及第七章所述各節）。

表三　各級教育類別對經濟成長之貢獻率

國　　　別	初等教育	中等教育	高等教育	總貢獻率100％
美　　　國	43	31	26	17.9
墨　西　哥	59	29	12	13.2
委內瑞拉	69	22	9	14.8
哥倫比亞	54	39	7	24.5
智　　　利	56	34	10	11.4
以　色　列	46	36	18	4.7
印　　　度	35	53	12	34.4
馬來西亞	43	49	8	14.7
菲　律　賓	18	50	32	10.8
南　　　韓	38	56	6	15.9
奈及利亞	63	25	12	16.0
加　　　納	37	49	14	23.2
肯　　　亞	38	50	12	12.4
平　　　均	46	40	14	16.4

總之，教育所以對經濟發展產生貢獻，主要是由於：（一）教育提

㉓　Ibid., p. 119.

高了人民的知識水準，易於接受新的觀念，摒棄舊的積習，養成服務的
良好習性與態度。（二）教育改進了就業人口的素質，因為就業人口素
質的改善，勞動生產力，亦隨之提高。生產力的提高，就可以創造更多
的就業機會，加速經濟的發展。

本章摘要

　　本章先對經濟發展與經濟成長的內涵作一說明。所謂「經濟發展」，
是指經濟結構與生產方式的改變而言。這可以從一個國家的農業人口佔
全人口的百分比，都市化與工業化的程度，資本與勞動力的配合，以及
人民生活方式與社會技術工藝水平看出來。要是一個社會，是從以農業
生產為主，而逐漸改變成第二級產業（Secondary Product）生產與第
三級產業（Tertiary product）生產為主；人民的生活習慣及價值觀
念，是從農業社會的常模，改變成工業社會的特徵，我們就說這個社會
是一個朝向工業化方向邁進的社會，這是指它的經濟發展。至於經濟發
展的目的，歸納起來有三點：一、建立國家現代化的基礎。二、追求最
大可能的經濟成長。三、提高人民的生活水準與生活素質。

　　所謂「經濟成長」，學者見解並不一致，惟近年來之經濟成長論，
多以已開發國家為研究之主要對象，主題亦多集中於已開發國家如何維
持繁榮的問題，故其討論之內容，多為如何減少失業，提高生產效率，
與防止景氣波動，並以安定成長，充分就業與達成資源最經濟之配置為
研究之目標。

　　衡量一個國家的經濟成長，通常是指該國在某一段時間內，經濟生
產的總量或國民總收入與過去一段時間內生產總量或國民總收入之比。

若以百分比來看，就是所謂的經濟成長率(Rate of Economic Growth)。

　　至於教育與經濟發展的關係，本文認為：一、國民的教育水準。二、教育的素質。以及三、教育制度與結構等三項因素均影響到經濟的發展。

　　教育對於經濟成長的貢獻又為何，則以麥克魯（Fritz Machlup）、蘇爾滋（T. W. Schultz）、丹尼生（Edward Denison），以及沙查菠蘿氏（G. psacharopoulos）等經濟學家實證的研究予以說明與佐證。根據各家之論點，本文認為教育所以對於經濟發展或成長產生貢獻，主要是由於：

　　一、教育提高了人民的知識水準，易於接受新的觀念，摒棄舊的積習，養成服務的良好習性與態度。

　　二、教育改進了就業人口的素質，因為就業人口素質的改善，勞動生產力，亦隨之提高。生產力的提高，就可以創造更多的就業機會，加速經濟的發展。

第三章　教育與人力發展

第一節　人力的意義與性質

　　人力（Manpower）一詞，其意義是指人口中有工作能力而能從事經濟活動的勞動力（Labor Force）而言。在詞義上又有廣狹之分，廣義的人力除現在屬於經濟活動人口之男女外，還包括可利用的潛在就業人口。例如婦女目前在家料理家務、看顧子女，但希望於其子女長大後在社會上工作；因受傷或患病而暫時不能工作的人；以及尚在學校中求學，為未來事業作準備的青年男女，此項人力統稱為「人力資源」（Human Resources），故廣義的人力係將人視為一種資源，人之稱為資源，猶如土地、能源、資本之成為經濟資源一樣，具有價值創造及生產的功能。因此，人力資源與自然資源（Natural Resources）對一國之經濟成長具有同等的功效。狹義的人力即僅指前述有工作能力而志願從事生產財貨或提供勞務工作的勞動力，亦即是人力資源的重心。包括了就業人口、不充分就業人口及失業人口三部份。各國對勞動力的看法亦因情勢而異，在極權的國家裏，人民是為國家而存在的，勞動力係受

政府所支配，故無所謂勞動志願可言，祇要具有勞動能力的人，均稱之為勞動力。而民主國家則不然，因為勞動要根據各人的志願，平時政府無權強迫人民勞動，故所謂勞動力，不但人民須有工作的能力，而且還須有勞動志願始行。但有勞動能力及志願的人卻未必都有工作，其中有工作者稱為就業人口（尚包括不充分就業人口在內），無工作者稱為失業人口。故勞動力實即指就業人口與失業人口的總和。

但是，人之有所謂「力」，其產生力的標準如何，亦實難訂定，蓋人力的產生係由於連續的成長而來，初生的嬰兒，顯然無「力」可言，以後經過了相當的保育，隨同歲月的增長，隨後才產生了「力」，然而「力」並不可積聚或儲存，而是屆至某個時期後復告衰退，所以一個人在何種情況之下始能稱為有「力」，也成為一個複雜的問題。世界各國因經社發展階段的不同，對人力起算的標準亦有所差異，有些國家認為十五歲以上的人口方纔具有生產工作的能力，也有定為十五歲以下，甚或十六歲以上的。不過，根據聯合國出版的「由人口統計觀看人力」（Demo-graphic Aspects of Man-power）一書的觀點，該書認為各國所採用最低年齡限制並非基於生物學或生理學的立場，人類一達到什麼年齡便完全成熟而具有人力，而大都是從現行法令或教育上來着眼，認為凡無須接受強迫教育的人口，便算是具有人力的人口。同時為維護老人福利與保障老人健康，對於人力使用的終止年齡一般均以六十歲至六十五歲為上限。

本文述及今日經濟發展的關鍵，是自然資源與人力資源有效的結合。而人力資源對於經濟成長尤具有創始性的決定作用。蓋因一國雖已擁有豐富的物力資源，倘若不能有效的開發與利用，則此等資源並不能產生財貨與勞務，更不能為經濟和社會帶來快速的發展。自從工業進入高度發展和市場競爭的現階段後，科學的發明，技術的創新，以至現代化企

業管理的應用，已成爲提高生產力增進效率的首要因素，其達成的途徑則有賴於人的才智與潛力的發揮。故近代舉世各國，在競相謀求經濟發展途徑中，均已一致體認到人力資源的重要性。對於人力資源發展的規劃，已視爲整體經濟發展計畫中不可或缺的一部份。尤爲重要者，人力資源發展在性質上，具有下列幾項特質，不容忽視。

第一、人力資源的特質，在量方面，涉及人口與勞動力的多寡、組成和分配、工作時間、平均每人生產額和收入額等。而質的方面，則又涉及到知識、技藝、性向、體力、價值觀念和激勵等因素。因此其發展不但與經濟成長有關，卽在基本哲學和觀念上，亦與一國之政治、社會制度、教育文化等具有不可分的關係。人力爲生產要素之一，經濟學家將人力視爲資源之一種，這種說法，純由於人力之具有生產性，故以之與自然資源相對比，其對人性之尊嚴，個人人格之獨立，均無貶損之意。相反地，經濟學家研究人力運用的原理，亦必以人性需要與本能爲出發點。人類活動的領域甚廣，經濟活動僅其一端而已。人類的活動，諸如文化、藝術、宗教、學術、政治、法律、乃至國防等，無不有賴於優秀的人力獻身從事，亦無不攸關國家民族的生命延續，故就其重要性言之，殊不在經濟活動之下。

第二、就經濟資源而論，人力固僅爲生產要素之一，但人力的重要性，實凌駕於其他資源之上。經濟發展的目的，是要謀求每人生產量（ Per Capital Output ）的繼續增加，然欲求其產出增加，就必須使各生產要素之投入獲得適當的分配。以各項投入要素而言，土地、設備、原料之投入生產過程，須由人力加以有效的運用。而資本或資金之籌措積累，亦須經由人力而得以實現。所以，人力實爲生產的原動力，也是經濟發展的原動力。設若人力運用不當，則一切經濟發展計畫均將無從談起。人力資源之值得特別重視者，卽基於此。

第三、人不僅爲生產者，也是消費者，人民消費水準之能否提高，須以經濟能否發展爲前題。所以，人力運用是經濟發展的重要手段，人民生活改善，則是經濟發展的終極目標。進言之，人是經濟發展的推動力量，但就相反方面言之，如果是生產增加趕不上人口增加，如果社會上大量人力閒置或運用不當，則人口反成爲經濟發展的阻力。當今世界各國，已普遍的以人力規劃工作列爲施政要務。

第四、人力資源之開發與其他資源大小相同，其他資源的數量、效用，均可以應用機械的算法加以計算衡量，人力資源則不然。因爲人的性格、能力、工作意願、工作效率等都不是一成不變的，在民主國家的體制下，人民的擇業、就業、遷移、及受教育與訓練，基本上是基於人民本身的意願。除若干基本的法律要求外，政府不宜直接干涉，而祇能設法誘導。所以，對人力的規劃，不僅須注意人的工作能力，且須能激勵人的工作意願。更由於影響人力之變動因素頗多，任何人力之規劃，只能求其近似而難求其絕對的精確。

第五、有關人力的培育，還應該顧及到時間的因素。經濟愈發展，社會愈進步，人力的分工卽愈細密，對專門人才之需求亦愈殷切。但「十年樹木，百年樹人」，各類專門人才之養成，非短時間內所能獲致。故人力供需在時間上如不能密切配合，亦可構成經濟發展的瓶頸。所以，合理的人力規劃，不僅須隨時檢討修正，尚須注意到時間因素的配合。

第二節　人力資本

壹、人力資本觀念的產生

人力資本(Human Capital)，意指一國國民「知識、技藝與性向的綜合」。在廣義上，它包括創造力、資源的貧富、正確的價值觀念、與趣與性向及其他有助於提高生產及加速經濟發展的人力素質而言。如衆所知，經濟學家所謂之「資本」，向指「物質資本」（Physical Capital）而言，亦卽單指廠房、機械設備、及工具等而已。從不把人經由學習與訓練的結果，所獲得的知識與技能視爲是一種投資。當然，這並不表示經濟學家不重視「人」在構成國家財富上的重要性，而是因爲在經濟學理論中，一向都將勞動者看作是一種基本的同質生產要素（因爲在古典的觀念中，認爲每個人都具有從事粗陋的手藝工作的能力，而這種能力是彼此相等並與生俱來的。因此，對於這種相等的勞力在傳統的經濟學理論中就都假定爲同質的）。過去經濟學家所以持這種的態度與看法，乃是因爲他們認爲「人」是不可以成爲投資的對象，因而也不接受「人力」是可以成爲「資本」的觀念。何以經濟學家否認此一事實的存在呢，分析所得，可能是基於下列幾種的理由：

其一、是一種根生蒂固的傳統道德觀念，不允許經濟學家承認人是可以投資的對象。如果將人視爲物，或是資本，無異是否定了人的尊嚴與價值，此爲衛道主義者所不容。

其二、長期以來，人類爲了免除人身契約的限制所做的奮鬥，爲了免受奴役所發展的政治體制，大家也爲了這些成就深深感到驕傲。因此，如果把人視爲一種財富，並可經由投資而增大，則與長時間傳統的價值觀念背道而馳，無異把人貶抑成爲一種物資財產。另外，人若把自己看成爲一種資本財，卽使不損自由，似乎亦會貶低自己。例如古典經濟學家彌爾（J. S. Mill）就曾堅持說：「一個國家的人民，不可以視爲財富。因爲財富之存在，主要是爲了人的緣故」❶。事實上，彌爾所

❶　T. W. Schultz: "Investmemt in Human Capital" from American

持的論點是值得商榷的。因爲把「人」視爲「財富」的觀念，與他基本的信仰——財富存在主要爲人——並不衝突。相反地，人投資自己本身，藉以增進知識與技能，則可以增加人的工作能力與意願，不僅使人有更多選擇工作的機會，亦是人類提高福利的一條途徑。

其三、人是經濟活動所服務的最主要對象，他們本身不是一種財產，也不能視爲一種財產或市場資產。

上述觀念的固滯，使經濟學家不願公開言明投資於人的知識與技能是一種資本，而且是人類投資中的主要部份。此一看法，正如蘇爾滋（T. W. Schultz）所言：「經濟學家不明白地將人力資源視爲資本的一種形態、一種生產工具、投資的產品，就使得傳統的勞動概念得以保存下來」❷。

在少數人之中，有三位著名的經濟學家曾把人喻爲資本。如「國富論」（The Wealth of Nations）作者亞當史密斯（Adam Smith）就把一個國家的人民所獲得的有用能力都喻爲資本的一部份 ❸。杜能（H. Von Thünen）亦曾進一步把資本的概念應用在人身上，並不會因此而降低了一個人的人格或減損人的自由與尊嚴，相反地，他認爲如果不應用這一種概念，在戰爭中特別有害。因爲戰鬪中，如不經考慮，往往爲了保全一枝槍砲，要犧牲百個壯丁，理由是購買一枝槍砲，要造成公共開支（Public Funds），而動員壯丁只需一紙徵兵令（Conscript-

---

Economic Review, Vol. 51. (March 1961) p.p. 1-17. Edited and with an introduction by Jerome Karabel and A. H. Halsey: "Power and Ideology in Education", Oxford University press, 1977, p.p. 314.

❷ T.W. Schultz Address delivered at the Seventy-third Annual Meeting of American Economic Association, Saint Louis, Dec, 28, 1960.

❸ T. W. Schultz, op, cit., p. 314.

ion Decree) ❹。另一位經濟學家馬歇爾（A. Marshall）雖亦表示在所有的資本之中，最有價值的就是對人投資而形成的資本。但是，儘管如此，他認為這不過是從抽象與數理的觀點來看人的活動所產生的後果，毫無疑問人是資本，但是實際分析中市場上並未視為資本，如果真的將「人」視為「資本」來處理，那是不可思議的❺。因此，儘管許多經濟學家，包括馬歇爾在內，在他們著作中可以看出，或多或少與這一個問題有關，但是人力投資仍未被正式納入經濟學的範疇之內。

　　沒有把人力資源很明顯地視為一種資本，一種生產手段，和一種投資的產物，加深了古典的勞動概念，認為勞動只是一種簡單的手藝工作能力，不需要豐富的知識與技藝。根據這種看法，勞動者的天賦能力大體相同，這種勞動概念一直到了工業革命初期迄未改變。但是，時至今日，在技術日益進步，科學日新月異之下，勞動力自須具備豐富的知識與熟練的技能，才能適應國家社會的需要，如不再放棄傳統的看法，就違背了現代的事實，基於此項認識，人力資本的價值又重新被經濟學家所重視，並經過若干經濟學家的實證研究，其地位乃得以確立不移。

貳、人力資本的重要

　　二次大戰以後，各國均以經濟的復興與開發為發展重點，其目的在加速經濟的成長，期以改變一國之經濟結構，並改善人民的生活水準與生活素質。然在其發展的過程中，僉以為資本累積，外資引進，及增加國內儲蓄量是國家達到經濟起飛的一個必需而充足的條件。換言之，乃認為資本是掌握了經濟發展的樞紐。但事實證明的結果，發現單靠資本這個因素仍不足以改變一國經濟的結構。如許多經濟落後的國家，以為

---

❹　T. W. Schultz, op. cit., p. 314.
❺　T. W. Schultz, op. cit., p. 314-315.

祇要能引進外資建立大水壩、煉鋼廠、港埠、鐵路與公路等，就能促進經濟的開發，並意味着經濟的成長，但所得結果恰如其反，因爲它們沒有適合的人才去管理與操作，以致仍是一蹶不振。於此同時，許多學者與負責經濟發展計畫的工作人員，在不斷的尋求到底那一種因素是導致經濟發展的主因時，他們終於發現戰後西德與日本的經濟奇蹟提供了一個重要的線索，它們的「經濟奇蹟」是「人爲」的奇蹟，證實了國家除了建立物質資本，還要培養許多幹練的技術水準高超的人員去利用這些物質資本，以使其能夠發揮高度的效率。至此，人力資本的價值終於呈現無遺，亦使大家快速認淸「人力資本形成」比「物質資本形成」對經濟成長來得更適切而有效。有關「人力資源」、「人力投資」、「人力發展」、及「人力規劃」等名詞也就成爲經濟發展術語中常用的名詞了，這代表着一個新觀念的產生以及一個新方向的確定。

叁、人力投資與經濟成長

近二十年來，由於經濟學家對於人力資本有了新的認識，故對於此一方面的投資可謂不遺餘力。在未論及本題之前，試先就「人力投資」(Manpower Investment) 的特質略予分析，歸納所得，它的特質有下列四點:

第一、人力投資的折舊緩慢。一般的資本投資，如廠房、機械等，經過數年的使用後就會產生磨損現象。因此，須按其成本逐年折舊報損。而投資於人的知識與技能，愈用愈增進，鮮少折舊的現象，即使是有，亦極爲緩慢。

第二、人力投資的移動性大。資本投資多爲固定的，搬動不易，而人力投資是人的本身，故流動方便。人力移動對經濟發展而言頗多影響，假如人力移出過多，會影響到人力供需的不足與失調，此其一; 而

人力的移入，對當地經濟言，會帶動生產結構的改變及創新技術，可以促進該地區經濟的繁榮，此其二；當然，人力移動的結果有時對於工資的上升與下降亦會有所影響，此其三。因為人力移動的便利，故社會上對人才的外流與內流均十分重視。

第三、人力投資的風險性小。資本投資不當，會有虧損現象。而人力投資的結果，無所謂風險性，人力投資不當最大的缺失卽是畢業生就業的困難，與國家建設中所需人才的不足，此又與整個教育制度與結構有着密切的關係，設若能儘早規劃，是可以減至最低程度。

第四、報酬率的高低非人力投資唯一的因素。就社會與個人的觀點言，當然希望投資以後，可以增加現在或終身的所得，但它不像資本投資，是以獲致最高的報酬率為唯一的目的。人力投資的結果，雖然有時其有形的報酬不大，但其無形的報酬卻難以估算，諸如人民知識水準提高後，對國家統整與民族意識的增強，對政治參與效率的提高，對個人生命價值的體認及對子女教育程度的影響，卽非有形報酬所能顯見。

其次，言及人力投資的目的為何，人力投資的重點是要提高一國人民的素質與效率。因為根據經濟學家的研究，人力素質與效率提高以後，在等資條件下，可以改變「生產可能曲線」(Production Possibilities Curve) 如圖一所示：

在圖一中，由於人力投資使人力資源效率提高後，生產可能曲線卽由 X_0E_0 移向 X_0E_1，則點 A 可向 B、C、D 三個方向發展。

當 A 移向 B 時，表示由於人力資源效率的提高，以同樣資源生產，教育部門的產出，雖然相同，但非教育部門產出則可增加。

當 A 移向 D 時，則教育部門和非教育部門的產出可同時增加。

當 A 移向 C 時，非教育部門產出不變，但教育部門的產出可以增加。

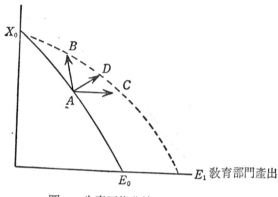

圖一　生產可能曲線

　　通常，工資與勞力需要量是成反比的關係，工資愈高，勞力需要量愈低。但是，當企業家加強人力投資而導致邊際生產力（Marginal Productivity）提高後，其勞動需要曲線，可不斷向右上移。結果不但在同一工資水準下，企業家對勞力的需要量可以增加，即在某一限度內

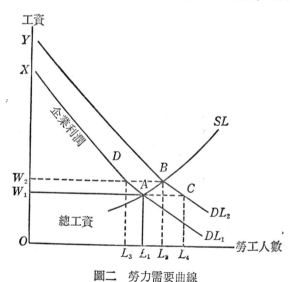

圖二　勞力需要曲線

工資上漲情況下，也不致降低勞力需求，與企業家的利潤（卽資本的形成），如圖二所示。

在圖二中，當工資為 OW_1 時，勞力需要量 OL_1，若勞工邊際生產力不變，當工資升為 OW_2 時，勞力需要量降為 OL_3，如因人力投資而使邊際生產力提高， 勞力需要曲線可由 XDL_1 移向 YDL_2， 則當工資維持不變時，勞力需要量可增為 OL_4，但因C點勞力需求大於供給而非一均衡點，因此勢必提高工資至 OW_2 而達到新均衡點 B 與原均衡點 A 比較，工資提高 W_1W_2， 就業量亦增加至 L_1L_2， 故人力投資的結果可使工資提高而不致減少就業量。

由另一方面看，邊際生產力的提高，不但可增加勞工的福祉，社會的購買力。同時，亦可提高企業家的利潤。 上圖中， 原來之總生產為 OL_1AX，勞力所得為 OL_1AW_1，企業家之利潤為 W_1AX，但是當邊際生產 X 提高後，總生產為 OL_2BY，勞工所得增為 OL_2BW_2，企業家之利潤為 W_2BY， 由此可見人力投資導致勞動生產力提高後，可使勞工與企業家互蒙其利。

以上均說明人力投資的利益，對企業家、勞工及工資均有所影響，至於人力投資後，對整個經濟發展產生何種之效應，下文試述其梗概。

有關人力投資的經濟價值，可以由下述三個事例而得以佐證。

第一個例證是美國近二十年來的國民所得，比生產該所得所需要的土地、人工小時（Man-hours Worked）， 及真實資本的綜合量增加更快，而且最近十幾年來，隨着經濟波動循環，二者的增速率差距愈來愈大。這種差距現象的原因，探討結果，有兩種可能性來解釋，其一為規模報酬的遞增（Increasing Returns to Scale）❻。其二為投入要素

---

❻ 所謂規模報酬，是指長期間，假定技術不變，廠商可利用各種資源──勞動、資本與土地的增添，以擴展其生產規模。規模報酬則是用來解釋產品

的品質大量改進。其實，這二個因素實際上早已存在，祇是我們在估算所得時往往把它們給忽略了。在此二個因素之中，特別是後者尤其重要，因為投入要素品質的改進，不可能只發生在物質資本（卽非人力資本），此一情事，正如蘇爾滋（T. W. Schultz）所言：投入要素和產出增加率的不同，若人力素質改進這一項因素被忽略，比規模經濟被忽略，來得更重要❼。另顧志耐（Simon kuznets）亦曾指出，過去經濟學家在測度資本形成時，若只以固定資本（Fix Capital）為計量的標準是不夠的，因為他們還忽略了教育、研究、保健及娛樂方面的費用，這些都改進了各種複雜生產系統之效能，而促進了經濟成長❽。據此，我們可以認為，美國國民所得增加之速，是由於人力投資後，對素質的改進，因之工人邊際生產力亦為之增進之故。

　　第二個例證是在二次大戰期間，工廠設備遭受相當嚴重摧毀的國家，為何能在戰後快速復元的問題。許多經濟學家在評論戰爭以後再復元所具有的涵義時，顯然過分強調有形資本的重要，但戰爭後不久卻證明了他們的想法過於偏失。其原因是他們在評估的時候未能重視人力資本對於近代經濟社會所具的價值。

　　第三個例證是看落後國家的經濟發展。一般認為落後國家之所以貧窮，主要是缺乏資本之故，因此增加額外資本應該是加速經濟成長的主要關鍵。但事實證明結果，他們的看法是錯了，因為有形資本的增加是

的生產量，隨所有生產資源投入量的增減而變動的情形。在擴展生產規模時，通常廠商可能因為生產單位成本、運輸單位成本的降低，及有效的管理技術，而發生規模報酬遞增的階段，但有時亦可能因規模過份擴張而導致資源價格之上漲、管理組織的鬆弛而發生規模報酬遞減現象。

❼　T.W. Schultz, op, cit., p.316.

❽　Simon Kuznets: "Modern Economic Growth" (New Haven:Yale University press) 1966, p. 213.

不受時間限制的，而人力資本的投資卻非短時期內所能奏效，設若人力投資無法與新增資本相配合，人力培育趕不上眞實資本的增長，卽構成經濟成長的瓶頸。在這樣情形下，卽使有了物質資本，其成長率亦必然很低。故霍威特（Horvat）認爲在決定經濟成長率時，應該把知識與技藝視爲重要的投資變數，其所制定的適度投資率是十分重要的❾。

肆、人力投資類別

人力投資主要是對勞動者質與量兩方面的投資而言。在範疇上，人力投資所涵蓋的對象較廣，除以正規的學校教育爲投資的主要對象外，尚應包括在職訓練，對勞動者的保健活動、成人教育、及個人與家庭的遷移，以適應工作機會的改變等投資在內。一般而論，教育與訓練是被公認爲提高勞動者就業最有效的途徑之一，其他三項則鮮少被提及與人力投資有着密切的關係。其實，政府與個人對於教育與訓練，保健與休閒等的支出，均有助於勞動效率的維持與提高，故對此一方面的投資，當可視爲一種生產性的投資。現玆逐一解說如下：

首先，就教育與訓練言。教育與訓練爲積極提高勞動素質的有效方法，對開發中國家言，尤其重要。蓋因其技術結構正在轉變，勞動者的技能逐漸受社會的重視，而勞動的移轉，也漸漸打破過去傳統觀念與制度上的阻力，可以比較自由。不但新的設備必須要有新技能的勞動者來操作，更由於工業的發展、分工的增進、及市場經濟的擴大等情勢. 增加知識與技能逐成爲社會中每一個人的迫切需要。世界銀行及國際開發協會副總裁威爾森（G. M. Wilson）曾謂：經濟成長與社會進步是相互關聯，而且是不能分開的。在此一情況之下，希望與熱忱、技術與知

❾　B. Horvat:"The Optimum Rate of investment" Economic Journal Dec. 1958, pp. 747-767.

識、求知慾、想像力及智慧與學問的重要性，並不次於鋼鐵、水泥、土壤與機器的重要，故我們認為經濟成長必須發展教育為根本。

若論及在職訓練 (On-the Job Training)，此比之正規教育，更易於適應快速經濟社會結構所發生的變化。儘管是教育仍在不斷地擴充，但是在職訓練，仍然一直存在，表面上看來似乎是以前廠商所使用舊的方式（如學徒制度）已然不復存在，但是為了配合工人教育水準的提高，新技術不斷的改進，及新的訓練方式接踵而來，每一年在職訓練的費用，根據克拉克 (H. F. Clark) 研究的結果，大概與正規教育的支出相差無幾❿。

另貝克 (G. S. Beeker) 研究在職訓練對個人所得所產生的效果時，發現有技術勞工的所得年齡曲線，要比無技術勞工者為陡峭⓫。

其次，就保健與休閒活動言。保健投資與教育投資之對人力開發，具有若干共通性，也有一些重要的差異。

就二者的共通性來看，保健與教育常是相互聯帶的。健康始能接受較好的教育；兒童的死亡率增加，也就增加勞動力培養過程中所需要的成本。兩者不僅都是一項對人投資，也是提供人生的滿足。兩者均兼利於個人與社會。教育與保健的增進必須經過投資，為了接受教育，就得遲幾年工作，為了保健，就必須充實醫療及護理人才，雖然訓練人才與延長壽命減少死亡率都有一個時間落後的現象，惟二者都能直接增加產出。不過，二者的效果，亦有若干差異，教育對於絕對的生命，無直接關係，保健則可以對壽命之長短，直接產生效果。此外，教育本身不

---

❿ H. F. Clark: "Potentialities of Educational Establishments Outside the conventional structure of higher Education" Financing Higher Education, 1960-70 D.M. Keezer (ed.) New York, 1959.

⓫ Gray Becker: "Human Capital" Second Edition, NBER 1975. p.p. 19-26.

能保證其增加產出的確實性，如果是夭折或疾病，其所受教育之支出將轉變爲社會的負擔。而健康則否，如獲得健康，則勞力與勞心之絕對時間增加，且亦能確實增進工作之能力。

恩格 (S. Enke) 教授曾將教育支出與保健支出兩者的經濟與社會效益，作計量之分析，恩格發現，同樣一筆預算用於保健支出是否比用於教育支出，所產生的效益爲多或相等、或爲少，因視其人口之健康彈性 (The Health Elasticity of Population) 而定。設若保健支出所產生的新增有效人力，與人口之健康彈性相等，則用諸於健康與教育的支出費用並無不同。反之，如果用於保健支出所產生的新增有效人力，與人口之健康彈性爲少，則還是用諸教育爲佳❶。

第三、就成人教育言。一項事實顯示的結果，近年來在勞動市場最顯著的現象是年輕人具有較多競爭的優勢，例如年輕人進入勞動市場找一份滿意的工作，要比年紀大的失業工人佔便宜。以美國爲例，大部分的年輕人都有十二年的學校教育，但多數的年齡較大的工人卻只有六年甚至六年以下的教育。年輕人所以佔優勢，主要的原因是彼此生產力的不同，但是如果能夠爲這批年齡較大的工人提供短期推廣教育或在職進修的機會，則其生產能力復得以增進，在工人來講，可以增加其賺取所得的機會，對企業家而言，其既得利潤亦因此提高。

第四、就個人與家庭的遷移言。個人與家庭的遷移，不僅對個人有利（諸如遷移後學用的配合、工作環境的適應及待遇的公平合理等），卽對經濟成長言，往往亦需要工人有較高的移動性，來配合工作機會的變化。因此，一旦瞭解遷移成本，是一種人力投資後，的確在經濟上是

❶ S. Enke: Economics for Development (Population and Growth): A general theorem, Ouarterly Journal of Economics, 1963, p.p. 410–413.

很有意義的⑬。年輕人遷移投資的報償期要比年老的工人爲長，所以年輕人比年老的工人願意遷移。不過，其獲得經濟利益的工資差異也就比較小。

當我們得悉人力投資的對象與內涵後，最後，讓我們再討論一個問題，卽是上述人力投資的經費，究應由那一個部門來承擔，是政府機構，抑或企業界自身，以求加速人力資本的形成率及人力資本的平均分配。

從國家整體發展的目標上來看，教育是國家的主要事業之一，其成效關係國家的興衰，民族的存在。故教育之價值卽不僅見之於開發人力資源，以促進經濟之成長，同時亦表現於社會倫理實體之充實。基於此項認識，則人力投資對象中最主要的部份——正規教育——尤其是國民基本教育，應由政府全力承擔，期以奠定國家整體發展中之深厚基礎。設若政府財力不逮，對於非國民基本教育以上之各級教育（特別是技術職業性方面），政府可以透過不同的決策來影響私人部門的教育投資。

除正規教育外，人力投資的其他類別，應由企業家自身承擔爲佳。因爲廠商爲了要追求利潤，必須雇用具有技能的工人，來協助他們生產、計畫和設計等工作。這些人才，一部份可由勞動市場招募而來，另一部份則需要自己去培養。一般而言，廠商在人力投資後可以取得下面三種利益⑭，其一是經過投資後，員工的邊際生產力可以增進，因此，生產成本降低，企業家的利潤亦因此提高。其二爲人力投資後，員工的生產力固然增加，實質資本財的生產力，亦隨之增加。在機器的生產力提高後，生產成本減低，廠商的利潤，便可增加。其三是員工經過訓練後，他們可以指導其他未受訓練的員工，幫助他們解決難題，提高他們的生產力。實際上，廠商在訓練員工時所投入的成本、所得利潤均比這

⑬ T. W. Schultz, op, cit., p. 315.

⑭ 見李誠：「人力資本、教育投資與所得分配」收集於高希均主編：「教育經濟學論文集」聯經出版社，頁249。

些訓練成本爲高，因此這些成本沒有一項會由廠商來負擔的（亦卽員工生產力提高後所得之利潤負擔了廠商的訓練成本）。

　　旣然人力投資後的利益爲廠商所有，那麼，政府如何誘導私人廠商去投資呢。這可以從二方面着手，其一是設法增加投資後的收益，其二是設法改進投資時的成本。假如廠商投資後收益的彈性較大，則政府應從這方面着手，否則，卽應從成本方面加以改進。一般而言，收益的大小，尚有其他因素所影響，而成本之改進，當能直接加以控制，故成本方面的政策，效果較收益爲大。

第三節　教育發展與人力開發

壹、人力素質的開發

　　在經濟發展的過程中，大抵由於各階段生產技術及經濟結構的不同，從而所需的人力質量亦互有差異。概言之，大凡經濟發展高度化的國家，其所需的生產知識及技術，均較低度開發地區爲高。故對人力品質的要求，自亦較高。有關此點，卽爲教育的功能；蓋因教育可以提高人力的知識及技術水準，增進勞動生產力之故。但是，進一步分析，教育水準的提高，當須由就學人口的增加，就學年齡的延展着手，這對於現實人力的供應，亦足以發生若干影響作用。然而，再由長期觀點來看，在經過相當時期後，便以人力品質的進步，生產力的增強，更能切合經濟成長的需要，而有助於經濟的發展。所以，教育對於人力開發的影響，質的一面與量的一面，乃各不相同。

　　衡諸人力的素質，殊非易事，因爲人力素質的好壞，除知識一方面外，還應包括：體能的強弱，技術的優劣，及習性的好壞等方面的認

定，不過，知識程度的高低對人力素質的影響較大，此由於技術的優劣
與習性的好壞均須知識的培養與陶融之故。故論及人力素質，除以受教
程度的高低為評量的標準外，尚可以單位勞動的生產力，也就是產生勞
動比率 (Output-labor Ratio) 為衡量的尺度，當然，單位勞動的生產
力高，則又與前述教育程度有着密切的關係。一般在採用單位勞動的生
產力為測度方法時，亦有所偏失，因為此種產出是來自勞動的產出，同
時又是各行各業加以普遍化之後的產出，所以就無法顯示出衆多不同行
業中各個勞動的質。何況，產出價值一旦滲入市場的因素，就難免失去
客觀的標準。

人力的素質，另一方面又可表現於技術水準方面。但是技術水準的
標示法甚為困難複雜，通常是以每一勞動的資本裝備（或資本與勞動力
的比率，即K/L）來表示。如此，我們對於勞動力素質的討論，則又涉
及到資本的評價、資本與勞力的替代性、及勞動力質與量的替代性等錯
綜問題。因為言及資本與勞動力的比率，就得研究資本供給的情況，
在低開發地區的勞工資本裝備低，這並不等於勞工的技術比進步國家中
同樣裝備水準的勞工技術為低，而是由於他雖擁有較高技術水準，但卻
缺乏適當資本因素的配合，因此，採用節約資本的型態，以勞力替代資
本，其所表現於單位勞動的生產力自然較低了。

評量人力素質及其生產力，除上述因素外，還可以決定於管理一項
因素，好的管理可以使企業組織與經營效率提高，勞動的效率就更能發
揮。

其次，我們談到人力素質開發中有關技術導入與創新效果觀念的問
題。技術的發展大體上可以分為三個階段：第一為原始技術 (Primi-
tive technology) 的階段，其技術的特性在缺乏一致性，簡單易學，
主要應用於必需生活用品上。第二為工具性技術時代，或稱之為質的技

術（Qualitative technology）階段，其特性在未能標準化，僅憑其技藝的傳授，其產品足以代表廉價勞動與低生產力，傳統社會的技術大多屬之。第三為現代工廠機械時代，亦稱之為量的技術（Quantitative technology）階段，此一階段的技術，其特點在標準化、機械化、大量生產及精密分工之應用。

我們對於技術的變革，固然不能違背此一技術發展的階段性，所導入的技術自屬第三階段量的技術。可是技術的導入與創新的效果是不可分的。創新效果一般分為節約資本的創新（Capital-saving innovation），與節約勞力的創新（Labor saving innovation）二大類，也就是導入節約資本的技術，與導入節約勞力的技術。從事創新活動實際上對社會與經濟貢獻的大小，應視其創新研究是否適合當地經濟發展諸因素的組合條件而定。我們知道，資源的有效利用應以某種技術水準為前提，技術改變大多必須有各種投入因素的不同組合。誠然，有的技術改變，可能對勞動與資本等因素組合不發生影響，而是在同一比例關係下，提高生產力。可是，絕大多數技術的改變，必須改變投入因素的組合，因為有的技術可以節省勞力，有的技術可以節省資本，而前者對於勞力過剩的環境，就不宜採用。不過，在落後地區中，要創立高度資本集約的工業，通常是需要經過節約勞力的創新與技術改變來完成。但在工業化社會或經濟成長盛期，技術進步的產生與傳導（Production and Diffusion）對成長過程的影響，更重於發展初期之資本累積因素。對轉變期及自足經濟成長來說，技術、經濟及社會的變遷，關係廠商的成長，這是說在長期，若生產體系不能發生結構變化，則擴充便不能發生。所以，企業家必須創造，保持及增加組織變動的潛力，或因應外在的變動，並將這種變動的潛能，變成生產體系的實際創新。因為廠商的生產，並不祇是針對上市銷售的產品，同時也要注意到本身技術、經濟

及社會體系的改變，這種「中間產出」(Intermediate Output)，在長期狀況下卻正能實現廠商在市場上之生產。

技術導入與創新效果對於企業家或廠商的貢獻，可以用廠商的創新可能曲線來說明。在圖三中，O_1 表示廠商在時期X的等量曲線 (Isoquant)。由於技術導入、創新、或引進新發明等途徑，廠商的生產在時期Y，便會產生一組各不相同等產量曲線 ($O_2{}^a{\cdots\cdots}O_2{}^D$)；根據這些曲線便可繪出一條包容線型 (envelope) 的創新可能曲線 (Innovation Possibility curve)。等量曲線的移動，在圖中是用箭頭來表示；而創新可能曲線，隨時間向原點的移動，則未予表示。

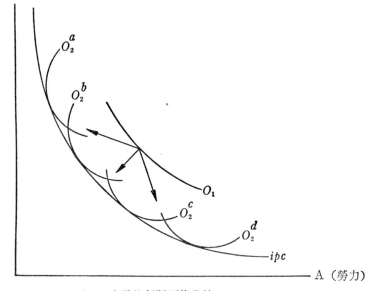

圖三　廠商的創新可能曲線

此外，技術的導入與創新的引進，更能影響所需員工的資格條件，以改變工作能力，因此，具有通才性的，多才多藝的，能適應環境變動的，以及能作進一步訓練的高素質人力，不祇與生產創新可能性有關，對創新的實現與有效採用也同樣重要。

從上文分析，得悉人力素質的開發，主要在知識程度與技術水準一端，然在廣義上尙應包括企業家對技術的導入與創新效果觀念在內。教育對於個人知識與技術的增進，似已毋庸置疑，但對於企業家技術的導入與創新效果觀念在教育發展上的意義及相互之間的關係，卻有待作進一步解釋的必要。

教育需要激增的結果，使得人力供過於求的現象益發明顯，在某些開發中國家已達到相當的程度。人力的供過於求及失業，不祇表現出經濟效率低落，同時也增加了個人與社會的心理與社會負擔。布勞格（Mark Blaug）曾經指出，爲使教育發展能與未來經濟發展所需人力相配合，今後教育規劃卽應兼顧勞動市場的伸縮性（Flexibility），與受各級教育畢業生在對職業選擇方面的伸縮性來決定❺，這是指教育量的發展與人力供需的適切，而企業家對於技術的導入與創新效果，則是考慮到勞力投入和勞力供應的素質結構，如此，則不可全由文憑與所受訓練之課程着眼，必須深推到教育制度所產出的適用資格如何而定了。

貳、人力供需的平衡

1.人力的供給方面

一國人力之供給是否趨於平衡，可由下列五種因素所決定。

影響人力供給的首要因素是人口規模（The size of Population）。經濟發展的水平，通常以該地的人口總數平均該地的國民所得來衡量，因此對人口的數量不得不予以考慮。故所謂人口規模，卽係指最適宜人

---

❺ 要明瞭勞動力供需伸縮性觀念，可以用教育與職業交叉的矩陣來說明在職者其教育程度與職業類別中的分配狀況及流動情形。 O.E.C.D. 曾搜集五十三個國家的資料，列入在 Statistics for the Occupational and Educational Structure of the Labor Force in 53(Countress,)OECD, Paris, 1969.

口（Optimum population）的數量而言。換言之，亦卽指在一定的技術、資源及制度等條件下，其人口數量（規模）可以達到平均每人最大的所得或最高的福利標準。此種最適宜人口之學說，自彌爾（J. S. Mill）始，卽現端倪，而由柯農（E. Cannan）等創立。如果人口比此一規模略小，勢將引起人力供給的不足，限制市場的擴張。反之，如果人口比此一規模略大，則由於每一勞動所配合的其他資源較少，而使報酬遞減法則（The Law of returns decreasing）發生作用。

過大人口規模與過低人口規模，均足以影響到人力供給的平衡，故部份經濟學家倡導最適宜（經濟）人口規模（Optimum population size），以助其經濟的發展，理論上雖然存在，但在實際應用作為分析的工具上仍有困難，因此一理想的人口規模，在統計上既不易決定，且隨其他各種因素的變動（如自然資源、愛好、技術等諸因素）而變動，基於此，想確定適宜人口規模的數量與標準，卽非易事了。

影響人力供給的次要因素是工資的差異。人力供給是否平衡，與工資的多寡有很密切的關係，也是一項非常複雜的問題。在還沒有說明二者之間的關係之前，先看看工資的本質究竟是什麼，最易為人接受的解釋認為工資是因勞動所支付的心智體力和其他犧牲的代價。易言之，亦卽勞動成本的收回。但工資並非是勞動者一方面的事，它還牽涉到僱主的想法。在僱主的立場，工資不是什麼勞動犧牲的代價，而是因勞動從事生產所獲邊際產值應得的報酬。勞動者儘管辛苦，要是勞而無功，斷找不出人願意白付工資的，從而不難想見，工作辛勞與僱主支付工資之間，實在說不上什麼因果關係。

近代經濟學的發展，為工資帶來了另一項較為深入的解釋。認為一個人每日除了工作以外，便是自己享受的閒暇，勞動意在賺取所得，於是以「勞動所得（卽勞動量與工資之積）」和「閒暇」為自變數，便可

形成一個效用函數。工資實等於閒暇的邊際效用和勞動所得的邊際效用之比。此一說法的好處，在於它能採取序數效用概念，適用無異曲線的分析，利用替代效果 (Substitution Effect) 和所得效果 (Income Effect)，導出一個反曲的勞動供給曲線(Backward-Bending Supply Curve of labor) ⑯。而更重要的，還在於完全揚棄了用「辛勞」或「邊際反效用」來說明了勞動力的供給。將「勞動所得」（勞動的函數）和「閒暇」，看成兩種對待的享受。在勞動所得未達到某一水準之前，閒暇多了，所得便少了；所得多了，閒暇便少了。這就是說，人們之所以工作，一方面是爲了獲取所得，一方面也是爲了提高閒暇的邊際效用。

根據上面的分析，我們便能認定，人力供給與工資的關係是這樣的，經過市場決定的工資，亦卽由勞動供給和勞動需要決定的工資，工資上漲增加實際勞動力供給的數量，工資下跌當然也會減少實際勞動力的供給量，實際勞動力增減的百分比與工資漲跌增減的百分比之比，便構成了人力供給的彈性係數。人力供給彈性的大小也就相對地決定了人力供給與工資相對變化的幅度。

影響人力供給的第三個因素是人力的移動，特別是指某一地區人才的外流 (Brain Drain) 現象。由於國際間生活水準與報酬的差距，加以缺乏高級技術人才就業機會所必須具備的條件，例如可以發揮長才的企業，可以增進或滿足創造慾望與研究工作的設備，因之使當地高級知識份子與技術人員，多樂於被較進步的國家與國際組織所延聘。如果人才大量的外流，就會造成當地人力供給的不足。

人才外流的現象，並非僅發生於低度開發國家，已開發國家如英

---

⑯　Edward B. Jakubauskas and Neil A Palomba: "Manpower Economics" Addison-Wesley Publishing Company, 1973, pp. 50-52.

國、加拿大、挪威、與瑞士等國也有爲數可觀的專技人力流往美國，造成本國人力供給的失調。鮑爾溫（G. B. Baldwin）認爲開發中國家專業人才之向外遷移，似乎不是人才「外流」，而是種「溢流」（Overflow），主要是因爲該國之專業人力尙有剩餘的情況，他所持理由頗爲簡單，當一國受到擴充大學教育等無法抗拒的壓力時，多數國家會勉力實施，若教育擴充過速而大於各該國經濟力量所能容納之程度，剩餘人力之溢流情形常會發生❶。鮑氏在研究亞洲七國國家中（日本、韓國、中華民國、菲律賓、馬來西亞、新加坡、及泰國），發現韓國、菲律賓、及我國人才外移確有增長的趨勢。鮑氏認爲：「假使開發中國家，普遍缺少了專業科目的大學畢業生，那不論是項畢業生外移人數的多少，都將造成各該國家的損失」❶。依鮑氏的看法，外流是有傷國力的，但溢流則否，因爲溢流反而爲其減輕了無法運用那部份人力的壓力。他這樣的論調和其所作的區別，雖似頗爲動聽，但事實上卻可能導致多種的誤解，因爲我們從整體資料中，無法區別，出國學生中何者爲國內所需，而卻視爲「溢流」，何者爲國內所餘，而卻視爲「外流」，要想解答這個問題，一個國家必須先要有一份包括各種科系的高級人力供需平衡表，否則，鮑氏「溢流論」的實用性便大成問題。

影響人力供給的第四個因素是勞動參與率。所謂勞動參與率（Labor Force Participation Rate），乃指勞動力佔十五歲以上人口之比率。十五歲以上人口之多寡雖與國民總產出有關，而勞動力與國民總產出之關係應更爲密切，因十五歲以上人口包括勞動力與勞動力以外之人口，前者指具有工作能力且願意工作之人口，後者指目前不願工作或不

---

❶ George B. Baldwin: "Brain drain or overflow" Foreign Affairs, Jan, 1970, p.p. 360–366.
❶ Ibid., p. 362.

能工作之人口，這些不願或不能工作之人口，對國民總產出並無任何貢獻，只有具備工作能力且願意工作之人口投入勞動市場，參加工作，對國民生產才有貢獻。

　　各國勞動參與率的概況，可由其性別、年齡及教育程度而加以判定。大體上，低度開發國家偏重於勞力密集(Labor Intensive)產業，由於其勞力需要量大，故勞動參與率較高。然在開發過程中，由資本替代勞力，卽逐漸減少對低級勞力的需要，勞動參與率亦略爲降低。可是一旦進入開發國家後，大量資本投入與精密高級工業的發展對勞動參與的需求量又大量增加。各國勞動參與率的情形，以一九六八年爲例，大約在53％至73％之間（見表四）❿，我國近十年來（民國五十三年至六十二年）勞動參與率平均則爲57％左右❷。民國六十三年最高達59％左右，以後又陸續下降至民國六十九年之58.3％（根據中華民國勞工統計資料）。

❿　G. Psacharopoulos: Returns to Education-An International Comparison, Jossey-Bass Inc., Publishers 1973, p. 192.

❷　見徐育珠、侯繼明：「臺灣地區人力運用問題之研究」國立政治大學經濟研究所暨行政院經設會編印，民國六十四年五月，頁三.

表四 世界主要國家勞動參與率

Country 國別	Labor force participation rate 勞動參與率
(1)	(2)
United States 美　國	56.2
Mexico 墨西哥	55.3
Venezuela 委內瑞拉	55.6
Colombia 哥倫比亞	52.6
Chile 智　利	52.8
Great Britain 英　國	61.9
Norway 挪　威	52.8
The Netherlands 荷　蘭	52.0
Israel 以色列	52.3
India 印　度	67.2
Malaysia 馬來西亞	59.7
The Philippines 菲律賓	54.5
S. Korea 韓　國	52.0
Nigeria 奈及利亞	57.7
Ghana 加　納	73.0
Kenya 肯　亞	73.0
New Zealand 紐西蘭	56.8
中華民國	57.0

　　影響人力供給最後一個也是最主要的一個因素是各級各類學校的入學與畢業人數。各級各類學校每年的產出人數，不僅決定了勞動參與的類別與數量，尤其重要者，在影響到勞動參與的素質。有關教育產出與人力供給相互間的關係，本書將於第四章（教育的需求與供應）中另述。

2.人力的需求方面

　　決定人力需求的首要因素是生產目標。生產目標的大小，係依據其

生產增加率 (the rate of production increasing) 而定。由於生產目標不是恆常不變的，故對人力需求的增減也沒有一定比例的存在；它隨着生產目標的改變而有所不同。先進國家對於主要經濟活動部門之擴張率及各階層之就業與生產數字，均有長期之記錄，對人力需求預估，尚能保持較高的可靠性。不過，由於影響（決定）生產目標的因素不能僅依其生產增加率而遽以斷定，故仍有錯誤之可能。

決定人力需求的第二個因素是技術的改進。近代生產因素中，以機器替代人工，致使人力需求在數量上，即不若往常大。進一步言。生產者從事生產的目的是爲了獲取最大利潤，因此其對生產因素的需求，自亦以是否能使其獲得最大利潤而決定。倘若人力的素質（包括知識，技能與品德等）無法適應生產水準的需要，可以想見，對於此一類級的人力需求，亦自然減低。

決定人力需求的第三個因素是就業市場的景氣與否。如果生產者受到經濟萎縮，通貨膨脹的影響，生產的產量勢將隨之減少，人力需求量當然也就降低。

決定人力需求的第四個因素是經濟的結構（或行職業的結構）。當經濟結構有所變更時，對於人力需求的性質亦會隨之改變。以我國爲例，在整個經濟發展結構中，過去幾年均以紡織、電子及製造業佔極重要的比例，故對於國中教育程度的女性勞動力，即需求甚殷。

叁、人力需求預估方法

人力需求預估意指人力需求 (requriments) 與推估 (forecasting) 二項作業程序。其目的在預測（prediction）對未來教育人力的需求量。因爲這種方法在基本上，認爲具有高度教育資格的人力，是構成經濟發展中最重要的一環，而高資格的人力在生產過程中是一種不可缺少

的輸入（input），需要花較長時間加以培養，缺乏這些人必定會阻礙經濟的發展。布勞格（Mark Blaug）稱呼這種理論為「飛行員類比」（the pilot analogy），意即多一架飛機需要多一個受訓練的飛行員，由此類推，要產生更多的產出（output），就需要更多高教育資格的人力[21]。

人力需求預估法在基本上，是認為現在的情況，代表着教育人力的應用不足，所以人力計畫作業人員就必須假定人力市場到目前還不能最適宜的分配人力資源；換句話說，企業界人士由於僱用一些對所擔任的工作，仍有太高或太低教育程度的人，而遭受不必要的損失。在這種情況下，重要的事情，應是加緊應用適宜的或高資格的人力，而不是使現存人力應用不足的現象繼續下去，同時，如何避免人力過剩也和人力不足是同等的重要。

站在教育為提供社會發展所需人力之立場，雖然人力的培養表面上較偏重於經濟的效益，而實質上教育的目的仍是多方面的。經由人力的預估，加以規畫各級各類學校入學人數之比例，除配合經濟發展的需要外，尚須考慮到社會及政治的目標及資源的有效分配與使用，那麼，一個國家人力培養的政策在這種大前提下，就很難確切分別出係受某一項因素所影響。在未敍及人力需求預估方法之前，我們對於教育的多重目標與功能，實有加以解釋與澄清的必要。

我們瞭解到人力需求預估的基本精神後，現在提出該項作業的幾種方法，布勞格將各國所使用的各種預估技術歸納為五類[22]，即：㈠雇主

---

[21] Mark Blaug: Approaches to Educational Planning, Economic Journal, Vol. 77 (1967), pp. 261-266.

[22] Mark Blaug: "An Introduction to the Economics of Education" Chapter 5, "The Manpower Requirements Approach" Reissued Penguin Books, 1972 pp. 137-153.

意見法 (the employer's opinion method)，㈡勞力產生比例增加趨勢法 (the ILOK—trend method)　。㈢密度比例法 (the density ratios method)，㈣國際比較法 (the internatio al comparisons method)，及㈤帕納斯地中海地區方案法(the Parnes—MRP method)，現茲逐一分析如下：

一、雇主意見法 (the employer's method)

雇主意見法為調查法 (Survey method) 中之一種。旨在調查或詢問雇主在未來數年內，期望雇用勞動力的種類與數目。總計所得資料，再減去這段期間內死亡與退休估計數，就可獲得至目標年間，勞力需求增加量的預估數。這種方法一般用之於高級人力或科技人力的調查詢問上，並以短期（一至二年內）的預估方案為佳。因此，此法能讓人瞭解人力市場目前的趨勢，但很難觸及未來教育系統產出的規畫問題。

雇主意見調查法亦有若干的闕失與限制。第一，它假定雇主自己已經明瞭並掌握了公司未來人力需求的狀況，否則，他們對於這項調查祇能以猜測的方式來填答問卷，那麼，其所得資料就不夠準確，亦乏參考價值了。第二，除非雇主被詢以預估其生產目標，以及其所需求的人力，若非如此，其答案經常會缺乏內部的一致性。第三，即使是行業產出的預期成長率已載明於問卷上，但是雇主若不知悉其未來市場上其他公司的行動，那也不能從其中推出自己所需的人力。第四，由於各企業間競爭的激烈，雇主之間各懷鬼胎，因此不願意將自己所需的人力真實以告。

此法雖然有上述所列各項缺點，但仍為一般先進國家，如美、英、法、加等國，及一些未開發國家所採用。如英國在楚克曼爵士（Sir Solly Zuckerman）的領導下，相繼進行了一九五六，一九五九及一九六二年等三次的人力預估，結果發現在其中一連串的探究中，欲尋出企業界對人力的需要至何種程度時，最不可靠的方式之一，就是直接去訪

問企業界。

二、 勞力產出比例增加趨勢法 （the incremental labor-output ratio(ILOR)—trend method)

這裏所謂的勞力， 是指職業範疇中某一種特定類型的人力。 而產出則是指行業產出或國民所得而言。例如荷蘭對其未來所需工程師之預估，乃以工程師數對國民所得的直線廻歸 （linear regression） 之外推 （extrapolating） 而得出。 但這種方法僅能適用於先進國家， 因爲在先進國家中才有以部門、職業與教育資格等多重的分類，進而求出每人產出的時間系列。如果沒有這方向的資料，基於勞力產出增加比例的短期不穩定性，這種方法便不可靠了。

三、密度比例法 （the density ratios method)

談到工程師在某一部份勞力中的比例，便觸及到密度比例法。此法又可稱之爲「飽和比例法」 （the ratio of staturation method）， 是較爲簡單易行的推估高級技術人力需求的方法，此法主要在估計所有高級技術人力的飽和程度。

密度比例法的作業程序是這樣的，第一、估計過去若干年合格的高級人力在某一經濟部門勞動力中的穩定比例；第二、將此比例應用到全部勞動力的人口預估，作爲分配於各部門所需人力（特別指高級技術人力）的基礎；第三、再利用過去趨勢外推法，估計未來對高級人力的需求數。例如，美國卽利用此法，以一九五四至一九五九年有關密度比例的直線趨勢作基礎，而外推一九七〇年某一行業雇用科學與工程師，對整個工業界雇用人數的比例。同樣的，密度比例法若摻合了勞力比例增加趨勢法，亦可估計出高級人力的所需數，如奧國卽融合此法推估出一九八〇年時所需的工程師爲若干。

密度比例法亦可用之於估計不同類型人力之間的密度比例。譬如，

科學家對工程師的比例，工程師對技師的比例等。故由此一類型人力的預估，可直接導致其他類型人力的預估。例如蘇俄即利用此法，推估十年至十五年之後不同類型人力的比例數。

　　密度比例法亦有其缺點，在估計高級人力的飽和比例中，卻忽視了其它主要的生產因素，姑無論何級人力之推估，均與生產組織與結構有關，而這種推估方法卻未將之考慮在內，故所得結果，亦不甚可靠。

四、國際比較法 (international comparisons method)

　　此法經常被採用配合其他的方法，以預估其人力的需要。如法國即曾應用其他先進國家的時間系列 (time series) 之資料，來助其預估經濟上廿五個部門的人力分配。自一九六〇年起，被推廣到應用密度比率常模 (Normative density ratios) 來預估教育需求量。這種國際比較法的廣泛應用，可由波多黎各 (Puerto—Rico) 一九五七年的預估來說明。它們以職業與教育來推估至一九七五年所需勞動力的分配，由於該國缺乏本身的時間系列，因此決定使用美國一九五〇年職業類門的教育程度為標準，假定該年為波國一九七五年預定達成的目標年，而求得勞動力分配的數量。另外，意大利亦於一九六〇年用同樣的方法，預估十五年後各部門勞動力的分配。假設於一九七五年意大利的生產力將會達到法國一九六〇年的水準，故以一九六〇年法國勞動力之分配，作為該國一九七五年勞動力之可能分配。這種方法雖然較為簡單，祇要有關國家之資料搜集齊全，稍加分析即可獲得預估的數目，但根據 OECD 的一項分析中，指出所有這種國家間的粗略比較，仍有令人懷疑之處，有待進一步的檢討與分析。

五、帕納斯地中海區域計畫法 (The Parnes—Mediterranean Regional Project (MRP)method)

　　這種方法曾以好幾種型態出現，但最具代表性的是經濟合作發展組

織 （O.E.C.D） 的地中海地區方案。 這是爲葡萄牙 、 西班牙 、 義大利、希臘、南斯拉夫及土耳其等數國， 基於共同的概念架構上， 所擬具的計畫方案。這種方法是以數個步驟的方式來進行:

第一、預測未來年度所要達到的國民生產總毛額 （GNP） 的目標。

第二、將此一國民生產總毛額分配至主要經濟部門， 如農業、製造業、 交通、 運輸等部門所要達成之成長目標。必要時，可予再加以細分。

第三、 求出平均勞力產出係數。並將之應用至部門的或行業的國民生產總毛額的目標， 以推估出部門或行業所需勞動力的預估數。

第四、再將此等經過推估所得的人力分配至各種類別的職業中。

第五、將勞動力的職業結構轉換成教育結構，並訂定各種職業所需人力之正規教育類別及等級。

在上述人力預測方案的估算中，已事前將死亡、退休、及遷移的因素考慮在內。這裏所謂遷移，乃包括轉業，以及再投入接受教育或訓練的人力儲備等三種因素。整個方案所採行的公式是這樣的:

$$(X)\left(\frac{X_j}{X}\right)\left(\frac{L_j}{X_j}\right)\left(\frac{L_k}{L_j}\right)\left(\frac{L_i}{L_k}\right)\equiv 式中:$$
$$\quad(1)\quad\quad(2)\quad\quad(3)\quad\quad(4)\quad\quad(5)$$

j 部門中 k 職業內所需 i 教育的勞力矩陣

$X=$國民生產總毛額

$Xj=$每一部門中的國民生產總毛額 （$j=1,2,……n$）

$Lj=$每一部門中的勞動力數

$Lk=$每一職業中的勞動力數 （$k=1,2……m$）

$Li=$每一教育水準的勞動力數 （$i=1,2,……t$）

所得結果 $\displaystyle\sum_{j=1}^{n}\sum_{k=1}^{m}\sum_{i=1}^{t}Ljki\leq L$

此方法的困難在第三步驟及第五步驟；雖然第四步驟也有爭論。在步驟三中，預估勞力產出平均比例的標準程序，不管它是產出的函數或時間的函數，乃外推過去的趨勢，可能與實際情況略有不符。再以職業畫分的勞動力需求量矩陣轉換成教育畫分的矩陣言，最簡單的轉換方法是應用目前所觀察得的每一職業或工作中成員的平均受教年數。然而教育程度的概念，很難以簡單的指數表出，例如教育年數這一方式，在許多情形下，這不是教育計畫者所必需知道的唯一事項，他還需要決定不同的教育類型。因此所面臨的問題是將勞動力的結構轉換爲教育的結構，並訂定各種職業所需人力之正規教育等級及類別，就會顯於機械呆板而缺乏彈性。

以上係就人力需求預估最常見的五種方法，作一簡要的敍述。這五種方法雖均未臻完備，但如能配合使用，逐漸改善，乃不失爲預測短期人力需求有效的途徑，因爲人力需求預估法之最吸引人的地方是在於它能對將來所需的各種人員提出一項具體的數字，以供從事人力規畫所參考。其次，人力需求預估法還可避免像報酬率 (rate—of return) 方法那樣使用一些玄妙的演算技巧，同時也可不必僞設各人所賺取的所得都是他們對國民生產所貢獻的淨額。各國之所以採取此法者，這恐怕也是一個原因㉓。當然，人力需求預估的數字，有時往往會被日後事實的發展所否定，及它幾乎不考慮培養各種人才所需支付的成本是被人所詬病的地方。

㉓　Mark Blaug: Economics of Education I-"The Rate of Return on Investment in Education" Penguin Modern Economics Readings 1968, pp. 258.

本章摘要

　　在「教育與人力發展」的課題中，先就「人力」與「人力資源」這兩個名詞的特質與概念加以說明。

　　文內並特別強調「人力資本」（Human Capital）的重要。所謂人力資本，意指人力也是一種資本，其與物質資本一樣，同居經濟上重要的地位。人力資本是一國國民「知識、技藝與性向的綜合」，在廣義上，它包括創造力、正確的價值觀念、興趣與性向及其他有助於提高生產及加速經濟發展的人力素質而言。但很可惜的，過去部份經濟學家多諱言「人力」是可以成為「資本」的觀念，探其原因為：

　　一、根生蒂固的傳統道德觀念，不允許經濟學家承認人是可以投資的對象。

　　二、如果把人視為一種財富，並可經由投資而增大，則與長時間傳統的價值觀念背道而馳，無異把人貶抑成為一種物資財產，此為衛道主義者所不容。

　　三、人是經濟活動所服務的最主要對象，他們本身不是一種財產，也不能視為一種財產或市場資產。

　　上述這種錯誤的觀念，直至經濟學家蘇爾滋（T. W. Schultz）於一九六〇年發表「人力資本投資」（Investment in Human Capital）一文後始予澄清，而重新受到經濟學家的再度重視與確認。

　　人力資本一經確定，人力投資的經濟價值又為何，可以由下述三個事實而得以佐證：

　　例證一是美國近廿年來的國民所得，比生產該所得所需要的土地、

人工小時、及真實資本的綜合量增加更快。探其原因有二：其一是規模報酬的遞增；其二是投入要素的品質大量改進。

例證二是二次大戰後，戰敗國家如日本、西德經濟復甦的奇蹟，人力的有效運用是其重要的因素。

例證三是落後國家的經濟發展問題，該等國家過份強調物資資本的重要，但其經濟發展仍甚遲緩，主要是其國人知識、技藝不足，無以效其潛力所致。

言及人力投資的類別，則為：一、正規教育。二、在職訓練。三、勞動者的營養、衞生與保健。四、成人教育。五、個人與家庭的遷移等方式。

至於教育與人力開發的關係，本文認為有二：其一是人力素質的開發，其二是人力供需的平衡。

最後，論及人力需求預估的方法，可以歸納為五類，即：

一、雇主意見調查法 (The employer's opinion method)。

二、勞力產出比例增加趨勢法 (The incremental labor—output ratio (ILOR)—trend method)。

三、密度比例法 (The density ratios method)。

四、國際比較法 (International comparisons method)。

五、帕納斯地中海區域計畫法 (The parnes—Mediterranean Regional project (MRP) method)。

第四章　教育的需求與供應

第一節　教育需求的意義

在國家發展過程中，對於教育需求與供應（Education demand and supply）的概念頗為重要，而不可忽略。因為各種類型的教育之提供、教育量的擴充與素質的提高，對於國家發展中所需求的各級各類人力，息息相關，影響深遠。

在每一個國家裏，每一個國民都有享受某種程度教育的權利。教育被視為國家與社會進步的一種推動力，每一個兒童，到了入學的年齡，都要入學，學習生活的技能與知識，準備將來投入社會，從事生產工作。姑且不論一國經濟發展的情況達到何種階段，人民對於教育的需求（The demand for education），都倍感殷切。因此，教育的發展如何能調適國家與個人之間的需求，並顧及到供需之間的平衡，至關重要。

大多數青年，在接受了某種程度的教育以後，還不能滿足其教育的慾望，家長們也同樣認為，把子女送入學校接受教育，是做父母應盡的

責任，而接受某種程度的教育，亦是子女們的基本權利。等到子女完成了某一階段的教育後，本來可以投入社會，獻身工作，但是他們仍願意其子女繼續追求較高一層的教育。探其原因，是他們認為教育是一項投資，投資在子女的教育上，一方面可以使他們的子女有更高深的學識與生活技能，可以從豐富的學識上享到生活的樂趣，另一方面，他們也希望能夠從某一階層的社會地位 (Social status)，藉此移向於另一個階層的社會地位，這就是所謂的社會階層的移動（Social stratification mobility）。

就學生本身來說，他們期望接受高一層次教育的理由，也是多方面的。

從學術的觀點言，他們是為了滿足求知的慾望，以充實其精神生活。

從個人成就的觀點言，他們認為能夠接受高一層次的教育，在社會上競爭的條件比較優異，可以過較完美的生活。

從職業的觀點言，他們認為較高的職位 (Key post)，必須要有較高教育的資格與專門的學識，才能勝任。

從家庭環境的觀點言，有些學生的家庭，可能是所謂的「書香之家」，希望子女們能夠承繼其既有的成就與社會地位。或者是學生家庭是富裕的，如果其子女能夠接受最高的教育，一方面可以繼承家庭的宏業，另一方面也可以加強服務社會的能力。而對另外一些家庭貧困者言，雖然其家庭的社會地位不高，但在民主政治與機會均等的體制下，他們亦可以憑藉着接受教育的機會，以提高其本人及家庭的社會地位。

總之，無論從那一方面的動機來看，在日今科學、技術日新月異和知識爆炸 (Knowledge explosion) 的時代裏，國民對於教育的需求將永無休止。

第二節　影響教育需求的因素

當一個人有許多慾望時，當然不能夠使全部的慾望都得到滿足，他必須有所選擇，把最迫切的慾望或需求，列在最優先的位置，次要的或較不重要的依次排列，設法去滿足。由於接受教育的結果，能帶給人在精神上有一種充實感，且對一個人終身所從事的職業有重大的關係，因此教育多數被考慮列為最優先（First priority）的位置。

通常個人對於教育的需求，係受下列幾項因素所影響:

首先是個人智慧的程度。影響學生教育需求最具顯著意義者卽是個人智慧的程度。同時智能的因素，在學生所有的特徵當中，對於學業的影響，被認為凌駕乎其他因素之上。是故凡智慧較高的人，對教育的需求較大，滿足了第一級的教育，必須再進入第二級教育，完成了第二級教育，又必須設法尋求接受第三級教育的機會。卽使他得不到進入高一層次接受教育的機會，他也會從自修與學習中去尋求知識與經驗，以滿足其求知的慾望。教育是一種連續不斷的歷程（Continuous process），雖然不是每一個具有高度智慧程度的人都以為這樣的想法是正確的，但是至少有一些人，對於教育的需求是十分的熱切。至於智慧程度較低者，在接受第一、二級教育時，已經是全力以赴，所以對於第三級教育的嗜望不大。就再低者言，其學習的能力極其有限，當然更談不上高一層次的教育需求了。

其次是職業的需要。一個人完成了某一階段的教育後，必須參與經濟的活動，但他必須具備某些基本的普通教育的基礎和某種職業的知識與技能，才能勝任。因此，他需要經由教育的過程習得為準備未來就業所需要的知識與技術。更高的職位或者是較複雜的工作，則必須要有

更高的教育水準或接受過訓練的人去擔任 。 卽使他在加入某種行業 （Trade)之前，他並沒有接受某種技能的訓練， 在他加入某種行業以後，就必須尋求學習的機會， 以期獲得有關的知識、技術或訓練。

第三是家庭的經濟條件。在沒有實施義務敎育、提供獎學金、助學金、甚或助學貸款的情況下， 家庭經濟的富裕與拮据，是決定子女能否接受較高深敎育的因素之一。在許多較落後的開發中國家， 由於國民所得偏低，人民雖然有接受敎育的願望，但因被窮困所阻，只有放棄就學機會，投入生產行列。根據聯合國敎科文組織的一次調查報告顯示， 在一九六〇年代初期， 亞洲各國雇用童工的比率極高， 最高者爲巴基斯坦， 該國十至十四歲的男性童工佔該年齡組合（Age group）49%， 女性童工佔9 %，最低者馬來西亞，亦各佔9.7%與7.4%（詳見表五）。試問，這批正當適合求學年齡的兒童， 由於家庭經濟條件的限制，需要提早就業，當然是沒有機會再接受更高深的學校敎育。

表五 亞洲發展中國家的童工人數（十至十四歲）

國　　　別	年　　度	男 性 童 工 %	女 性 童 工 %
馬 來 西 亞	1957	9.7	7.4
錫　　　蘭	1953	10.3	9.8
印　　　尼	1961	22.6	15.6
尼　泊　爾	1954	27.3	24.3
菲　律　賓	1958	38.7	21.3
印　　　度	1954	39.2	22.7
泰　　　國	1960	40.5	50.6
巴 基 斯 坦	1961	49.3	9.1

資料來源: UNESCO: An Asia Model of Educational Development–perspective for 1965–1980

最後是家長對子女的影響。家長對於學校敎育的價值體系（Value systems）對子女敎育進路的影響很大。換言之， 家長本身的行爲類型

(Types of behavior) 及抱負水準 (Level of aspiration) 通常會影響到子女接受教育的種類及等級。

其次，若就國家與社會整體發展的觀點，論及人民對於教育的需求，亦可發現三個主要因素，能夠影響到教育需求量的增加。

第一是基於教育人口的因素 (Educational population) 佔全人口的比率偏高❶，則教育的需求量亦自然隨之增加。以開發中國家言，一般的趨向是人口出生率高，而醫藥衛生改善的結果，死亡率相對的降低，以致產生了人口爆炸 (Population explosion) 的壓力。但在已開發國家中，十五歲以下的人口在全人口中所佔的比率均約在30%左右，以歐洲各國言，平均為 24%，加拿大為 29%，美國為 31%，亞洲大多數國家，平均在 40% 以上（詳見表六）。即就五歲到廿四歲的人口組合來說，也有許多國家超過全人口的40%。

表六 亞洲國家十五歲以下人口數

國　　　別	十五歲以下人口數 (%)
錫蘭	41%
印度	41%
緬甸	41%
印尼	42%
伊朗	42%
新加坡	43%
泰國	43%
南韓	43%
馬來亞	44%
巴基斯坦	45%
菲律賓	46%

資料來源：同表五。

❶ 「教育人口」(Educational population) 又稱「學校人口」(School population) 其意義根據日本小林澄兄博士的界說，應包括下列四項：㈠義務教育年齡兒童的總數，㈡義務教育年齡的全部在學的兒童數，㈢全國所有各級學校的全部人員，亦即包括兒童、生徒及職員之總數，㈣公立學校的人口，夜間學校人員，職業學校人口的總數。參見余書麟教授編著：「國民教育與人口問題」一書，國立臺灣師範大學出版組。

第二是社會背景 (Social enviorment)。在農業社會裏，因於生產技術較爲固定單純，人民不需要具有工業社會那種複雜的工藝技術，所以對於教育的需求就不如工業社會中那樣殷切。在農業社會裏，文盲的數目還是很多，但是一旦國家推行掃除文盲、普及國民教育，那麼在某一段時間內，教育的需求即因而會增加。

第三是強迫教育（Compulsory　education）或免費教育（Free edu.)的實施。各國對於強迫教育的重視是基於下列的理由：其一爲二次世界大戰以後，民主思潮的澎湃與民主國家的興起，爲求人民能有效的參與國家政黨活動，並謀求國家意識與全民意志的統整，引發了教育均等化的改革運動，要求全民應接受相同年限的強迫教育或義務教育。其二爲全面提高人力素質，以促進經濟不斷的成長，國家不僅對全民施以免費教育，並根據其經濟發展的情況及財源的分配，將該等教育年限向上延伸。其三爲行職業結構的改變，全民必須具有某些基本的技能，始能勝任本身的工作，因此人民有權利要求政府設立學校給予若干相同年限的免費教育。基於上述認識，當今民主國家，均依據本國發展的需要，實施不同年限的強迫教育與免費教育。但對某些未開發國家言，雖亦採行民主政體，也重視強迫教育的實施，終因被貧窮所困，沒有足夠的經費去設校訓練師資，阻礙了強迫教育的推行。例如在非洲的烏干達（Uganda）、坦桑尼亞（Tanzania）等國，雖有免費教育的實施，但學童入學後，接受一、二年的教育，因於教學設備的簡陋及家庭經濟等因素，便開始輟學了，在這些國家中，輟學率是相當驚人的❷，所以在未開發國家中，人民雖然有教育的需求，但其需求的時間與程度卻與已開發國家甚或開發中國家有極大的差異。亞洲國家實施強迫教育的結

---

❷　"Educational development in Africa" VOL, II, Costing and financing, by various authors, UNESCO: IIEP, 1969, pp. 214-316.

果，對教育需求的生長非常迅速。根據「亞洲教育發展的透視——亞洲模型試擬」一書中的構想，試將亞洲國家區分爲 ABC 三組，A組有三國，期望於1980年以後能完全實施免費的七年義務教育； B組有八國，期望於1980年時能達到此一目標； C組有六國（包括我國在內）， 預估於1980年以前，即可達成上述目標❸。依據亞洲模型中教育產出與人力供應的統計， 顯示幾個重要的教育需求問題普遍存於亞洲國家， 計爲：

一、在經濟發展中，人力由農業轉移至其他部門，一般人力需要水準的提高，以及專業分工的精細，將大量需要技術人力。

二、大部分亞洲國家已極感科學與技術人力的缺乏，尤其是中級的工作人員。

三、半專業人員及專業人員的比例失去平衡。技術人員及大學畢業的專業人員，應有一適當的比例，即在三比一與五比一之間。目前，在開發中國家的比例卻在一比二之間。結果造成專業人員被要求去做半專業人員所應做的工作。

四、一般人民皆爲追求最高學問和文采而入學，罔顧國家建設的需要。學校制度亦多僅求適合過去的傳統，而忽視廣闊的未來。

五、專業訓練與教育的素質值得特別注意，以保證足能符合國家的需要，不能墨守成規或過於依靠在職訓練的補助。

總之，無論是人民或國家對於教育需求的結果，即會導致教育快速的成長， 但有時由於教育需求的類型並未能配合國家發展的需要。 誠然， 一般教育需求與發展需要之間似無完善無缺的配合之可能。在民主

---

❸　見葉學晳:「亞洲教育發展的透視」人力資源叢書第十一輯，行政院經合會（今行政院經濟設計委員會之前身）人力資源小組編印，民國五十五年十月，頁7-22。

體制下，二者間實難求其密切的配合。惟如能採取適當的步驟與手段，減少此種相互出入的程度仍然是相當可爲的。

第三節　教育供應的決定因素

教育供應 (The supply of education) 意指在某一段時間內，在某種教育機關，如小學、中學、專科或大學等學校，供給青年學生求學或深造的機會。教育機會的提供，主要是政府，其次是團體組織或私人企業機構。教育機會提供的多少，通常是受下列各因素的影響。

一、師資供需的狀況。 目前世界各國，特別是未開發國家或開發中國家言，都有師資缺乏的問題存在，就未開發國家論，其問題尤其嚴重。根據一九六四年的調查報告顯示，非洲國家如坦桑尼亞(Tanzania)在小學教師當中，有四分之三不合格的，在另外的四分之一當中，大部份只受過中學教育甚或小學教育而已。在中學裏，師資也同樣的缺乏，在中學教師當中，有三分之二均非大學畢業生。該報告同時指出，在非洲其他各國，其情況亦復如此❹。卽以已開發國家如法國早期爲例，也有師資缺乏的情形，在一九六〇年，法國所需要的教師達五十萬人，而實際在職的教師只有卅五萬人左右，換句話說，一九六〇年在職的教師只及所需教師數量的70％而已❺。

在已開發國家，教師與學生的比例，通常較開發中國家及未開發國家爲高（以初等教育言，美國一九六八年每一教師任教學生數爲廿五人

---

❹　John Chesswas: "Tanzania: Factors influencing change in teachers' basic salaries", UNESCO: IIEP, 1972, pp. 17-21.

❺　Mary Jean Robinson and C. A. Anderson: "Education and Economic development" Aldine publishing Company, U.S.A. 1963, p. 19.

，西德、法國、英國及日本均在廿五至廿七人之間）。而開發中國家平均一名教師要指導四十名或五十名以上的學生，此一比例，已加重教師的負擔，如若師資缺乏，其問題當益形嚴重。

論及師資缺乏的因素，教師異動率的大小為影響師資需求量的主要因素之一。以其他各國而論，私人企業界為吸收人才，往往以優厚的條件與待遇予以羅致，致使教師的流動性很大，亦容易導致師資的缺乏❻。我國在這方面的情況當較其他各國樂觀，因為有關各級師資的培育及進用，均有專責機構，故在師資供需上不致匱乏，以我國初等教育為例，其異動率較先進國家為低，也較穩定❼。

其次，教師對職業的選擇與動機，亦影響到師資供需的平衡。選擇職業的動機，因人而異，教師選擇教育工作，其動機也是不相同的。如若因為無其他的職業可就而暫時選擇教師的工作，則一旦有較好工作機會，即容易轉入他業，如美國男性教師離職之原因，主要即為轉任教職以外之行業，其次為服役、進修、以及意外原因致成死亡傷殘等❽。由於教師對職業之選擇與動機，與社會背景及經濟情況頗有關連（如中、日等國社會一向尊師重道，素以教學為神聖之工作，故從事教職的人不願輕易求去），我國則較先進國家（已開發國家）較為穩定❾。

第三就是入學人口數的增減、入學率的提高或降低、義務教育年限的延長、班級員生比率的調整等，均亦足以導致師資供需的狀況。

二、資源分配的多寡。 一國資源之分配，多依各國發展的需要而定。在開發中國家，百事待興，但資源的分配，則多以經濟建設為主要，他

---

❻　同❹．pp.37-38。

❼　見師大教育研究所：「臺灣省未來六年國小教師需求量之推估研究」省教育廳委託辦理，民國六十四年六月，p. 38

❽　同❼，p. 3.

❾　同❽。

們雖亦體認到教育投資對國家發展的重要性，但卻認爲教育投資爲必要而非急要，其次，教育投資的結果非短時期所能奏效，而經濟建設則易立竿見影，在此等情形下，教育資源分配的多寡即有所影響。對已開發國家言，其各方面的發展雖已達到相當的水準，但在國防與軍備的競爭下，資源的分配則又以國防爲其主要。教育機會的提供，一方面固然要有足夠的師資，但在另一方面也要有足夠的學校、設備、及行政人員等。這些都需要大量資金的支應，才能付諸實施與實現，否則，教育的擴展，教育機會的提供，勢將受到阻礙。就我國目前的趨勢而論；雖然政府正致力於重大工程建設，且在政府總支出中，國防預算一向亦較其他國家佔較大的比重，但由於政府對於教育事業的重視與民間的協力共謀，教育資源的分配乃佔極大的比重，帶動教育發展長足的進步。

三、**經濟結構的需要**。現代的經濟體系中，雖然各國發展的情況不同，一般而論，整個生產結構所需要的人力，可以分爲三類，經濟結構對於這三類人力的需求，可以作爲教育供應的指標（Indicator）。這三類就是高層人力（High-level manpower），中層人力（Secondary-level manpower）與基層人力（Element-level manpower）。這三類人力的合作，是推動經濟發展與社會進步的原動力。至於各類人力分配的比率，根據統計，在奠定工業化的雛形之際，每一百萬的人口中，需要一萬至一萬二千個生產及修護工人。在這些所需的人力中，管理人員（Managers）±5％，第一線監督人員（First-line supervisors）±5％及工人（Workers）±90％。但是，當工業產品的輸出量佔生產總數的百分之五時，則每百萬人口之中，就需要有二萬五千至三萬個生產及維護工人，其所需各階層人力的比率，亦有顯著的變動，即：管理者、工程師及技術人力（Managers、engineers and technicians）的需要量提高到8％至9％，第一線監督人員仍保持5％的需要量。1％至2

％的書記人員（Clerks），而非監督階層（Non-supervisory）及一般工人（Manual workers），將降至85％ ❿。工業發展愈是機械化與自動化，對技術與管理人員的需求量愈感迫切。

假如整個生產結構可以用金字塔型來作比喻，那麼高層人力便是在最高峯，基層人力在最底層，中層人力介於兩者之間，而中層人力淨儲備量的需要比率，應該是比高層人力的成長快50％ ⓫。這三類人力的供應，主要是決定於各類正規教育（Normal education），其次爲在職訓練（On-the-job training），不論是何類級的人力，設若教育的提供失去平衡，即易造成勞力市場（Labor market）供需的失調，亦即表示教育的供應沒有配合經濟結構的需要所致。

四、**教育的單位成本**。教育單位成本也是構成教育供應的另一個因素。各國經濟條件的不同，教育成本亦有所差異，如美國於一九七一年初等教育的單位成本爲948美元，英國爲237美元，法國爲536美元，日本爲308美元，其他各級教育亦以美國爲最高⓬。在各類教育中，普通教育與科技教育或職業教育的單位成本亦互有差別，政府教育機會的提供即可依單位成本而有所選擇，如培育一個理工科大學生的成本是文法科學生的四倍以上，那麼，爲適應人民對於教育的需求，以何種教育爲優先，當可據此而有所抉擇了。

---

❿ U.N. Industrial development Organization Veinna training for industry, Series No. 2. Estimation of managerial and technical personnel requirement in selected industries, U.N. New York, 1968. p. 244.

⓫ F. Harbison: "The African University and Human Resource Development" studies in Labor and Industialization, Reprint No. 33 From The Journal of Modern African studies,(VOL 3, No. 1) 1965, p. 56.

⓬ UNESCO: "Statistical Yearbook" 1973.

第四節　教育需求與機會均等

全民對於教育需求的結果，是否因此會導致社會各階層就學比例的均等化，目今已成為部分學者爭論的焦點之一。換言之，所有青年在接受了國民基本教育（或謂強迫教育與免費教育）以後，是否應順其要求對於進入中等或高等教育的機會繼續予以擴充，甚或此等需求擴充的結果即表示較高及較低社會階層的就學比例就趨於平等，此一課題，頗值探討。在未論及本題之前，試對教育機會均等（Equality of educational opportunity）產生的背景及其內涵，略予闡釋。

近世紀以來，由於民權思想的勃興，無不視教育為達成機會均等的先鋒之一。隨着教育力量的日益擴張，大家一致認為教育乃是個人及其在社會變動中發展的主要因素之一。因此現代一般國家在教育立法上，均力求表現出教育機會均等的精神，以使每個國民天賦的能力，都能獲得充分而適切的發展。但是，所謂教育機會均等，並非指全國人民，都接受同等的教育，都從小學、中學而升入大學，乃是國家以最公平的方式，使人民憑其稟賦及能力，而受到一種適合其才能與需要的教育。因為人類的天賦才智天生就有高低，所以教育上的平等，乃是指受教育機會的平等，而不是指受教育內容的平等，或是造就平等，質言之，亦即是受教育者站在平等的立足點上，不受社會地位、經濟條件、男女性別、宗教信仰、種族畛域等的限制，均有充分的機會接受一種適才的教育，俾使各人的天賦才智都能夠獲得最大限度的發展。

對於教育機會均等的定義，各國因其內涵之不同而略有差異，如歐洲各國所組成的「經濟合作與發展組織」(The Organization for Economic Cooperation and Development, OECD)，對教育機會均等有

如下之解說⓭：

一、不論其性別、種族、住區、社會階層、或其他不明確的界說，務使能力相同的青年，具有相等的機會，接受強迫教育以上的教育。

二、社會中各階層的組成份子，對於強迫教育以上的教育具有相等參與的比例。

三、社會中未能及時享受教育機會的青年，具有同等的機會以獲致學識的能力。

如上所述，教育機會均等的意義，不外兩個基本觀念。

其一、教育機會均等，是指國民基本教育之機會均等。亦即全國的學齡兒童沒有任何的差別，都要在同類的學校中，接受若干年的國民基本教育。

其二、應是指政府提供同等的教育設施，使各個人的成就，反映出天賦能力的分配情形，個人的能力愈高，則其在教育階梯上所能攀登的地位也愈高，所受教育的時間也愈長，故此一階段的教育，不是使人人皆能進入學校就讀，而是使凡具有適當能力與意志的人，皆有受教育之均等機會。

不過有部份學者並不贊同教育機會均等化僅是國民接受基本教育之機會均等，他們認為擴展教育機會的需求，是達成教育均等化的良好策略，亦即是教育的需求與教育機會均等二者間是一種正相關的關係。因為教育機會一經擴展，一方面，社會上各階層的子女接受教育的時間可以增長；另一方面，來自較低社會階層的子女終止學校教育的時間自亦向上延伸。根據研究所得，中下階層的子女在接受正規教育的初期，學

⓭　OECD組織曾於 1965 年以「教育計畫之社會目標」(Social Objectives in Educational planning) 為題，招開研討會，會中討論到「教育機會均等」之含義。本文摘自黃昆輝著：「教育計畫之社會基礎」一文，師大教育研究所集刊第十五輯，頁91。

業的成就通常無法與中層以上的子女相抗衡，但是教育機會一經擴展，他們學習的動機增強，學習的效果亦漸佳，畢業後不僅有能力參與選擇性的學校教育，且能有效改善家庭環境，並促進社會層次彈性的移動，導向現代化社會早日之實現⑭。

姑無論擴展教育機會的需求，是否為獲致教育均等化的有效策略，站在教育效能的立場，此又涉及到素質的問題，由於教育推展及其成就之達成，必須慢慢擴充而非一蹴可成，所以如何兼顧教育的平等與效能又是一項值得討論的問題。

美國芝加哥大學比較教育中心名比較教育專家安德生(C.A. Anderson) 對此一問題所持的看法是這樣的⑮:

一、每一個兒童皆應接受相等的教育。這一種觀念至今尚無法完全為一般國家所接受，主要是因為學生有素質上的差別。

二、每一個兒童皆應接受最低限度的教育，其目的在消除地方上的文盲，但准許一些特定的區域或是家庭接受多的教育。

三、每一個人皆應接受足夠發揮其潛能的教育。實際上這點也很難做到，因為大多數的學校，對學生潛能的解釋，有不同的看法。

四、每一學生皆應有機會達到符合其學校極限的教育，此一標準通常是以能否通過考試而定，這對擁有大致相當智能的兒童，倒是一個公平的競爭，同時也是一種發現學生是否值得繼續受教的方法。

因此，如欲將平等與效率兼顧，則又有以下各種不同的看法:

一、應允許最有學習能力的學生盡其可能吸收學校所能供給的知識。

二、對於利用最低投資收到最大效果的地區，應該普設學校。所謂最

---

⑭ 見黃昆輝: 「教育計畫之社會基礎」，師大教育研究所集刊第十五輯，頁92。

⑮ C.A. Anderson: "The social context of educational planning". UNESCO: IIEP. pp. 21-27.

大的效果是指穩定的就學率，良好的成績表現，必能顯示更多更深的教育需求等等。安氏認為對於進步地區若再給予錦上添花，似乎有違平等的原則，但是，民衆對於學校教育的興趣是隨着經濟動態而有所變化的事實，也是值得注意的。

與教育上平等及效能相提並論的，還有學校的素質問題。除非有足數支應的教育資源，否則教育需求量的擴充，往往容易加深都市與鄉村、偏僻與繁榮、貧窮與富庶，以及新舊觀念不同地區之間學校素質的差異。如此，不僅不符合機會均等的原則，且亦降低了教育的效能。

本文討論至此，當能瞭解教育需求與機會均等二者間所持的基本精神為何。至於教育需求（機會）擴充的結果，是否會導致社會各階層就學比例就趨於平等的問題，到目前為止，學者們尚持懷疑的態度，並繼續在研究中，例如烏爾福來（Deal Walfle）根據分析，認為個人的智慧程度、學習意願及家長的社會經濟背景為影響其對教育需求的主要因素，否則，社會雖提供了教育的機會，亦無以為個人產生助益⑯。另安德生亦以國際比較法（An International Comparison）對各國進入高等教育學生的就學比率作一比較研究，發現此一年齡組的就學率與不同社會階層在參與上的差異，二者之間的相關係數似無顯著的關連⑰。可見社會各階層就學率的趨於平衡，影響的因素頗多而非僅是教育機會的擴充一途了。

總之，學童們之對學校教育發生持續性的興趣，正表現出人們對於

⑯ Deal Walfle: Educational opportunity, Measured intelligence, and social background in Education, Economy and society" edited by Halsey, Floud, and Anderson, Freepress, 1961, pp. 216-238.

⑰ C.A. Anderson: "Access to Higher Education and Economic Development in Education , Economy and Society" edited by Halsey, Floud, and Anderson, Free press, 1961, pp. 255-261.

增加教育機會之熱心。而不斷的擴充學校也顯示出當今社會之不願使教育變成少數特殊階級的專利品，惟在機會均等的原則下，如何適度滿足個人對於教育之需求，又無損於素質的降低與人力供需的調適，是值得審慎考慮的課題。

第五節　教育供需與經濟發展

　　一國經濟之發展，因其經濟條件、社會背景之不同而有所差異。因此，在不同的經濟結構、社會背景之下，對於教育供需程度的要求亦因之而異了。

　　在傳統性農業社會中，仍係生產能力發展有限的社會，其一般生產方法，沿用古老的科學或技術，致每人所能達到的生產量，是有一定的限度。雖然傳統性農業社會並非處於一成不變，但其變化是漸進的、緩慢的，所以生產率的進展，始終有限。而各種資源的運用，大部份用於農業，社會的結構亦建立於農業制度之上，農業社會的結構，教育並不普及，社會及個人對於教育的需求量都不大，故文盲率極高，而一切經濟、社會、政治及教育制度均建立於局面有限自給自足基礎上的地區。

　　但至工業發展初期，工業革命導致了生產方式的改變，以及生產上的分工日趨細密，社會上一般人民，就必須接受教育與訓練，以便管理一種生產方式經常變更的經濟制度，這時對於教育的需求即隨之增加，有時因為某地工業發展迅速，開始有教育供需不足的現象，於是機械化、自動化等等發明，也逐漸出現，並且日新月異，因此在這一階段的教育問題，由數量問題又發生了素質的問題。學生的素質，能否配合工業發展的需要，亦因而形成了經濟發展與教育供需的核心。

　　到了工業起飛階段，由於生產制度與程序之實質變化，此時對於教

育的需求，不僅是普通教育，而且是技術、工藝與職業教育；不但是正式教育，而且是在職訓練，大量培養技術人才，以應需要。

在工業逐漸步向高級工業及精密工業的成熟階段，生產過程複雜，營業競爭劇烈，於是研究發展與技術創新，成了經濟發展與工業推進的主力，高級科技人才、專業人才及技術人才的需要，也就非常迫切，爲了要勝任各項專業或技術性的工作，每個人就必須接受不同的教育與訓練。

總之，在每一個經濟發展的新階段，社會與個人都會產生教育需求程度的問題，但是，教育機會的提供，能否適時有效滿足社會與個人的需求，對於經濟發展中所需要的各級各類的人才與個人是否得以充分就業均有着深遠的影響，於此，不得不再就教育的供應與經濟發展的關係，略作探究。

教育機會的提供，對於經濟發展與個人就業的影響，可從其教育供應的類型、教育質量的分配及學生在學率的提高三方面而得知端倪。

首就教育供應的類型言。所謂教育供應的類型，係指政府與私人團體或企業，所提供的教育機會，係以初等教育爲重點，抑或以中等教育及高等教育爲重點。進言之，在各級教育中，如中等教育階段，是以普通教育爲重點，抑或以職業教育爲重點；在高等教育中，究係偏重於文法系科的設置，抑或科技系科的設置，凡此，均足以影響到一國之經濟發展。以未開發國家言，教育尚不普及，生產的方式，仍停滯於原始的階段，所以對於各級教育機會的需求，極感迫切，然爲資源不足及其他因素所限（如前述之師資不敷供需等因素），教育機會的提供，僅能局限於初等教育方面的擴展，對於中等以上教育程度者人力的需求，只有借助於外人，故其政治、經濟大權頗多爲外人所控制。論及開發中國家，大多數國家雖已均能提供國民接受至少五年以上基本教育的機會，

然在此一發展階段，因於社會結構急遽的改變、及人口迅速的成長，一方面需要大量的各類技術人員，再方面又得提供較多的教育機會，以應所需，亦因資源分配有限，致有顧此失彼之感。因此，開發中國家兼具技術人力不足與素質偏低二項問題，教育供應的類型，有待進一步的調整與改善。至於已開發國家，多數均已提供九年以上國民受教育的機會，且有繼續向上延伸的趨勢，在此一階段，對於各級畢業生的充份運用以減輕其失業率已勝於教育機會的提供了。因為一國的人力，不論是那一種教育程度，未被充分利用時，從總體經濟觀點來看，對社會都是一種「經濟損失」（Economic Loss），將影響到經濟的成長與發展。

其次，談到普通教育與職業教育的比重問題。由於二者間的目標與功能不盡相同，故在教育發展上係以何種為重，殊難定論。不過，在經濟發展中，職業教育的發展能夠配合基層人力之所需，惟其成本頗為昂貴，當國家需要提供較多的教育機會而資源不敷支應時，普通教育的設置，可以容納較多的人數，以滿足社會大眾的需求。我國過去普通教育與職業教育的發展，一方面基於傳統的觀念，再方面基於成本的差異，普通教育的人數超過職業教育的人數。近年來，為配合國家發展所需，逐年調整二者間的比例，可為上項事實的說明。

第三，談到文法與科技系科的設置問題。此亦與前述問題一樣，涉及到本身的功能與價值體系，沒有一個絕對的標準，此二種系科的設置，直接關係到高級人力的供需，所以在高等教育階段表現得最為迫切。不過，近年來文法系科畢業生就業的困難，反映出高級人力運用的不當與失調，至於二者間應做何種的調適，這是教育機會提供中策略選擇的問題，容於後章另述。

次就教育質量的分配言。就教育的整體發展目標言，應該是「質量並重」的，各級教育培養出來的人才，不但在量的方面能夠配合國家的

發展需要，而且，在質的方面亦能適應工作環境的要求，但在實際過程上，基於國家財力狀況，難以兼及質量之間均衡的發展，此一現象，表現於開發中國家尤其顯著。如1960至1966年間，開發中國家就學人數的平均成長率初等教育為42％、中等教育為80％、高等教育為93％，此種成長率使小學生增加五千五百萬人，中學生增加一千五百萬人，大專學生增加二百萬人，平均每年增加學生一千二百萬人。教育配合經濟發展，一是量的配合，一是質的適應。在量的配合方面，一定的經濟成長有一定的人力需求量，如果教育不能配合經濟結構改變的需要，便會造成一種過度教育（Overeducated）或教育不足（Undereducated）的現象，從經濟的觀點來看，就是一種教育浪費及教育投資的不當。

當教育發展在量的方面過度擴充時，教育制度甚難保持擴展前的教學素質及效率，教育設施如教室設備及教材等未能配合學生人數而增加，師資素質亦逐漸降低，由於需求迫切，教師之資格及經驗只能退而求其次，最嚴重而足以影響全局者，為教育管理行政人才之缺乏，導致教育效率的降低，此可從學生中途離校（Drop-out）及留級學生之比率而可以概見。約有一半開發中國家，其進入小學之學生，完成此一級教育者不及二分之一，即為顯明之例證。學生素質低落，畢業後學用當然不能一致，亦即是教育條件不能配合人力所需的條件，在勞力市場中，其生產效率即難以增進。

再就學生在學率的提高與經濟發展言。依據歐洲經濟合作發展組織（OECD）研究之結果，認為每人平均之國民生產毛額（GNP）與其在學率之高低有着密切的關係。易言之，教育之普及與經濟之發展，二者間相互依存，互為影響，此種關係，如年齡階段愈高，則愈為顯著。在每人平均之國民生產毛額較低的國家，人民於接受基本教育完畢後，恒不再升學；蓋因其若進入普通中學、大學而繼求深造時，則將犧牲已

有的工作收入，對家庭或個人之經濟影響甚大，故不得不輟學轉而投入勞動市場。至於國民生產毛額較高的國家，於接受基本教育完畢後，多數卽進入高一層次的教育機關接受教育，探其原因，係經濟及社會之發展，急切需要較高教育階段之學校畢業生，而在家庭與個人方面，亦有能力以負擔教育費用之故。各國學齡人口在學率中（係採五——十四歲、十五——二十歲、廿一——廿四歲等三年齡階段之在學率），以美國、加拿大及瑞典等三國爲最高；尤以十五——十九歲，廿——廿四歲之階段間尤甚；而以印度、土耳其及葡萄牙三國偏低。學生在學率雖能反映出一國某一程度之生活水準及經濟發展情況，對偏低國家言，亦說明了教育努力不夠所致，急需加強教育結構與質量之適度調整，期以促進經濟發展，學生在學率亦得以相對提高。

本章摘要

在論及「教育的需求與供應」此一課題時，本文認爲影響教育需求的因素爲：一、個人智慧的程度。二、職業上的需要。三、家庭的經濟條件。四、家長對於學校教育的價值體認等。但若就國家與社會整體發展的觀點，言及人民對於教育的需求，亦可發現三個主要因素，能夠影響到教育需求量的增加，其爲：一、若教育人口（或學校人口）佔全人口的比率偏高，則教育的需求量亦自然隨之增加。二、經社背景的因素。三、強迫教育或免費教育的實施。

相對的，對於影響教育供應的決定因素，則需視：一、師資供需的狀況。二、教師對職業的選擇動機。三、經濟結構的需要。四、教育的單位成本等而定。

　　本章於文內亦述及，教育需求與機會均等」的問題，多數學者認為擴展教育機會的需求，是達成教育均等化的良好策略，亦即是教育的需求與教育機會均等二者間是一種正相關的關係。因為教育機會一經擴展，一方面，社會上各階層的子女接受教育的時間可以增長；另一方面，來自較低社會階層的子女終止學校教育的時間自亦向上延伸。根據研究所得，中下階層的子女在接受正規教育的初期，學業的成就通常無法與中層以上的子女相抗衡，但是教育機會一經擴展，他們學習的動機增強，學習的效果亦漸佳，畢業後不僅有能力參與選擇性的學校教育，且能有效改善家庭環境，並促進社會層次彈性的移動，導向現代化社會早日之實現。

　　但也有部份學者對此二者的關係尚持懷疑的態度，如烏爾福來（Deal Walfle）根據分析，認為個人的智慧程度、學習意願及家長的社會經濟背景為影響其對教育需求的主要因素，否則，社會雖提供了教育的機會，亦無以為個人產生助益。另外，名教育社會學家芝加哥大學教授安德森（C.A. Anderson）亦抱有相同之論點。

　　文內最後論及「教育供需與經濟發展」的關係，認為教育機會的提供，對於經濟發展與個人就業的影響，可從：一、教育供應的類型。二、教育質量的分配。三、學生在學率的提高等三方面而得知端倪。

第五章　教育成本

第一節　教育成本概念的闡釋

　　人力資源對經濟發展的重要性已為世界各國所公認，因此，如何透過教育的方式以提高人力資源的素質即為各國所共同關注的課題。有鑒於此，　近年來研究教育經濟學的學者專家莫不把成本效益分析（Cost-benefit Analysis）視為教育經濟學中的一項主要問題，　其目的有下列諸端：其一、在運用成本作為分析教育經費與支出的依據，並據以推計教育制度未來可能發展的趨勢；其二、發揮成本運用的經濟價值，使短絀的資源作最有效的支出，勉使教育的質與量能作適當的配合發展；其三、謀求成本負擔的公平原則，多方開闢教育財源，廣籌教育經費。

　　論及一國教育成本的研究與分析，涉及至廣，一方面係受總資源預算及經濟發展目標的影響，另一方面亦隨國民所得、學齡人口的增加、各級學校性質、價格水準、教育有關的貨物及勞務在比例上的相對變化，及教育部門的效率等因素而定。因此欲測定一國教育成本的內涵是否合理，頗難遽下論斷。本章以下各節中即就教育成本一般性問題逐一

探討與敍述。

一、教育成本的意義

1.成本的解說

在未說明教育成本的意義之前，似宜先將經濟學中有關成本的觀念加以解說。一般言之，成本的觀念起源於貨物（Goods）或勞務（Services）的生產。我們知道成本可以用貨幣表示，但亦可以用非貨幣表示之。其次，成本對於交易主體，如生產者、銷售者、購買者、消費者等，均可發生影響力量。如此，當某項生產要素的所有人，將此一要素售供生產者使用時，就此一要素的所有人而言，其成本可以其「消費之捨棄」（Consumption Forgone）來表示，但就生產者而言，則確實付出了一筆貨幣成本，以及生產時需要支付的工資、貨款的利息與其他各項費用等。簡言之，所謂成本，乃是從事一項投資計畫所消費掉的全部實有資源的總稱。

馬歇爾（Marshall）認為「眞實成本」（Real Cost）與「直接生產費用」（Direct Production Expenditure）二者的區別很大，他認為前者乃是生產某些貨物或勞務所必要的努力與犧牲，而後者則是包括付給各項生產要素所有人的一切費用。換言之，眞實成本等於機會成本（Opportunity Cost），因為經濟學家們認為任何一種貨物在其整個銷售過程中，是否可以脫售，經常決定於消費者的取捨選擇。而任何取捨選擇的成本必須以「機會之捨棄」（Opportunity Forgone）來表示。某一貨物或勞務的消費者為獲得某一貨物或勞務的貨幣成本，無疑地會與其出售者的眞實成本相等。由於各交易主體形成了一種連鎖關係，從為首的生產者或某些貨物或勞務的所有者開始，直至最後的消費者為止，其中須經無數的轉手人，依照經濟邏輯以及行為準則來看，後者所花費的成本通常均較前者所花費的成本為高，茲以購用某種食品為例，

最後消費者的成本（零售價）必定是高於零售商的成本（批發價加上其他費用等），而零售商的成本又必高於批發商的成本（進貨成本加上其他費用），同樣道理，批發商的成本高於生產者的成本。

　2.教育成本的內涵

　(1)教育可視爲一種生產的服務（活動）

　以上所言，乃是經濟方面有關成本的若干觀念，玆再就教育部門所謂之成本試予說明。一般分析教育成本的學者，認爲教育成本僅係指學校支出的全部經費而言，此一概念，並未涵蓋教育成本的眞正含義，因爲就教育的生產定義與功能而論，教育與其他各經濟部門相同，教育活動也在生產一種服務，教育部門的第一項產品乃是人類知識的保存與其領域的持續擴張。第二項產品乃是人類文化的創造與發揚。第三項產品乃是人力資源的儲存與壯大。

　而在實際上,教育的生產與貨物或勞務的生產交易並不盡完全相同，因其生產者所「售出」的數量並不等於其消費者所「購入」的數量，因此在估算教育的總成本或單位成本時，必須指明成本的計算究竟係按照生產者的成本抑或爲消費者的成本而予以計算，下文略述其涵義：

　①教育生產者的成本

　教育的生產者主要係指各級各類之公私立學校及家庭（在家庭內協同養育其在學之子女）或任何其它非正式的教育機構而言。各級教育機構的成本就是指編列的預算而言，其中包括了人員的薪資、房舍的保養與維護，以及設備費、維護費等而言。

　②教育消費者的成本

　教育消費者的成本則爲在校學生或家庭（爲其在學之子女支付接受教育的費用），就家庭而言，其成本就是繳付給學校的各項費用及其所支付的各項有關稅捐等。由於家庭將其子女送入學校就讀而不令其就

業，致使其「放棄所得」（income foregone），那麼，在這種情況下，是否應將這種「機會成本」（Opportunity Cost）倂入家庭爲其子女支付教育費用的成本之內呢，殊難定論。不過，就若干低收入家庭而言，「放棄所得」的確可以算是一種消費。

(2)教育乃是一項公共服務

就個體經濟（Micro-economic）的範圍而論，尤其就一個家庭或一所教育機構而論，教育生產者（教育機構）的成本與教育消費者（家庭）的成本並無非常密切的關係。其所持理由是：其一，教育機構並未負擔其所需的全部費用；其二，在採行自由教育制度（Free education system）的國家，家庭的直接成本爲數甚微，而間接成本（有關稅捐）的負擔又視家庭所得之多寡而非按其子女是否接受教育而定。基於上述，可見就個體經濟範圍而論，教育活動在性質上乃是一項公共服務（Public Service）。

3.教育成本中有關機會成本的概念

此處所謂機會成本，乃指爲興辦教育而實際發生的費用，但在實際上並未增加教育經費的預算。例如：(1)政府所有的部份校舍無須計算成本，所以其貨幣成本實際上等於零，但是這些校舍如不用來辦教育，則可租供作爲其它的用途，所以在理論上，實際的機會成本應當包括這種抽象的租金(Rational rent)在內。(2)又如國外的援款，國外援款雖用以興建道路、運輸系統或者是醫院等，但就教育而言，如果沒有國外的援款，勢必動用國內的經費來興建此等工程，對於教育經費的支用難免不受影響，在理論上，也需要酌情計算其機會成本（我國因憲法中有明文規定各級政府教育經費佔政府支出的比例，故對於此一因素而言，影響不大）。(3)另外，再如學校房舍不予課征稅捐，進口的教學器材免計關稅，均顯示在計算教育總成本時，應該將此種機會成本加計在內，蓋因

此等免計的房捐、地價稅及關稅等，對於財務機構而言，等於一種「所得的捨棄」，但對於教育機構言，則等於接受政府一筆無形的補助，如果對於上項各種費用不予免計，那麼，財稅機構於收到此等稅捐後可能用在其它方面而使其他部門受益。(4)就是在校學生之「捨棄所得」，他們如果不就學而受僱於從事生產工作，當可賺取到若干的收益，今天因爲就學而捨棄薪給，所以在理論上於估算機會成本時，這種捨棄所得也應該計入始稱合理。

上述對於估算教育成本時應將機會成本加入計算的主張，並非所有的教育經濟學家均表贊同，因爲：

①在經濟學內，實際成本（包括機會成本）與貨幣成本截然不同，準此而言，機會成本應該視爲「未能達成」最佳選擇所花費的成本，而非爲消費貨物與勞務所支付的實際費用。

②在教育部門，一般認爲應該僅計算國家的教育總成本，而不應將某一特定交易的主體，如家庭的成本計算在內。

③假定某一年齡組之就學學生可能有一部份甚或全部均願輟學就業，究竟應該使用何種方法來估算教育成本，方可顯示「所得之捨棄」的多寡及其重要性亦屬問題。

綜言之，評估機會成本雖屬重要，但在目前，此一方面問題之探討與研究，迄今尚無更精確的計算方式，則爲不可否認的事實。

4.教育成本的測定

麥克魯（F. Machlup）係從「一定量的教育」（Specified Amount of Education）着眼，來衡量教育成本 ❹，他認爲經濟上的成本，係指生產單位財貨所需要的金額言。但是，教育生產的單位爲何，頗難測

---

❹ Fritz Machlup: "Education and Economic Growth", University of Nebraska press, 1970, pp. 84-85.

定。在理論上，似應以學生的內部改善作爲教育生產的單位，但實際上此種內部改善，卻極難予以衡量。於是，對於此一問題的研討，應放棄從生產方面的方式，而改爲主要從衡量「一定量的教育」所需要的成本着眼，卽從投入方面計算教育每一個學生所需要之成本的方式，予以把握。基於此，就經濟學的觀點言，成本不但應該包括貨幣成本，尙應包括精神成本與機會成本在內。

蘇爾玆（T. W. Schultz）認爲教育成本不外來自兩種來源，其一係來自學生的成本（Costs Born by the Student），另一部分係來自非學生的成本（Costs not Born by the Student）❷。但是二者之間如何明確劃分與計算實有困難，因此蘇氏又提出一種教育成本的概念，卽將學校中的教育成本明確爲教育服務成本與機會成本兩大類(the costs of the educational services provided by schools and the opportunity costs of the time of students while attending school)❸。就第一類而言，教育經濟學家希望測量每年在教育企業上的投入量，其中包括了教師、圖書館人員、及學校行政服務人員，與維持學校建築及設備的每年因素成本，以及建校貸款利息、貶値及折舊等每年因素成本。至於提供特別輔助活動（如學校午餐、食宿等項目）及其他非教育性的活動，則不宜計算在內。此外，獎學金、助學金及其他金錢上的支助亦應予剔除，因爲這些是包含在移轉付給（Transfer Payments）裏面。至於第二類的機會成本，主要在估算學生因工作而失去的所得收入，理應計算在內。

綜上各家所述，我們可以簡要的說，教育成本係指學生在學校接受

---

❷ T. W. Schultz: "The Economic Value of Education", Columbia University press, 1963, p. 12.

❸ Ibid., p. 23.

教育期間，所支付的直接與間接教育費用而言。所謂直接成本（Direct Costs），主要是指政府支付於每生的教育費用以及學生在學期間所繳納之學雜書籍等費用，而間接成本（Indirect costs），則是指學生放棄所得後所失去的機會成本而言，如下列公式所示：

教育成本＝教育生產者的成本（卽直接成本，亦卽公私立教育機構之費用支出）＋教育消費者的成本（卽間接成本，亦卽機會成本）。

二、影響教育成本之各項變數

近年來，各國的教育成本均告急遽增加，因此對於影響教育成本增加的各項變數（Variable）實有加以探討的必要。

麥克魯在其所著的「經濟成長與教育」一書中，認爲影響教育成本增加的各項變數有下列幾項：卽㈠學齡人口之增加；㈡就學率之上升（進入上級學校比率之上升）；㈢每班學生數的減少；㈣每一教師平均授課時間之減少；㈤通貨膨脹與經濟成長致使教師之人事費增加 ❹。在影響教育成本的各項因素中，麥氏將之歸納成二類別，其一是因供給方面之條件變化而增加的成本，亦有因需要方面之條件變化而增加的成本。

在上述二種因素當中，第一項學齡人口之增加與第二項就學率的提高，對於一國之教育總支出影響頗大，其餘四項則對教育成本之增加有着直接的關係。就第三、第四兩項言，各國爲改善教育的素質，重視學術研究，而有減少班級學生人數與每一教師授課時間之傾向，以美國爲例，耗於研究發展方面的費用，一九七三年時，已超過兩百七十億美元，平均每年增加已超過10％，此一因素，自然成爲教育成本上漲的原因。至於五、六兩項因素，通常，通貨膨脹本來係所得與資產重分配的

---

❹　Fritz Machlup: "Education & Economic Growth", University of Nebraska press, 1970, pp. 87.

問題，本質上並非與教育有直接的關聯。但是人事費用卻伴隨通貨膨脹而增加，致影響到教育成本的提高，另外經濟成長與教師人事費用間的關係，雖不甚明確，但因經濟成長通常表示實質生產力之上升與個人實質所得的增加，經濟成長有時亦會伴有通貨膨脹，在伴有通貨膨脹的經濟成長下，貨幣所得的增加將較實質所得為速，亦因此間接影響到教師人事費用的增加。除上列影響教育成本增加的幾項因素外，另費傑（J. Vaizey）與齊士瓦（J. D. Chesswas）在「教育計畫成本計算」一書中，提及影響未來教育成本的主要變數（Main Variable）有下列諸點 ❺。

影響教育成本的第一個因素是未來價格水準（Price Level）的改變。在成本運用上，我們經常注意者，乃是眞實成本（Real Costs），而非貨幣成本（Monetary Costs）。但是，價格水準的改變，卻足以對於我們今後期間所作的各項實際費用支出發生影響。如衆所知，辦理教育所需之各項貨物及勞務，其成本與其他各種貨物及勞務的成本，並不一定同樣發生改變，而且改變的程度也不一定相同。例如，一般物價指數（Price Index）係偏重於食物與日常生活必需品等費用的計算，凡此均與教育費用支出的關係並非特別密切，與教育費用支出關係特別密切的項目乃係教師薪給，而教師薪給的調整改變，與一般貨物價格的改變，甚至與工資的調整改變，並不能夠相提並論，其幅度亦可能不同。因此，如欲使成本標準化，最好能建立起教育部門的價格指數，俾與整個經濟有關的物價指數有所區別，以便於單獨用以計算教育成本。

影響教育成本的第二個因素是與教育有關的貨物及勞務在比例上的相對變化，其中最主要的一個項目係教師薪給。各個教師薪給所佔比例

---

❺ John Vaizey & J. D. Chesswas: "The Costing of Educational Plans", IIEP, 1967, pp. 21-24.

不一．大體言之，開發中國家教師薪給所佔比例較大，約在70—80％之間，已開發國家則多在50％左右。設若欲考慮今後教育成本的趨勢，就必須決定教師薪給在未來教育費用總支出中究應佔有何種比例，或者期望其如何變化，及變化至何種程度。

　　影響教育成本的第三個因素，是學齡人口的增加。學齡人口，不唯其數量的多寡與教育費用支出有關，其各年齡組的分配亦與教育費用支出有關。如在趨勢上，年齡較大的兒童持續佔有較大的比例，將較幼小兒童數的單純增加，更足以增加教育成本的負擔。

　　影響教育成本的第四個因素，乃是教育水準的提高與一般民眾對教育需求程度的提高。此一趨勢的發展，卽相對導致平均教育單位成本不斷的增加，尤以社會快速發展變遷時期爲然。

　　影響教育成本的第五個因素，是離校年齡（School Leaving age）的提高。尤其是在高等教育方面快速的擴充，對平均教育單位成本的增加尤其顯著。

　　綜上所述，我們可以將教育成本之所以增加，歸納成下列三點主要因素：㈠教育水準的提高；㈡較高年齡組兒童的教育成本增加；以及㈢由於價格水準的改變，促使教育的成本結構亦因之改變。上項因素，是估算教育的眞實成本及從事教育成本研究分析時，不可或缺的必要因素。

第二節　教育成本的類別

　　教育成本的類別雖因其性質、支出結構之不同而有所差異，大體而言，可以作下列主要之分類。

　　湯瑪斯（J. A. Thomas）將教育成本之類別按其性質分爲直接成本

(Direct Costs) 與間接成本 (Indirect Costs), 社會成本 (Social Costs) 與私人成本 (Private Costs), 及貨幣成本 (Monetary Costs) 與非貨幣成本 (Non-Monetary Costs) 三大類 ❻。現茲分述如下:

直接成本與間接成本: 直接成本係指貨幣支出的成本 (Monetary Outlay Costs), 此一成本之項目, 包括了僱用教師、行政人員、諮詢人員、雜役人員、及設備費用等, 這些費用通常包括在學校預算之內。間接成本是指非由貨幣支出而由於學生放棄收入 (Student's Forgone Earnings) 所導致的成本支出, 另學校建築的折舊 (Depreciation) 及耗損 (Obsolescence) 與學校用品的免除課稅支出部分亦在間接成本之內。按照湯瑪斯的分類, 直接成本係指教育預算帳目中支出的費用, 而間接成本則為非預算帳目中的支出言。

社會成本與私人成本: 社會成本是指私人成本與公共成本的總和 (Social costs are the sum of private costs and costs paid by the public)。麥克魯亦持這種看法 ❼。 主要觀點是他們認為社會成本的資源是大於個人成本的資源所致。因為此項成本包括了㈠政府對教育的支出費用; ㈡政府或民間對教育機會之捐贈; ㈢學生若不上學而就業時政府可能獲得的所得稅; ㈣教育所使用的建築物若用以其他目的時可能獲得的租金; ㈤教育所使用之土地若用以其他目的時可能獲得的租金; ㈥後二項可能課徵的租稅收入。因此, 社會成本乃社會大眾對每生每年平均投資之成本而言。私人成本是指站在個人投資立場, 每生家長負擔的教育費用, 以及因就學而失去就業機會必須「放棄所得」之成本而言。

---

❻ J. Alan Thomas: "The productive school"—A System Analysis Approach to Educational Administration. University of Chicago press, 1971, pp. 33-35.

❼ Fritz Machlup: "Education & Economic Growth", University of Nebraska press, 1970, p. 31.

此項成本包括之項目為：㈠學生若不上學而就業時可能獲得的收入；㈡家庭所負擔的學費及其他費用；㈢書籍與文具費；㈣通學費用等項。

　　貨幣成本與非貨幣成本：貨幣成本的支付，可能來自社會，亦可能來自個人。此一成本數額均可以幣值表示之。凡不能以貨幣表示的，或不採用貨幣表示而用資源及其他表示法表示的成本支出，則包括在非貨幣成本項目內，如機會成本即是。

　　教育計畫專家柯布茲 (P. H. Coombs) 與何烈克 (J. Hallak) 將教育成本的類別分為資本成本 (Capital Costs) 與經常成本 (Current Costs)，學生單位成本 (Unit cost for student)，及項目（因素）成本 (Factor Costs) 等類別 ❽。

　　資本成本與經常成本：此即指經費中資本支出 (Capital Outlay) 與經常支出 (Current Outlay) 而言。依照二氏的解釋，資本支出係指較為持久的支出項目，如土地、建築與設備等。經常支出則係在會計年度內用盡的支出，如人事費用即是經常支出的絕大部份。

　　學生單位成本：由於教育類別、地理環境及時間上的差異，度量學生單位成本是較為困難的。就經濟觀點言，學生之單位成本不但包括所有為學生所支付的直接成本，還應包括與學生有關之間接成本在內。前者乃指為學生所支付的教職員之薪俸、行政事務費用、學校建築設備及土地之購置費等，後者除機會成本外，尚須包括「精神成本」(Spirit Costs) 及某些非教育機構因教育與衍生之特別支出，例如部份學生因上學所感受之精神壓力，政府機構對學生假期各種活動之補貼等。由於間接成本不易由貨幣表示，故一般在計算學生單位成本時，僅以直接成本之項目為範疇。

---

❽　Philip Coombs & Jacques Hallak: "Managing Educational Costs." New York, Oxford University press, 1972, pp. 85-88.

項目（因素）成本：這是從教育生產功能（Education in production function）中，各項投入因素（Inputs Factor）與產生（Output）的關係來看教育的項目成本。其投入成本項目可包括教師人數、設備、建築等，由於投入項目的不同，其成本亦因之而異。項目成本亦可以以經常性支出費用（如教職員工之薪金）與資本性支出費用（如建築、設備等）來表示之。

另教育經濟學家柯恩（E. Cohn）將教育成本類歸為直接與間接成本兩大類 ❾，然柯氏對此二種成本之分類與前述湯瑪斯之分類略有出入。柯氏以直接成本係指學校、學生及家庭為教育目的所直接支付的成本，這裏面諸如因子女受教育而附加的食宿費、衣物購置費、交通費、及其他的供給，如書籍費等均應包括在直接成本之內。但這些支付費用即使子女不受教育，家長亦需要供給，那麼，是否子女因為接受教育在這方面的支付較未受教育為高，這在支付帳目上很難畫分清楚，若直接成本僅係以在帳目上能計算貨幣支出為準的話，則學生的食宿、交通、衣物等費用，似不應列在直接成本之內，而應歸屬在其他附增成本（Other inputed costs）之中。

而柯氏所謂之間接成本，即是指機會成本一項而言。此一機會成本包括了（一）學生因受教育而放棄了所得收入的成本；（二）學校之建築、設備等因用於教育而獲得免稅及此一建築、設備因不用於教育而可能獲得的其他貨幣價值（如租金）等的放棄機會的成本（Foregone--opportunity costs）而言。

綜上各家所言，一般教育成本的分類，可以類歸為四種。其一是根據成本支出的目的分為直接成本（Direct Costs）及間接成本（Indirect

Costs)；其二是根據成本支出的主體分爲社會成本（Social Costs）及私人成本（Private Costs）；其三是根據成本支出的性質分爲資本成本（Capital Costs）及經常成本（Current Costs）；其四是根據成本支出的度量單位分爲貨幣成本（Monetary Costs）及非貨幣成本（Non-Monetary Costs）。不過，在教育上習慣採用的成本分類是直接成本與間接成本兩大項。

第三節　教本成本效益分析

成本效益分析（Cost-Benefit Analysis）一詞，意指爲評定經濟利益（Economic Profitability），對於某一形式投資的成本與效益的大小作有系統的比較。因爲所有各種投資都包含有一項因要獲得將來較高生產額或收入而對現在的消費所作的犧牲（Sacrifice）。因此，成本效益分析的目的與功效，卽在於能夠提供出測定投資預期結果的方法，作爲合理分配與運用資源的準則。

成本效益分析在教育領域上的應用，爲時較晚。在美國，最早的教育成本效益分析乃是由廿世紀六十年代初期形成的人力資本構成的理論所發展而成的結果。諸如貝克(Gray Becker)，漢生（W. L. Hansen）諸氏從事收益率研究的目的，均在探究試把成本效益分析應用到教育方面的可行性，以及發展一項在人力資本方面投資的理論。雖然這件工作有其顯明而實際的意義，但是，其最初的目的是想把它發展成經濟分析的一種新工具，尤其是以貝克的研究指出人力資本上投資的概念，如何的有助於解釋某些行爲模式與經濟現象，如年齡收益曲線的形狀等。他同時也指出，諸如正統學校教育和在職訓練等不同活動，也能夠用相同的效益分析的方法予以分析。在美國更進一步的研究曾經集中在諸如收

益率在區域上及種族上的差別，教育投資在所得分配上的影響以及私人的成本效益分析應用在職業的選擇上面等問題，所有這些問題都是教育經濟學家欲加探討的課題。

在過去，有一些學者曾經把教育的成本效益分析視為解決教育資源分配問題的萬應靈藥。但另外又有其他一些學者，則完全排斥這種說法，認為教育的成本效益分析並無多大的價值。事實上，教育的成本效益分析僅能提供有關教育與就業市場之關聯性以及所選定的教育政策之經濟影響等方面之重要資料而已。換言之，教育成本效益分析，可以很方便地把各種不同形式教育的成本資料和各種受教育的不同類門的人力供需平衡的資料合併在一起加以檢討，期能縝密注意教育或經濟體系中的某些主要的變數，也就是說，教育成本效益分析，可以在不同類型教育的相對成本和不同類門人力的相對效益等方面試予探究，雖然成本效益分析並不能明確地指導擬訂教育政策，但確已為教育計畫工作者提供出擬訂合理教育政策所需要的有用資料，殆無疑義。

教育成本效益分析的觀念既已確定，下文試就成本與效益測定的範圍及方法，略加說明。

成本既是從事一種投資計畫所消費掉的全部實有資源(Real resources) 的總稱，則在教育投資上，所支出的費用是十分重要的，因為舉凡教師在教學上所使用的時間、校舍的建築、教學的設備以及可有其他用途的物資與勞務等都需要貨幣來購買。但是，除了貨幣價值之外，教育體系同時也消費掉可有其他用途的他種資源，縱然這些被消費掉的資源並不反映在正規的教育費用上。譬如，學生們本身時間的消耗，就是一個最顯明的例子，由於他們選擇繼續接受教育，而失去在就業市場上貢獻勞務的機會，即說明了一種生產能力的損失，也就是整個經濟體系中目前生產額的損失，同樣的，也是個人所得的一項損失。這種目前本

來當有的生產額或收入的機會，由於學生希望增加未來生產能力而選擇接受教育因而喪失，縱然學生的時間並未包括在實際費用內，而且初看起來，時間就像是免費可以得到的貨物，但因它確已表現出一種實有資源的犧牲，所以，這種目前收入的損失就毋需被當作教育的機會成本之一，在計算成本項目時應予列入。

此外，教師時間的價值、書籍教材價值、各種物品與勞務以及使用的校舍建築物和教學設備的價值，均應予以計算在內。

計算教師時間價值最簡單的方法就是薪金的支出。書籍、教材與文具等的價值，也能夠用開支的金錢來計算。如此項費用係由政府部門所支應，免費供應或補貼價格供應。則此一成本的計算方法應列在公共支出項下。設若此一費用要學生自行負擔，在計算私人成本時即應予以列入。

在估算成本當中,最困難的項目就是校舍建築物及教育設備的估算。如果校舍是租來的，則每年所付的租金，就可用來表示在這一年當中所用的資本資源的價值。然而，實際上校舍都不是租來的。所以，對校舍全年的資本使用價值即需要作一個估算。也就是說，這類校舍建築物和教育設備必需折算爲年租金項目來估計 ❿。考慮資產使用成本的簡單方法，就是按照預定使用年限，逐年計算該項建築物的減債基金逐漸償還(Amortization)。減債基金逐年償還不僅表示每年的折舊，而且也包含有利息費用的合理付出。因此可算是一種良好的計算方法。對於校舍建築物採用折舊率的方法雖然乍看來已經充分夠用了，然而，卻忽略了建築物的資金是由投資基金在一年中一下子所供給而建築物本身則將被長久使用的事實。因爲決定蓋一所學校，其所代表的意義就是犧牲掉

---

❿　Maureen　Woodhall: "Cost-benefit Analysis in Educational Planning." IIEP, 1970, p.p. 15–16.

這筆投資基金其他可能獲利的機會，因此對於以其他機會放棄的概念來計算教育上建築物成本是可以被接受並加以重視的。

測定教育成本最後一項應該注意的事項，就是如果學生係公共支出（政府部門）項下接受獎學金，各種費用或生活費的話，那麼，這筆獎學金的平均價值就需自私人成本的全部估計內予以扣除 ⓫。

其次，談到教育效益的測定問題。教育效益之計算遠較成本計算為困難，其理由有如下幾點：

第一、教育的結果，並不是影響個人所得效益的唯一因素。在一些教育成本效益分析最早的例子，只是把受過教育的工作者之整個額外收益用作計算教育效益的唯一方法。然而，事實上並非完全如此。因為較高收益總是與教育結合在一起的事實，並不意指受教育者的整個收益差別應歸功於他們的教育，除教育一項因素外，個人的能力、經驗和社會背景、工作類別的不同，以及在職訓練或其他相關訓練的多寡，均會影響一個人的收益。因此，若把所有額外的收益歸功於正規教育，往往過份強調了教育的效益。在此，我們祇可以說，教育極容易和許多其他因素發生關聯，而所有這些其他因素對於收益的決定均有助益。把教育在收益方面的理論影響和其他因素分別隔開加以研究，近年來已經有了若干進展，而且在美國、瑞典、墨西哥等地的研究都獲得有如下的結論：當某些其他因素保持不變時，僅教育一項因素對個人收益的影響仍有其限度。

在美國，此一方面的研究人員，企圖用多變量抽樣分析（Large-scale Multivariate analysis），去衡量例如性別、種類、職業、都市或鄉村的環境、在校的成績以及教育狀況等決定因素對個別的及集體的收益之影響。這一研究的結論認定受教育期間的長短乃解釋收益差別的最

⓫ Ibid., p, 17.

有力的一個因素。然而，這個研究並不完全把相互間有極大關聯的能力、經驗及社會背景因素與教育因素分開，也沒有充分地考慮到教育期間長短是教育本身和個人的秉性（如堅忍、強烈的求知動機等）相互關聯的事實。基此，我們認為，教育的結果並不是影響個人所得效益唯一的因素。此一因素，必須與個人能力、經驗、家庭背景或動機等項因素配合起來，對於個人的收益才會產生強大的影響，同時這種影響和教育的影響是有區分的。

上述觀念一經確定，問題本身不是教育在收益方面有無影響，而是應該探討個人收益的多寡究竟有多少是真正地由於他們受教育的結果。根據一項研究指出：在個人收益差別中，約有三分之二能夠以他們的教育來解釋而不是其他諸如能力等一類的因素。由於此一建議，許多收益率的計算，已經把收益差別的三分之二當作衡量教育效益的數量。只要把每一差別乘以係數○‧六六。此一係數有些人稱之為「能力調節」（Ability adjustment），有些人則稱之為「阿爾法係數」（Alpha-Coefficient）⑫。然而，阿爾法係數的真值仍然是必要詳加思考的課題，因為○‧六六這一估計，在美國可能是合理的，在其他國家則未必合用。但是，也有人認為天賦能力的影響，可能在某一年齡或對某一類門受教育者較之其他工作人員更為適宜，因此為了要作不同的計算，阿爾法係數應有適合各種情況的不同值。

第二、由於就業市場之不完善，收益差別並不能適當地衡量出工作者在生產方面的差異。所以，在收益方面的不同，就不能供作一種衡量教育的直接經濟效益的方法。因為成本效益分析的主要假定乃是縱使薪資和價格的結構是一種不完整的計算方法，但仍然反映出各種不同技能的供需二者間的平衡。如果大家相信，某些類門工作人員的報酬薪給常

⑫　Ibid., p. 28.

較他們眞正的經濟價值爲多或爲少（經濟價值卽經濟學家所謂之邊際生產力），那麼，就很可能構成影子價格（Shadow Price）。⑬這種影子價格愈能反映出工作人員的眞正生產力，並且可以使這些影子價格作爲計算成本效益分析之基礎。

構成影子價格的理想方法，係利用經濟的線型規畫模式（Liners programming model of the economy）。但此一模式的構成並把它應用到教育的成本效益分析，很可能還有困難之處。希臘卽曾經嘗試應用線型規畫模式爲不同教育程度的工作者構成影子價格，並利用其結果來計算教育的影子報酬率（Shadow rates of return to education），其研究結果，仍不甚理想而有待再改進。

如果一個人的薪資結構並不足以顯示出相對的生產力時，我們是否可以用其他的方法來估算教育的眞正收益率呢。基於個人對邊際生產力的各種不同假定，我們可以計算各種不同的收益率及相對薪資，用這種分析方法，將能顯示出各種不同收益率的薪資結構的影響。

第三、教育除了經濟上的直接效益之外，教育更能產生間接效益，或謂之外溢效益（Spill-over benefit）。卽說明教育除了可以提高受過教育者本身的生產力之外，還可能提高一般人的生產力。這些效益，並不出現在收益差別上，而且其非經濟性效益也沒有反映在收益差別上。雖然成本效益分析主要是以教育的投資面及教育可量度的效益爲其重點，但是，這並不含有否定教育也產生其他效益的意思，然而，究竟有多少分量應該被歸附於這些其他效益上，在計算技術是十分困難的。不過，我們可以確認的一點是教育的間接經濟效益比其直接的貨幣效益

---

⑬　影子價格的通俗含義就是資源在經濟體系中的眞正價值，而此一價值是由未經扭曲的供給與需求兩種力量所決定的。大家都知道，在市場經濟中，商品價格決定於市場之供給與需求。而經由供需所決定的價格是消費與生產的最佳指標，這種價格就相當於所謂的影子價格。

更為重要。例如，受教育不多的工作人員可能由於與一羣受過較多教育的工作人員在一起工作中，發現他自己的生產力會有增加的情事；上一代的教育或有可能影響下一代的成就以及其生產能力；還有，婦女的教育程度與人口的增加有著重大的關係，並且由於它在人口過多國家出生率方面的影響而可能使未來所得增加。此一事實，說明了教育的間接效益比其直接效益來得大，如果這一方面的效益也可以準確計算的話，則在收益資料中計算出來的社會收益率以往是有偏低的傾向。

第四、教育的效益或收益率計算，係基於假定受過教育的人全部就業，然而，在許多開發中國家卻正遭遇到大學和中學畢業生失業的現象。教育的成本效益分析，在已開發國家中普遍地對於受過教育工作者的失業或不願就業的問題殊少涉入，但是，在開發中國家，受教育者的失業現象，可能是個嚴重的問題；因為其就業率低，所以在估量社會的報酬時，一定要把受教育者可能失業的情形考慮在內始為合理。但事實上用這種方法來計算社會的收益率是不可能的。因此，最簡單的調整方法，就是把就業率差別和不同教育程度就業勞動力而調整的收益所表示的效益估算出來。或是採用在每一教育類門中不同年齡工作人員的平均就業率作估計。所以教育的效益也就可以用受教育工作人員的就業可能率所估量出來的收益來衡量了。

雖然，教育效益的測定，因上項諸項因素而難以估量，但是教育經濟學家仍儘可能的從私人與社會的所得收益來評估此一事實。因為他們認為，教育之所以對未來收入有貢獻，乃在於教育把技能及知識傳授給受過教育的人力，因而增進了勞工的生產力。受過教育的工作人員的生產力較之未受過教育工作人員的生產力為高，這一點，可從生產量的增加和受過教育工作人員的較高收益上面反映出來。因此，只要把受過教育和未受過教育的工作人員在其全部工作期間內所得收益加以比較，其

一生全部收益的差別將可提出一項結論——受過教育的工作人員，每有較高的生產力。

一項計算效益的標準方法，是採用橫斷面的資料（Cross section data）來評定不同教育程度工作人員按年齡和教育程度區分其收益，亦就是採用在一個特定的時間內，按各不同年齡區分所收集的供作選樣的工作人員的資料，而不是採用收集自他們全部工作時間內的資料。此一採用橫斷面資料的技術所根據的假定是：譬如，在將來，一個年齡三十歲工作人員的收益和他在二十歲時所得收益的關係，正如現在所看到的一個三十歲工作人員和一個二十歲工作人員的目前收益的關係一樣。

印度於一九六○至一九六一年度，卽曾以此種按橫斷面的資料爲基礎，估算各該年齡收益的概況（Age-earnings profiles），其他許多已開發或開發中國家亦循此方法建立起本國有關此一方面的資料，從各國已建立資料的經驗中，可以看出典型的按年齡區分的收益概況，有下列幾點特徵：一、收益與教育有很密切的關係，每一個年齡組內，受過較高教育的工作者比受教育較少的工作者收益爲高。二、收益隨年齡增加而增加，這種情況，一直繼續至中年達到尖峯時爲止，然後，保持水平不再增加直至退休；不過，有時也有在達到尖峯收益後再降低的情形。三、受過高等教育的工作者之收益曲線外形比那些受教育不多的工作者收益曲線外形爲陡峻；一個受過教育工作者的尖峯收益及其最初收益均較受教育不多的工作者爲高。四、受過高等教育工作者，其達到尖峯收益的年齡較受教育不多的工作者爲晚。少數情形，則顯示高級人才的收益可繼續不斷上升，直到退休爲止。

上述按年齡及教育程度來區分收益的方法，可從私人與社會兩方面的效益加以測定，有關此點，本書於另章中再加詳述。不過，在此應注意者所有成本及效益計算，必然牽涉到將來收入流量的折扣，其目的就

是在把所預期的將來效益的現值和必須在現在投下的成本作一比較。如果，一個投資計畫的成本要延伸到一定的年限，那麼，這些將來的收入，就一定也要打一個折扣使所有金錢價值，不問其成本抑爲效益，都可以用它們的現值來表示。以現值來表示將來源源不斷收入流量的計算方法，稱之爲「折算的現金流量」（discounted cash flow）⑭。這種方法十分簡單，祇不過是按一定的（或假定的）利率，在將來每一年內，把所預算的收入的現值計算出來。整個終身的收入流量的現值可由下列公式表示：

$$\sum_{i=1}^{n} \frac{E_i}{(1+r)^i}$$

n表示投資計畫的年數

E表示預期的投資收入

R表示利率

$\sum$表示由第一年至n年的每年效益之總和

$(1+r)^i$表示複利

綜上所述各點，所得結論是這樣的：教育成本效益分析，其目的在估量投資在特殊類型或特定階層教育中的社會或私人的收益率。社會的報酬率乃是衡量某一特別類型的教育，其稅前一生收益差別和依機會成本計算的全部該項教育的社會成本二者間之關係。這種社會的收益率可以和別的類型或別的階層的教育相比較，也可以和其他形式的社會投資相比較，以供給一種估量政府教育費用的經濟利益之方法。同樣地，私人報酬率衡量稅後收益差別和個人負擔的成本二者間的關係，以提供一種把教育看作私人的一種投資形式的方法。

其次，成本效益分析可以指出在資源分配方面的需要，而對那些提

⑭　Ibid., pp. 21-23.

供最高收益率教育的類型有利，因爲成本效益分析是一種邊際分析，它永遠不能表示在投資分配模式方面大規模變化的影響是什麼，或者逐一指明此種變化精密的大小。但是它能提供方向指示。同時，成本效益分析可能建議，或由增加其效益、或由降低其成本以增加教育利潤方法。改進人力運用的估計將提高和教育配合的效益，而減少退學的估計則將降低其成本，教育的收益率在此兩種情形下都將會增加。

再次，成本效益分析最重要的方面就是它能供給一種概念上的骨架以供作受教育人力的相對收益與教育成本相互比較之用。這兩種因素，在擬訂人力需要或社會需要的預測上，是頗具價值的。

雖然有部份教育學家，鑒於教育目標是多元的，而教育上的非經濟效益尤有其重要性，所以他們主張成本效益分析是不適宜應用在教育上。然而，一旦當教育上投資確能產生重大的經濟效益的觀念被認定時，或當教育的某些間接效益得以定量時，成本效益分析成有可能被教育家們願於接受。

本章摘要

本章除對教育成本的概念及影響教育成本之各項變數予以闡釋外，並就各家對於教育成本的類別予以分類與說明。綜合各家所言，將教育成本的分類，類歸爲四種：

一、根據成本支出的目的，分爲「直接成本」與「間接成本」。

二、根據成本支出的主體，分爲「社會成本」與「私人成本」。

三、根據成本支出的性質，分爲「資本成本」與「經常成本」。

四、根據成本支出的度量單位，分爲「貨幣成本」與「非貨幣成

本」。不過，在教育上習慣採用的成本分類是直接成本與間接成本兩大項。

文內並述及成本效益分析（Cost-Benefit Analysis）在教育上的內含與運用。成本效益分析在教育上所以受到重視，是因為：其一、在運用成本作為分析教育經費與支出的依據，並據以推計教育制度未來可能發展的趨勢。其二、發揮成本運用的經濟價值，使短絀的資源作最有效的支出，期使教育的質與量能作適當的配合發展。其三、謀求成本負擔的公平原則，多方開闢教育財源，廣籌教育經費。

至於「成本」與「效益」測定的方法為何，有關「成本」計算部份，可依前述成本之分類，按其類別、項目試予測定。「教育效益」測定問題，則遠較成本計算為困難，其理由有如下幾點：第一、教育的結果，並不是影響個人所得效益的唯一因素。第二、由於就業市場之不完善，收益差別並不能適當地衡量出工作者在生產方面的差異。第三、教育除了經濟上的直接效益之外，教育更能產生間接效益，或謂之外溢效益（Spill-over benefit），這些在計量上都相當的困難。

成本效益分析在教育上的運用雖然仍有其缺失，但其分析的結果，可以指出教育資源在分配上的適宜性及優先次序，據以作為擬定人力計畫或教育計畫的參考。

第六章　教育投資

第一節　教育投資的一般概念

壹、教育投資觀念的形成與發展

　　近代國家發展中，莫不重視教育事業的發展，咸以國家之進步與繁榮，國民生活水準之提高，皆繫於國民知識與技能之普遍增進。準此而言，各國均競相致力於發展教育，視教育爲達成國家整體建設強而有力的要素之一。

　　在傳統性社會中，並未積極致力於教育發展，亦不重視教育投資，而認爲教育是屬於耗費甚鉅之消費性事業。視教育爲投資之概念，係自一種現代經濟理論所產生，因於激烈的國際競爭中，科學之創新，技術之熟練，以及勞動者之素質等諸要素，對於經濟發展的貢獻，並不亞於物質資本及勞動力之數量。此等重被注意之諸要素，稱之爲人力資本或資源。故全面開發人力資源，爲促進經濟發展之重要因素，而其開發則

胥賴於教育之普及與高度化。由於此種體認，乃形成教育投資之重要觀
點。

　　探及教育投資之觀點及其演進與發展，可從不同階段之經濟發展理
論中而得知端倪。在古典經濟理論中，亞當史密斯(Adam Smith)認爲
構成經濟發展理論基礎的三個要素爲：資本的累積、工作人口、與技術
進步，這三個基本因素形成循環的關係，促使經濟發展成螺旋形上升。
他認爲資本累積的結果卽會引起對勞力需求的增加，這樣就增加對於工
人的需要，因此工資就會上漲，在較高的工資之下，勞工生活必會改
善，但是工資上漲以後利潤會不會相對減少，據亞當史密斯的看法是不
會的，他認爲工資上漲以後，工人的待遇改善了，人口就會增加；而人
口數量的增加則無異的又是工人數量的增多，這樣最後又會促使工資的
下降，將工資壓低至長期水準，工資既然下降了，企業家自然仍會有利
潤。但是亞氏特別強調：工資並不會降低至維持最低生活水準的程度，
因爲技術的進步，新的長期工資水準要較以前爲高。其次，關於人口的
增加（特別是工作人口或就業人口）對於經濟發展也有很重要的關係。
否則，當資本家爭相羅致工人而將工資抬高後，利潤便會降低至最低水
準，而使進一步的資本累積成爲不可能。由於人口增加，一方面須壓低
工資，一方面使市場需求擴大，利潤才能高於最低水準。不僅如此，在
市場擴大可以促使技術進步的情形下，生產成本勢必降低，因此從供給
方面也可以增加利潤，利潤增加，資本累積提高，一個新的發展循環又
告開始。最後，關於技術的進步，誠如本書前章所述，亞氏極力強調人
民的熟練技術與機巧是國家財富的根源，亦是經濟發展中的必要因素，
由儲蓄而聚集的資本固然是經濟進步的主因，但資本的本身卻是磽薄無
用的，祇有經過訓練有資格的人民才能利用資本減輕他們的工作並增加
他們努力後的生產量。他又認爲每一個單獨的人就是一個各種潛力的複

合體, 而教育是決定其是否能夠發展到何種程度的鎖鑰 ❶。 亞氏的學說, 代表了早期對於教育投資的重視。

在古典學派理論中, 繼亞氏之後的是李嘉圖 (David Ricardo) 及馬爾薩斯 (Thomas P. Malthus) 二氏。 李氏認為在一個經濟社會中, 經濟發展的三個主要因素為: 資本家、勞工、與地主, 而以資本家為最重要。因為唯有資本家才能將其所得的利潤重新投入企業中, 加速資本累積, 而資本累積則是使國民所得增加的主要因素。因此, 其經濟發展理論, 也以地主、工資、與利潤等所得的三大因素構成部份相對的變動為基礎。人口因素在古典學派的理論中也佔着相當的地位, 在經濟發展的初期, 人口增加常成為經濟發展的推動力量之一。但是後來人口增加至一定限度, 由於農地的稀少, 就會引起農業方面與勞力方面的「報酬遞減」 (Diminishing Returns) 現象❷, 於是, 糧食的增加就不若人口增加之速, 一般人民的生活水準乃開始下降, 便轉而成為經濟發展長期停滯的原因。 在李氏的著作中, 雖然對於教育與經濟發展的關係, 未明顯涉及, 但卻認為可以藉教育的力量, 減緩人口的生長率, 以增加國家的財富。

總之, 古典學派的經濟發展理論, 是動態的理論, 差不多將所有經濟動態的因素, 如人口、資源、市場、技術等, 都納入其理論體系之內, 不過, 古典學派一直強調利潤的重要, 認為是促進經濟發展的原動力, 由於利潤的驅使, 才引起投資的需要, 同時也成為可投資金的供給來源, 於是整個經濟發展過程便由是展開。但是, 如李嘉圖、馬爾薩斯

---

❶ Adam Smith: The Wealth of Nations, reissued by Modern Library, Random House, Inc. 1937, pp. 265–266.

❷ 假定生產方法與其他生產因素保持不變之情況, 某種生產因素在一定限度內減少投入量, 其邊際報酬或邊際收益將隨投入單位量之減少而減少, 此乃報酬遞減現象。

二人，一直忽視了在經濟發展理論中技術改進的重要，如照馬爾薩斯對人口發展的說法（馬氏認爲未來人口的增加是成幾何級數，而糧食的增加則成算術級數），未來世界是十分可悲的，然而，近百年來西方國家人口增加的結果，並沒有停滯經濟的發展，相反的，卻造成了空前的富庶與進步。因此，經濟學家不得不重新探討經濟發展的理論根據了。

在近代的經濟發展理論中，經濟學家認爲經濟發展的條件是：資本、投資、儲蓄與技術的改進。這可以哈羅得 (R. F. Harrod) 、杜馬爾 (E. D. Domar) 、與熊彼得 (J. A. Schumpeter) 三人的理論爲代表。

哈羅得與杜馬爾都認爲在經濟成長的過程中，資本累積佔極其重要的地位，他們認爲資本的累積有雙重作用：一是投資可以產生所得，一是投資可以增加資本的存量，對於這種現象，經濟學家稱之爲「資本的加深」 (Deepening of Capital)，也就是每一勞動單位所使用之資本的增多。由於資本的增多，所以工人所得的眞實工資率乃不致下降，而且還會上漲。有關此點，是古典的經濟發展理論所始料不到的。

其次，關於投資與儲蓄兩項，二氏認爲在整個經濟發展歷程中，自屬重要。因爲資本的累積、技術的改進均有賴於投資，投資愈多，則資本就愈能加深，每個人的平均產量亦就愈能增加，一個社會若愈能投資於教育與研究的途徑，則技術的進步就愈益加速。

至於技術的改進，現代經濟學家研究的結果，都一致認爲是推動經濟發展的主要因素，熊彼得即強調技術創新 (Technical innovation) 是經濟進步的原動力，因此，技術的改進與創新是經濟發展中不容忽視的一環❸。至此，用來改進與創新技術的教育工作又再度爲人所重視，

---

❸ 請見史元慶著：經濟發展理論，三民書局，民國五十九年，頁二四三——二五六。

並重新估計它的價值了。

二次大戰以還，姑無論為戰勝或戰敗國家，均努力致力於經濟的復興與開發，大多數的經濟學家仍舊祇注意到物質資本形成的重要性，然其發展的結果，發現其效果不彰，經檢討發現，由於國家缺乏適當的人才，以吸收物質資本，並將之應用於生產方面，經濟自難以獲得成長；另一方面，各先進國家其經濟發展不僅造成空前未有的奇蹟，而且還在快速成長之中，其所以致此，就是由於先進國家除了建立物質資本之外，還培養了許多技術水準高超的人員去利用這些物質資本，以使其能發揮高度的效率。此一事實證明的結果，經濟學家乃漸從「物質資本的投資」轉移到「人力資本的投資」，並視為整個經濟發展中最重要的關鍵❹。

貳、教育支出的特性

就經濟觀點言，教育支出兼具消費與投資二種特性。但是，教育支出究於何時可視為消費，何時又可視為投資，這在理論上須細加研究。支出的形式可以分為三種：其一為可以滿足消費者的嗜好，但無法提高其生產力，稱之為純粹性消費；其二為可以提高生產力，但不會滿足消費者嗜好，稱之為純粹性投資；其三為兼具消費性與生產性。一般最常見的支出是屬於第三種，即一部份是消費，一部份是投資。

教育支出，若能提高將來的生產力，亦即可以使將來的實質所得增加，則可表示為投資，這是根據投資後所獲得報償之多寡而加以測定的。因為教育投資的結果，可以提高個人的知識與能力，此一知能之增進自然變成個人擁有的一部份，無法在市場上出售，但是透過就業市場會

---

❹ 此處引用馬歇爾（Alfred Marshall）用語，原文請見 Principles of Economics, 8th ed., Macmillan & Co., Ltd, London, 1930, p. 216.

影響一個人工資、薪津，亦卽造成收入增加，也就是投資的報償。但在支出期間，個人亦可獲得精神上的滿足與快樂，此卽屬於教育的消費。雖然教育有時是一種消費活動，使人在受教育的時候卽可由此而得到滿足；但主要的還是一種投資活動，以使受教育的人能夠習得可以產生將來滿足的能力，或者使其能由此而增強生產能力，期能於將來賺到更多的所得。因此，教育旣是一種生產財貨，又是一種消費財貨。當知識和技術獲得的結果在培養醫師、教師、工程師、律師、機械師等種種人員時，其主旨在造成一種物質或非物質財貨，教育便是一種生產財。但當知識和技藝的獲得增加個人運用，享有或體會任何物質或非物質財貨，滿足其慾望，使生活豐富時，教育便又可視爲一種消費財了❺。

叁、教育投資的準則

上文已經談到，教育支出具有消費與投資的雙重特性，前者在獲得目前的滿足，後者則可以增加將來的收益，教育旣然不完全是投資，故在決定教育支出時，依據何種標準就十分困難，爲了簡便起見，經濟學家多從投資的觀點來決定投資的準則。大致可以分爲下列幾種:

一、依據教育投資佔國民生產毛額或國民所得的百分比而測定

近年來，世界各國爲適應教育量的擴充及質的改進，乃隨着國民生產總毛額（GNP）的增加，逐年提高教育投資佔國民生產總毛額或國民所得的比例。丁伯根（J. Tinburgen）建議各國教育支出，應以每人的實際所得或佔國民生產總毛額之適當比例的標準❻。 或者也可以從本

---

❺ Roe L. Johns/Edgar L. Morphet: The Economics and Financing of Education–A System Approach, Prentice–Hall, Inc. N. J. 1969. p. 73.

❻ 見正中書局印行: 「教育計畫與經濟和社會發展」，民國五十八年，頁174-229。

國過去的比例，以確定將來希望達成的目標。

　　教育投資佔國民生產毛額的比例，世界主要國家中，以美國為例，一九七八年為7.9%，同年英國為6.5%，日本為5.4%，法國為5.7%，加拿大為8.6%，觀其態勢，均穩定成長中。試觀我國此一方面的比例，四十會計年度時為1.78%，六十九會計年度時達4.39%(政府投資佔3.6%，民間投資佔0.73%)，廿餘年間成長頗為緩慢，其中若干年尚有下降趨勢，顯見教育投資尚未能隨國民生產毛額，而有計畫的提高其百分比。

二、依據成本與效益間利益的大小而測定

　　此亦即依據教育有無生產效能，決定投資的多寡。麥克魯（F. Machlup）認為，姑且不論教育係投資抑係消費問題，而先就教育是否具有社會價值的問題予以分析，亦即對於是否對教育投入更多的資金，或將目前投入於教育的資金予以減少，而以之轉移至其他用途（如醫院、公路等之建設、或空氣與飲水污染等的防止及消除等的投資）[7]。對於投資多寡策略的選擇，從社會觀點作一抉擇時，即將教育成本與效益，予以比較分析，用以決定教育支出的準繩。

　　用成本效益分析法作為投資的標準，亦有其缺點：（一）、成本效益所得結果祇為其內部效益（Internal benefit），而其外部效益（External benefit）並未能計入，往往有時外部效益的真實價值並不低於內部效益，若僅用內部效益作為投資的標準，是不準確的。（二）、個人未來所得的差異，不單是由教育，亦可能由其他因素所造成，因此所求效益的結果，不免高估。（三）、個人未來所得，係由估算而來，但估算之利率卻因時間而異，其折現率如何求得，缺乏客觀的標準。

三、依據社會對於教育的需求而測定

---

[7] Fritz Machlup: Education and Economic Growth, University of Nebraska press, 1970, pp. 5–9.

社會大眾對於各級各類教育的需求，因其（一）、家長對於學校教育之價值觀念；（二）、社會各階段之文化背景，（三）、學齡人口之多寡；及（四）國民經濟情況等因素而有所差異。社會大眾之教育願望，有時與國家發展目標並不相互一致，故二者間應兼籌並顧，相互調適，據以決定投資的準則及其分配之優先順序。

四、依據就業市場人力需求之狀況而測定

在教育投資的經濟利益上，教育發展的目的在為就業市場充分供應所需的人力，以及提高勞動者的生產力，從而促進經濟的成長。因此，教育的投入與產出就應該配合各產業所需要的各種不同教育程度的人力，而決定投資的準則。依據就業市場人力需求之狀況來測定教育投資的標準，在理論上固可達到人力供需的平衡，避免某些類級的人力過多與不足，但實際上卻是估算不易精確，特別是在長期預測中有許多因素不易把握，因而仍會造成供需失調的現象存在。

五、依據教育支出佔國家總預算的百分比而測定

上述諸項教育投資支出的準則，或依據經濟的效益，或就社會的觀點，決定教育投資的類別與數額，但並無一定的支出標準。我國為保障教育事業不因其它事業而影響其正常發展，乃於憲法中明文規定：「中央政府教育經費支出，不得低於歲出預算的15％，省政府不得低於25％，縣市政府不得低於35％」。教育支出佔國家總預算的比例既經確定，可依國家整體發展的需要，決定各級教育支出之分配結構。

肆、加強我國教育投資的重要

加強教育投資的重要，誠如恩格（Stephen Enke）所言：「落後國家經濟發展計畫常強調物質投資超過人力投資，這種計畫是忽略了創新與生命有關，而新技術需要新技巧來操作的事實，一國吸取資本作有

效有利的運用能力，是與發展一般教育有密切相連的」❽。目前，教育投資對人力開發的效應，不僅如恩格所言，對經濟發展落後國家特別感到迫切與需要，卽使對經濟發展高度化國家而言，亦不容忽視。因爲教育投資後所增加的人力資本是經濟進一步發展的關鍵。

教育投資對經濟發展旣然具有如此密不可分的關係，則教育的投資必須要能配合國家建設的需求，方不致於有浪費現象。我國近廿餘年來的教育發展，在量的擴展及結構的改變方面確有長足的進步，惟成長過速，無法保持適當的水準，形成學生畢業後無法利用其專長的地步，根據勞動力調查結果顯示，教育程度較高的勞動力，其失業情形有逐漸增加的趨勢，如民國六十六年臺灣地區就業市場報告，在失業人口中，高(職)中程度者佔34.8％，大專以上程度者佔16.4％，二者合計佔51.2％，又據就業輔導機構的統計分析，在求職者人數中，因未具備技術條件而難以適當安置工作者，仍佔相當的比重，此顯示出教育投資的浪費與不當，故如何減少教育投資的浪費，當爲今日教育計畫上的主要課題。

教育在某一層面應配合經濟的發展而調整，此一觀念目前已逐漸爲國人所接受，因此教育制度需隨之加以調整，尤其是大學及專科教育，質的提高重於量的增加，如此才能造就高級技術與管理人才以配合經濟發展的需要，否則我們卽不可能會擁有自己的創新與發明，欲求我國的經濟發展能迎頭趕上工業化國家實不可能。

除對大專教育的重視外，更應加強在職訓練，恩格亦認爲「在職訓練是以較低的公共費用，增加人民生產力的另一種非常重要而有效的方法」❾。經濟發展至相當水準後，快速的技術革新，必然會使部份已就業

---

❽ Stephen Enke: Economics for Development, Prentice-Hall Inc. Englewood Cliffs, N.J. 1963, p.p. 107-109, 385-395.

❾ Ibid. p.p. 390-395.

者技術落伍，因此對在職員工施以在職訓練，可以提高他們的生產力；對低所得者施以技術訓練，可以消除貧窮，減低所得分配之不均程度；對失學失業青年施以職前訓練，可以促進社會的安定，這些對於經濟與社會發展均具重大的意義與影響。

我國刻正實施的六年經建發展計畫，未來生產方式將以技術精密替代過去的勞力密集，因此對於技術人力的需求勢將大量增加，各級教育發展結構卽應合理調整，才能有效提高教育投資的效果。

第二節　教育投資之利益分析

教育投資的概念及其重要性旣經確立，教育學家與經濟學家乃紛紛致力於教育投資後利益之探討，及其究應如何測定的問題。教育學家多從社會、文化、及政治等方面的觀點來研究此一課題，要言之，卽着重於教育利益的非經濟層面，而經濟學家則僅就其經濟利益方面着手於下面兩個問題的測定：其一，教育對於經濟成長的貢獻是否可以與其他對於經濟成長亦有貢獻的因素隔開來而單獨加以測度；及其二，各國爲了促進經濟發展，對於教育自當有所需求，對於這種需求有何方法加以估計。下文卽請就教育與經濟學家不同的論點，對教育投資之利益逐一分析。

壹、教育投資非經濟利益之分析

教育發展具有多方面的功能，已爲大家所共認，然從社會與文化的觀點言，教育投資後的功能有下列五項⑩：（一）教導學生做謀生的準

---

⑩　C. A. Anderson: The Social Context of Educational Planning IIEP., UNESCO. Paris, p.p. 12-13.

備，亦即指導他們進入某一特定行業。（二）傳授文化，使學生逐漸成爲與其特有文化息息相關的國民。但是在目前這日新月異的時代中，教育的另一功能，即在教育學生隨時獲取新知識，隨時學得新技能，隨時吸收新思想，擴大知能之領域，以配合外在世界之發展。（三）培養學生具有獨特的個性，幫助學生隨着本身的興趣，發掘潛能，凡事具有獨立之見解，客觀的態度，接受新的行爲準則，而成爲國家良好的公民。（四）爲社會選擇及培植負責未來重任的菁英，再經由社會之公平競爭與相等機會之原則下，給與這批優秀份子各種磨練的機會，以期各盡所長，各取所需。（五）改進本身的教育制度，去蕪存菁，並吸取優秀新血，而達到素質提高的目標。上項五種教育功能，雖係從個人及社會、文化之立場出發，加以闡述，但對經濟發展亦多少都會有所影響與貢獻。

　　教育經濟學家論及教育投資之利益分析時，將之區分爲直接利益與間接利益兩大類，前者是受教者本身依其教育結果可以直接產生的利益，後者即謂受教者本身的教育結果還可以對其他人士亦產生許多利益。在間接利益中，有部份即涉及到教育投資後的非經濟利益。特別重視教育投資之間接利益者，布勞格認爲應首推范齊（John Vaizey）。范齊謂「就教育支出來看，教育的間接效益很大，因此，教育的直接效益並非最重要部份」⑪，這種觀點亦爲許多經濟學家所贊同，教育經濟學家分析教育投資之利益，卻無法對教育之間接利益加以數量化，這是目前研究教育經濟學者最大困擾之處。

　　教育投資後究竟有那些間接利益，布勞格綜合各方意見加以列舉如

---

⑪　John Vaizey: Economics of Education, Faber and Faber, London, p.p. 46, 150.

下⑫:

（一）多受教育不但使多受者自己能多賺錢，而且還使其他有關人士亦能多賺錢（其意卽謂多受教育由於其本身具有某種知識、技藝，故其所得增加，同時他的知識、技藝還能傳授給他工作環境中其他少受教育者，亦間接影響到別人所得的增加之故）。

（二）本人多受教育的結果，亦影響到自己子女將來的賺錢能力（根據國外若干研究的事實，認爲父母親的教育程度、社會背景、及所得等因素，對子女未來的成就均有所影響所致）。

（三）教育普及以後，可以使社會中各種潛在的人才不致被埋沒，而能得到培養的機會。

（四）教育可以提高各人對於各種職業的適應能力，使經濟發展中所需的各種技能易於獲得。

（五）教育發展的結果， 可形成一種科學和工藝技術之研究的環境。

（六）教育可鼓勵一般人從事合法的活動，並增進其對於社會的責任心。這樣就可以減輕政府在社會服務與福利方面所須肩負的任務，而能有餘裕去從事其他的公益事業。

（七）教育可增強公民的政治認識，培養衆多的政治領導人才，以確保政治的安定與進步。

（八）教育可使社會的文化遺產得以保存，並進而發揚光大。

（九）教育可增進人民的文化修養，俾能善用閒暇，以增加其生活情趣，提高其生活素質。

上述之間接利益中，後四項就涉及到社會、政治、及文化諸方面所

---

⑫ Mark Blaug: The Rate of Return on Investment in Education. The Manchester School, Vol. 33, 1965, No. 3. p. 243.

產生的利益，亦卽是教育投資非經濟利益之範疇了。

貳、教育投資經濟利益之分析

大多數的經濟學家均側重於教育投資後經濟利益的探測，這方面的研究成果較之測度非經濟利益爲易，因爲此一方面的事實是可以量化表示的。他們採用研究的方法有下列幾種:

一、剩餘因素法 (The Residual Factor Approach)

過去，大多數的經濟學者常將社會的教育活動視爲是經濟理論上的一項外生變數 (Exogenous Variable)，在他們的心目中，教育活動在社會中所發揮的功能是多方面的，其中有的是社會性的、有的是文化性的、也有的是政治性的，雖然其中可能也有經濟性的，但是教育活動所賴以決定的因素卻常常是屬於經濟以外的因素。因此，在研究方法上，如何將教育活動納入經濟理論中而加以解釋，殊難從中尋求出一種適當的下手處。這種觀念的沿襲，在個體經濟理論中尚不致發生問題而引人注意，但是在經濟發展理論的風潮下，特別是用生產函數解釋經濟成長的時候，將會發現到投入與產出之間有着極大的差距。這種差距是指當我們將各種投入的生產因素的數量套入生產函數中所計算出來的產出水準要比實際的產出水準低了許多。這種差距造成的原因，分析所得結果，可能基於下面二個因素: 其一由於經濟知識的不足; 其二由於生產技術進步的結果。由於知識的不足，就可能在我們所觀察到的生產因素中遺漏了一些未被察覺到的所謂剩餘因素 (Residual factors)。除非這些剩餘因素的數量和素質保持不變，否則我們所觀察到的各種生產因素自將會因剩餘因素的增加而提高了它們的生產力，從而使實際的產出水準增加，結果乃發生了上述的差距。其次是由於生產技術的進步，使原有之投入與產出之間的函數關係發生變化。結果，同樣數量的生產因

素可以產生更多的產出水準。於是，若將各種生產因素的數量套入原有
的生產函數時，便會發現所計算出來的產出水準會比實際的產出水準爲
低。

　明白這種差距存在的道理後，接下來，我們所要提出的問題是：上
述所謂的剩餘因素究竟是些什麼因素，同時，技術進步所賴以發生的根
源又是什麼，正如上面所說的，這些剩餘的因素主要是一些不易爲我們
所能觀察到的因素，此外，我們還知道，卽使我們所察覺到的生產因素
的數量維持不變，若是剩餘因素的數量增加了，則產出水準也是會增
加的。基於這二點的認識，我們似可以作這樣的假定：卽是剩餘因素的
生產功能是附隨在各種可以觀察到的生產因素上，而被帶入生產的活動
中，並且表現在其所附隨之生產因素的生產力上。因此，我們若把各種
可以觀察到的生產因素分爲勞動和資本兩種，那麼，只要追究什麼因素
提高了勞動和資本的生產力，便可以尋求出剩餘因素所涵蓋的各種因素
爲何。那些因素能夠提高勞動生產力呢，研究歸納的結果可有下列幾項
因素：正規教育、家庭背景、個人天賦的能力、工作態度、在職訓練、
經驗的吸收與增進、及健康情況與工作環境等；甚至於種族、性別、與
年齡的不同；也會使勞動生產力發生變動。上述各種因素之中，除了個
人的天賦、種族、性別和年齡不是人爲力量所能左右的以外，其他各項剩
餘因素均有賴於人類智慧和毅力的發揮，才能對生產有所貢獻。

　最早提出剩餘因素一詞並將採取這種方法從事實證研究的首推蘇羅
（Robert Solow）。在他研究一九〇九至一九四五年間資本對於美國
經濟成長之眞正貢獻有多大時，結果發現資本的貢獻只有12.5%，其餘
所剩下的87.5%應歸功於技術的改變⓭。惟何等因素促成技術的改變，

⓭　Robert Solow: Technical Change and the Aggregate Production
　Function Review of Economics and Statistics, Aug.1957, p.p. 312-320.

蘇羅的研究中並未明確的指出，有待作深一層的探討。

此外，還有一些經濟學家亦作類似的研究，例如柯銳亞（Hecto Correa）研究美國在一九〇九至一九四九年間，全國非農業的私人國民生產毛額的增加，因勞力及資本的增加者佔31%，因勞動力受過教育後的貢獻者是5.3%，因健康改善而工作增加者佔4.4%，其餘59.3%則由於技術的改良所促成⑭。另蘇爾滋亦曾就美國農業部門的情形加以研究，發現在一九一〇年至一九四一年及一九四五年至一九四九年間所增加的產量中由於剩餘因素的存在而引起的為83%⑮。

鄧尼森（Edward F. Denison）曾對美國經濟成長的各種因素作一仔細的研究，他不計算投入勞力與資本的增加因素，只計算一些其他的，如教育與勞工素質的提高而對工作時間的減少等，據他研究的結果，認為造成剩餘因素的原因很多，其中應以「正規教育」、「知識水準的增進」、及「經濟效用的擴大」三者最為重要。鄧氏卽以此等因素對於美國經濟成長所產生的貢獻分別加以估算，他發現自一九二九年至一九五七年間，正規教育約為23%，知識水準的增進為20%，二者合計高達 43%⑯。至於教育投資後對於國民所得的增加，就一九〇九年至一九二九年與一九二九至一九五七年之結果相比，因教育水準提高，而增加的國民所得約為 1/2 強⑰。

---

⑭ Harbison & Myers: Education, Manpower & Economic Growth, Mcgraw- Hill Book Company, New York, 1964, p. 8.

⑮ F. Welch: Rates of Return To Investment in Education, Journal of Political Economy, Jan./Feb. 1970, p.p. 72–76.

⑯ Edward F. Denison: The Sources of Economic Growth in the U.S. and the Alternatives Before U.S. Supplementary paper No. 13, Committee for Economic Development, New York, 1962.

⑰ Edward F. Denison: "Measuring Contribution of Education", In the Residual Factor and Economic Growth, OECD, 1964, p.p. 13–55, 77–100.

鄧尼森雖爲美國經濟成長之各種來源分別估量最爲詳盡的學者，但他研究的事實與結論，有的地方尚値得商榷，主要是由於鄧氏的研究不能求出敎育對經濟成長所作貢獻的精確數字，同時，僅根據正規敎育的資料仍不夠的，實際上在職訓練的影響頗大。在效果方面，他只計個人的收入，並未包括敎育對於社會的貢獻，如增進社會道德、安定社會秩序及應用技術改進等，若這一方面的改善不予計算，則可能低估了敎育的功能。

雖然剩餘因素法被認爲是一種實用的方法來測定敎育投資的經濟利益，惟在處理「剩餘」因素與分析其關係時仍有其顯著的限度。因爲「剩餘因素」的重要性可因發展階段不同而異，在開發中國家卽較已開發國家的重要性爲低。例如，前述蘇爾滋對於農業方面增產的研究，只有17％是由於增加投入額，所餘83％則是「剩餘」因素的功效，巴西爲45％，墨西哥爲50％。其次，「剩餘」法的基礎與資本原理頗相類似，其邊際生產力假設的正確性及其他投入額計算方法的適宜性大受蘭德伯（E. Lundberg）、凱道（Nicholas Kaldor）、散地（J. Sandee）等人的批評 ⑱ 。譬如，蘭德伯就認爲使用「柯柏—道格拉斯」（Cobb-Douglas）生產函數來從事敎育貢獻問題的分析似乎有欠妥當。因爲像生產函數這種靜態均衡的概念，究竟能否用來分析經濟成長這種動態事項，很値懷疑⑲。同時，對於鄧尼森在估算剩餘因素遺漏了工作訓練及資源的安定性等重要因素，蘭德伯及其他學者亦不表贊同。

⑱ 引見施建生：「敎育功能之經濟分析」，臺大經濟研究所，經濟論文叢刊，民國六十二年十一月，頁十一一十三。
⑲ 柯柏——道格拉斯生產函數是這樣計算的
$Q=AK^\alpha L^\beta$
亦卽 $logQ=logA+\alpha logk+\beta logL$
Q＝變數 A＝非固定項或常數項（此處指技術改變而言）
K＝資本 L＝勞力 α,β＝產出彈性

二、收益率法 (The Rate-of-Return Approach)

所謂教育收益率 (Rate-of-return to education) ，簡單地說，就是將教育程度不同的人終身能賺取的所得以與其接受這種教育所需支出的成本加以對比而求出的一個每年收益（報酬）的百分率。名經濟學家蘇爾滋、貝克及彌勒 (Herman P. Miller) 等對於這方面的研究可謂不遺餘力且貢獻厥偉，他們一致認為教育投資後對經濟成長所作的貢獻，可從教育的直接效益 (Direct Benefits) 及間接效益 (Indirect Benefits) 兩方面而獲得證實。在直接效益方面，其研究結果顯示：不同教育背景的人，其一生的收入淨額上頗有差距，由此可見教育投資的結果對個人所得利益之多寡當具相當的影響力，且此一收入淨額的差異，亦能反映出當時生產結構的不同，為提高國家經濟生產力，據此可以評量對各級教育投資是否適當，而有助於國家教育資源政策之訂定。在間接利益方面，因為教育投資的結果，不僅是增加了國民的所得與國民的生產力，且由於其促進國家經濟快速的成長而導致社會的繁榮。因此，我們對於教育收益率的看法，是可以從個人的效益與國家社會的效益兩方面加以評估。

教育收益率，這種預計可賺的終身所得是一個人在其一生擔任工作過程中經年累月地連續才可以得到的，所以這是一項所得川流 (Income stream)，其中全部流量就是他一生所能賺到的所得流量。另一方面，教育成本卻是當年所須負擔的數量，如果我們要將各人之所得與所支出之教育成本加以對比,則應將這一項所得川流折算成現在價值才能進行。最早的折算辦法是根據市場供需、投資情況、財政政策，及個人主觀的看法，提出一個折現率而算出的教育收益，我們稱之為外在收益率 (External rate of return)（由於外在收益率係根據個人主觀的看法及上述情況之不同，故其折現率經常有變化，非一成不變）。為了彌補

外在收益率所遭遇的缺陷及其困難，學者乃提出內在收益率（Internal rate of return）的方法，亦即是使成本與收益現值相等的利率 ❷。 如果此一內在的教育收益率大於其他投資所獲得的，顯見投資於教育是有利的，反之則否。

美國對於這一方面的研究，成績彰著，例如貝克分析高等教育對個人收入不同的關係，其結果是在市區工作的白人每年之收入在一九四〇年是教育費用約12.5%，一九五〇年是10% ❹。另外是照蘇爾滋早期的算法，將讀中學、專科及大學的費用加上捨棄所得的機會成本，一併計算出一個平均收益，在一九〇〇年至一九五〇年內為5%至10%之間 ❷。郝漢客（H. S. Houthakker）之分析教育投資及其直接收益之關係，發現接受了八年教育的十四歲青年，以後的終身收入（減除稅款6%）是美金 25,380元；完成中等教育者的收入是 33,460元；受完四年以上大學教育者是41,432元❷。顯見個人教育程度之高低及其受教時間之長短與其終身所得之分配有着密切的關係。

對於收益率的研究，亦有其缺失之處，舉其要者有下列諸端：第一、決定所得的變數非僅教育一項，若忽視個人能力、動機、及家庭社會背景等因素，而僅以教育程度計算所得之高低是不準確的。第二、教育的收益不能僅以貨幣性的為限，其他許多非貨幣性的利益亦應考慮在內。 第三、 以橫斷面來分析個人與某類某級學校教育相關連之一生收

❷ John Vaizey: The Political Economy of Education, John Wiley and Sons Company, New York, 1972. p. 69-70.

❹ Harbison and Myers: op cit., p. 9. 該書引自 Gray Becker: under investment, in College Education, American Economic Review, VOL 50, NO 2, 1960, p. 347.

❷ E.F. Renshaw:Estimating the Returns to Education, Review of Economics' and Statistics, VOL 42. NO. 3, 1960, p.p. 318-324.

❷ H. S. Houthakker: Education and Income, Review of Economics and Statistics, VOL 41. NO 1, 1950. p. 26.

二、收益率法 (The Rate-of-Return Approach)

所謂教育收益率 (Rate-of-return to education)，簡單地說，就是將教育程度不同的人終身能賺取的所得以與其接受這種教育所需支出的成本加以對比而求出的一個每年收益（報酬）的百分率。名經濟學家蘇爾滋、貝克及彌勒 (Herman P. Miller) 等對於這方面的研究可謂不遺餘力且貢獻厥偉，他們一致認為教育投資後對經濟成長所作的貢獻，可從教育的直接效益 (Direct Benefits) 及間接效益 (lndirect Benefits) 兩方面而獲得證實。在直接效益方面，其研究結果顯示：不同教育背景的人，其一生的收入淨額上頗有差距，由此可見教育投資的結果對個人所得利益之多寡當具相當的影響力，且此一收入淨額的差異，亦能反映出當時生產結構的不同，為提高國家經濟生產力，據此可以評量對各級教育投資是否適當，而有助於國家教育資源政策之訂定。在間接利益方面，因為教育投資的結果，不僅是增加了國民的所得與國民的生產力，且由於其促進國家經濟快速的成長而導致社會的繁榮。因此，我們對於教育收益率的看法，是可以從個人的效益與國家社會的效益兩方面加以評估。

教育收益率，這種預計可賺的終身所得是一個人在其一生擔任工作過程中經年累月地連續才可以得到的，所以這是一項所得川流 (Income stream)，其中全部流量就是他一生所能賺到的所得流量。另一方面，教育成本卻是當年所須負擔的數量，如果我們要將各人之所得與所支出之教育成本加以對比,則應將這一項所得川流折算成現在價值才能進行。最早的折算辦法是根據市場供需、投資情況、財政政策，及個人主觀的看法，提出一個折現率而算出的教育收益，我們稱之為外在收益率 (External rate of return) （由於外在收益率係根據個人主觀的看法及上述情況之不同，故其折現率經常有變化，非一成不變）。為了彌補

外在收益率所遭遇的缺陷及其困難，學者乃提出內在收益率（Internal rate of return）的方法，亦卽是使成本與收益現值相等的利率 [20]。 如果此一內在的教育收益率大於其他投資所獲得的，顯見投資於教育是有利的，反之則否。

美國對於這一方面的研究，成績彰著，例如貝克分析高等教育對個人收入不同的關係，其結果是在市區工作的白人每年之收入在一九四〇年是教育費用約12.5%，一九五〇年是10% [21]。另外是照蘇爾滋早期的算法，將讀中學、專科及大學的費用加上捨棄所得的機會成本，一併計算出一個平均收益，在一九〇〇年至一九五〇年內為5%至10%之間 [22]。郝漢客（H. S. Houthakker）之分析教育投資及其直接收益之關係，發現接受了八年教育的十四歲青年，以後的終身收入（減除稅款6%）是美金 25,380元；完成中等教育者的收入是 33,460元；受完四年以上大學教育者是41,432元 [23]。顯見個人教育程度之高低及其受教時間之長短與其終身所得之分配有着密切的關係。

對於收益率的研究，亦有其缺失之處，舉其要者有下列諸端：第一、決定所得的變數非僅教育一項，若忽視個人能力、動機、及家庭社會背景等因素，而僅以教育程度計算所得之高低是不準確的。第二、教育的收益不能僅以貨幣性的為限，其他許多非貨幣性的利益亦應考慮在內。 第三、以橫斷面來分析個人與某類某級學校教育相關連之一生收

[20] John Vaizey: The Political Economy of Education, John Wiley and Sons Company, New York, 1972. p. 69-70.

[21] Harbison and Myers: op cit., p. 9. 該書引自 Gray Becker: under investment, in College Education, American Economic Review, VOL 50, NO 2, 1960, p. 347.

[22] E.F. Renshaw:Estimating the Returns to Education, Review of Economics' and Statistics, VOL 42. NO. 3, 1960, p.p. 318-324.

[23] H. S. Houthakker: Education and Income, Review of Economics and Statistics, VOL 41. NO 1, 1950. p. 26.

入，採用此種時間型態並不是一種發展的時間順序，故所得結果並未統整經濟成長與教育發展二者連結之系統評估。第四、教育收益之探測，係採過去之資料，不足以成為推測未來之依據。上述各點，本書將於下章（教育的收益）中另當詳述。

　　雖然收益率法有以上的困擾與缺點，但各種計算方式的結果，都一致認定由教育而產生了貨幣性的與非貨幣性的重大貢獻。由於教育水準不同，收入不同的比例難以決定，教育對國家收入究有多大的助益，誠不宜輕以妄斷。不過，我們可以斷言，在當今時代，教育對於經濟的發展與成長是非常重要的。

　　三、國際比較法（The‧Intercountry　Comparisons Approach）

　　國際比較法主要是在測定國際間在校學生人數比率與國民生產額的關係。史凡尼爾森（Ingvar Svennilson）、艾丁（Friedrich Edding）、及艾爾文（Lionel Elvin）三位經濟學家曾於一九六二年在歐洲經濟合作與發展組織（OECD）所舉辦的「經濟成長與教育投資政策會議」（Policy Conference on Economic Growth and Investment in Education）上，提出他們的研究報告，他們分析了廿二個國家，分三個年齡組（五歲至十四歲，十五歲至十九歲，及廿至廿四歲），以一九五九年美元幣值為準，比較各國在學率與國民所得之關係，結果發現各國之間儘管出現了相當的差距，但二者之間（即學生人數比率與國民生產毛額）確實存在積極的相關。其中尤以高年齡組的關係最為顯著[24]。其結論認為，就一般情形而論，經濟成長愈速，則教育經費佔國民生產總毛額的比率也隨着增加。質言之；從經濟發展的階段來看，教育

---

[24]　I. Svennilson, F. Edding and L. Elvin: Targets for Education in Europe in 1970, VOL. II, Policy Conference on Economic Growth and Investment in Education OECD, Paris, Jan, 1962.

經費所佔國民生產總毛額的比例， 以先進國家為最高， 開發中國家居次， 而以低開發國家殿後。這就表示，教育投資與經濟發展着實存有積極的關係。

國際比較法在地中海區域中國家採用比較多,各國由比較研究之後,可以瞭解其他國家在教育投資方面所作的努力，以為本國研訂教育投資政策之參考依據。 不過， 本測定方法亦有若干困難不易解決，第一、各國有關國民生產總毛額的計算方法及標準， 不甚一致， 故在比較上卽會有所出入。 第二、 各國在計算學生單位成本標準時亦互有差異,據此來測定教育經費佔國民生產總毛額的比例，卽難求其客觀與公允。第三、各國教育水準的指標如不能建立，則所作比較， 卽無意義， 亦頗困難。

四、教育資本儲存法 (The Stock of Eductaional Capital Approach)

教育資本儲存量是指國家或某一地區中在某一段期間內所作教育支出的總額。蘇爾滋認為教育支出額與增加國民所得及其資本形成間有着密切的關係， 故如欲探測教育對於經濟成長所作的貢獻， 可從測定教育資本儲存量着手。因為蘇爾滋發現，教育資本儲存量愈高， 則經濟愈發展。蘇氏曾對美國一九〇〇年至一九五六年間的情形，以美金固定幣值為單位，算出五十六年來教育費用的增長率，為消費者的所得與資本形成增長率的三•五倍。換言之， 在五十餘年間，為應付教育的需要，教育經費之增長幅度為資本形成的增長率之三•五倍；也就是說，如果把教育視為投資的話， 也較其他投資之吸引力要大三•五倍㉕。進一步分析，蘇氏又細分幾個時期來計算教育資本的儲存量。他將中學與大學

㉕ T. W. Schultz: Capital Formation by Education, Journal of Political Economy, VOL. 67, NO. 6, 1960, p.p. 571–583.

在校學生的機會成本加上各級學校的教育經費（連同折舊費用），計算
出各年度美國教育總投資的數字。若以一九五六年的幣值計算，則美國
中等教育的經費自一九〇〇年的八千一百萬元增至一九五六年的一百零
九億四千四百萬元，計增加一三五倍；大專學校教育經費自同年之九千
萬元增至九十九億零三百萬元，增加了一一〇倍㉖。在勞動力方面投入
的總教育資本，在一九〇〇年是六三〇億，一九三〇年是一、八〇〇
億，一九五七年是五、三五〇億。尤其值得注意者，教育投資總額與投
入於非人力的投資額的比率自一九〇〇年的22％，至一九五七年增至42
％㉗。麥克魯（Fritz Machlup）曾試圖將所有在教育上的消費均計算
在教育經費內，此一消費包括了家庭教育費用（即母親若不在家教養小
孩而外出做事的可能收入）、在職訓練、教會中的教育活動、軍事訓練
以及正規學校教育、特殊教育、公共圖書館與聯邦政府所支出的教育費
用等。依此計算，一九五六年至一九五七年上述各項費用即超過了六百
億，佔全國總生產額的12.9％，較之一九五五年至一九五六年之五百一
十億，佔全國總生產額的11.8％高出甚多㉘。

我國對於教育資本儲存量亦試予計算㉙，計算方法是這樣的，在計
算教育資本儲存量之前，首先計算教育經費累積額，其各年度金額均以
物價指數（民國六十年為基數），粗略調整為一九七一年之貨幣價值（
請見表七）。

表七所推計之教育累積額係包括對畢業後未就業學生所投資之教育

㉖ Ibid., p. 580.

㉗ T.W. Schultz: Education & Economic Growth, University of Chicago press, 1961, p. 73.

㉘ Fritz Machlup: The Production and Distribution of Knowledge in the U.S. Princeton University press, N.J. 1962, p.p.103–107.

㉙ 蓋浙生、陳佩珍合撰：「我國各級教育投資收益率的分析研究」，教育部教育計畫小組，教育計畫研究報告之一，民國六十四年八月，頁35—40。

經費總額。因此，從事生產之勞動者所具有之敎育資本量，必須以畢業生中成爲勞力者之比率（勞動力比率）乘以敎育經費累積額。勞動力比率因性別差異甚大故亦須考慮各級學校畢業生之男女結構比。如此，所求得之敎育資本量卽由民國四十五學年度之10,634,575千元，增至六十二學年度之76,136,986千元（請見表八）。

表八 中華民國敎育資本儲存量　單位: 千元（以六十二年幣值計算）

類　　　別	初等敎育	中等敎育	高等敎育	社會敎育及其他	敎育資本量合計
民國四十五學年度					
1.敎育累積經費	10,111,299	3,726,078	1,236,161	1,389,570	
2.勞動力比率					
男	86.18%	86.12%	96.08%	87.18%	
女	21.93%	26.32%	40.00%	22.90%	
3.畢業生男女結構比					
男	60%	70%	87%	63%	
女	40%	30%	13%	37%	
4.敎育資本量	6,115,313	2,540,440	1,097,835	880,987	10,634,575
民國六十二學年度					
1.敎育累積經費	42,235,217	42,693,904	23,336,307	13,590,514	
2.勞動力比率					
男	93.67%	69.42%	61.00%	77.14%	
女	45.38%	43.27%	44.79%	41.51%	
3.畢業生男女結構比					
男	51%	60%	68.5%	56%	
女	49%	40%	31.5%	44%	
4.敎育資本量	29,567,989	25,172,326	13,043,561	8,353,110	76,136,986

註: (1)※以總畢業生之勞動力比率及男女結構比來計算。
　　(2)有關勞動力比率及性別結構參考勞動力調查報告。

　　上項敎育資本量儲存之結果，對於國民所得的貢獻若何，經敎育部敎育計畫小組試算結果認爲: 自民國四十五年至六十二年間，我國國民

所得若換成六十二年之幣值（以物價指數調整），則由53,209百萬元增至271,561百萬元（請見表九），若根據分配國民所得來推算物質資本與勞動力之貢獻率，則在此一期間，勞動力之貢獻率平均爲 68.97%，勞動力所貢獻的數額，由民國四十五年之36,698百萬元，增至六十二年之187,296百萬元。民國四十五年時有勞動力2,722千人，平均每人所得爲 13,482 元。 設若此一平均收入能夠繼續維持， 則民國六十二年時5,288千人之勞動力應有 71,293 百萬元之勞動力所得收入。但事實上，民國六十二年時之勞動力所得爲 187,296 百萬元，較其應得之數額增加了 116,003 百萬元，此一數額之增加原因何在，其中有多少係勞動力教育水準提高之效果，是探討關鍵之所在。

表九 中華民國國民所得與勞動力關係

類　　　　　別	民國四十五年	民國六十二年	十七年間增加額
1.國民所得	53,209百萬元	271,561百萬元	218,352百萬元
2.勞動力所得:	36,698百萬元	187,296百萬元	150,598百萬元
（平均0.6897）			
3.勞動力	2,722千人	5,288千人	2,566千人
4.民國四十五年之平均所得	13,482元		
5.以四十五年之平均所得，只就勞動力增加、計算，六十二年之勞動力所得	36,698百萬元	71,293百萬元	
6.勞動力所得之差額	—	116,003百萬元	116,003百萬元

　　勞動力在這一段期間內增加了 94.27%。若把勞動者，每一人之教育資本維持在民國四十五年時之水準，則需增加教育資本額是以增加之勞動人口去乘當年勞動者每一人之教育資本而得之數額， 這一數額是5,895百萬元，但是六十二年之教育資本卻增加了 65,494百萬元，其間

相差59,599百萬元，這就是在經費上所顯示的教育水準高度化的程度。根據蘇爾滋對教育投資效果之測定方法，認為若能明瞭上述59,599百萬元教育資本的投資效率，即可估算出教育投資後對生產增加的貢獻。

　　教育投資收益率是以學歷別的所得差異來計算，依據民國六十二年英籍經濟學家甘利柯（Kenneth Gannicott）為我國所作之教育投資收益率及六十四年試算之結果，平均投資收益率為20—24％（取22％）。因此，59,599百萬元之教育投資收益為13,112百萬元，即由於勞動力增加而增加之國民所得中有11.30％是由於教育投資之效果，若就整個國民所得之增加額計，其中有6％是得之於教育的貢獻。

第三節　教育投資之生產價值

　　生產技術的改進，乃是表現在生產因素組合方法的改善。但是，組合方法的改善若未被廣泛應用於生產活動時，這種改善仍未具有任何的經濟價值，必須當新的組合方法能降低生產成本，或提高生產利潤時，這種新的組合方法才具有經濟上的價值。有了這樣的認識以後，我們才能從生產因素之組合方法的改變，判斷技術是否進步。由個體經濟分析中，我們知道生產因素組合的變化，不一定完全是技術進步的結果，因為生產因素之間，有着或多或少的代替性，所以當各生產因素之間的相對價格發生變化的時候，廠商便可能以價格較低的生產因素去替代價格較高的生產因素，而改變了生產因素的組合比例。為了避免這些成本分析的困擾，我們就不能單由生產因素的組合方法來判斷生產技術的進步，我們還應由生產因素的生產力加以考慮。如果新的組合方法能使某一定數量之生產因素的邊際生產量提高，這種新的方法才算是技術進步的結果。這裏所以用邊際生產量的概念來說明，主要是因為依邊際生產

量的定義，已經剔除了其他生產因素上數量的變動所引起之產量變動的部份，此時，其產量的增加，便是由於技術變動所引起的。討論至此，我們當能明瞭，能使同一數量生產因素之邊際生產量提高的因素便是技術進步所賴以發生的根源。而技術的進步，即得自於生產者知識與技能的培養與增進。

欲彌補生產函數中，投入與產出之間所發生的技術差距（Technology gap），最佳的途徑，祇有加強對人的投資。因為人類知識的獲得、技術的培養、能力的增進非與生俱來，必須經過學習以後始能獲致，學習的有效方法，即莫過於教育事業的推行。我們之所以如此立論，不僅是因為教育所發揮的功能是多面性的，而且鑑於個人教育水準愈高，其所能獲得的報酬（包括精神上與生產上的）也愈多的事實。特別就其生產報酬而言，在一個功能性所得分配的社會更能以之說明，教育水準愈高，其生產力自亦愈大的關係。當然，能夠提高勞動生產力的非僅肇致教育一端，其他諸如職業訓練、保健設施、及企業管理的加強也是重要的因素，但是這些因素，若就目前的教育制度來看，又何嘗不是教育發展的範疇呢。正因為如此。無怪乎有人認為，如果人們有超乎其他任何東西的慾望者，那就是學校的教育了㉚

教育的功能旣然如此顯著，我們若能適切地將教育納入生產函數的投入因素，便能彌補投入與產出之間的大部份差距。因為教育投資後所產生的生產價值，很明顯的是根據兩種不同的現象。接受較多的教育，能使一個工作者利用手邊的資源，去完成更多的工作，這種「工作者效果」（Worker effect）是教育的邊際產品，亦即在其他生產因素數量不變的情況下，改變每單位教育中所增加的產品。另一方面，接受較多

㉚　J. K. Galbraith: Economic Development, Harvard University press, 1964, p.p. 1-12。

的教育，可能提高工作者獲得及分析其他各種投入因素有關成本及生產
性能等情報的能力。因此，教育的改變，卽導致其他投入因素的改變，
其中還可能包括利用幾種「創新」的因素，因此，教育投資的生產價值
卽包括着兩種效果：其一爲工作者效果，其二爲配置效果（Allocative
effect）。

　　教育爲一項生產因素的觀念旣經確立，那麼，我們就可視教育爲改
進勞工素質的重要力量，現將其包括在不同類別的生產函數中，來判別
各種函數內教育所佔的地位。

　　在下面的各種分析中，假定生產技術均有非常高的效率，亦卽從各
種固定數量的投入因素之中，其實質產品可以達到最高產量。則由「技
術的生產函數」可得：

$$O = q(X, E)$$

　　在此式中，O 代表產出量，q 爲教育（E）及其他投入因素（X）
的函數。在這種情況下，教育的邊際產品可以用偏微分 $\partial g / \partial E$ 表示，
此僅涉及到工作者效果，亦卽前述之能使工作者利用其手邊的資源，完
成更多工作（物資產品）的能力。在這裏，若將教育或知識包含在生產
函數內成爲一個明顯的生產因素，技術效率（Technical efficiency）
的觀念就變爲重複。卽假如生產者沒有故意地浪費資源，生產卽可謂有
技術效率。假如浪費資源是出於無意的，則這些損失就由於缺乏知識所
致。可推測得到的，工作者效果是與實質生產的複雜過程有關。在技術
的生產函數中，配置能力所佔的地位尚不重要，因爲在此處配置問題鮮
少會發生。在其餘的函數中，教育不被視爲一個明顯的因素，如果一定
要將教育視爲一項明顯的因素，只有重申在技術的生產函數中表現明顯
的「工作效果」而已了。

　　綜合以上討論，我們當可瞭解到，在生產函數中引入「教育」一項

函數，將可以彌補因技術不足所造成的差距。視教育爲一項生產函數，不僅可以用來解釋勞動生產力爲什麼會提高，而且對於教育事業與經濟發展之間的關係能夠提出具體的說明，特別是在經濟發展過程中受到資源稀有性 (Scarcity of Resources) 的限制時，教育所發揮的經濟功能更顯得有時代的意義。雖然教育的發展也須與其他產業競爭資源，但由於人類知識的發展大部份有賴人類天賦的思維能力，這種思維能力的發揮卻不一定完全受到環境資源的限制。

總之，教育對於生產的貢獻是雙重的，一方面是它以一種生產的本質，直接對物質產品有所貢獻，另一方面是教育對其他因素所產生的配置效果發生影響，突破原有的生產函數限制，提高生產的效率。

本章摘要

有關教育投資，特別着重於教育投資利益的分析，教育投資利益，可以分爲非經濟利益與經濟利益兩大類。本文強調教育投資後的非經濟利益應較其經濟利益爲重，祇是這種非經濟利益不能像經濟利益那樣可以用數量化來表示，這是目前研究教育經濟學者最大困擾之處。

至於教育的經濟利益是如何測得的，文內提出四種方法加以說明：

第一種方法可以用剩餘因素 (The Residual Factor Approach) 來測得，如蘇羅 (Robert Solow)、柯銳亞 (Hecto Correa)、丹尼生 (Edward F. Denison) 等經濟學家均採用此法予以計算。

第二種方法可以用收益率法 (The Rate-of-Return Approach) 來測得，經濟學家如貝克 (Gray Becker)、郝漢克 (H. S. Houthakker) 等均以此法來測定。

　　第三種方法可以用國際比較法（The International Comparisons Approach）來測得，此法多用於歐洲經濟合作與發展組織（OECD）的國家，如史凡尼爾森（Inguar Svennilson）、艾丁（Friedrich Edding）、及艾爾文（Lionel Elvin）等經濟學家卽採用此法而測定。

　　第四種方法可以用敎育資本儲存法（The Stock of Educational Capital Approach）來測得，利用此法者爲經濟學家蘇爾滋（T. W. Schultz）、麥克魯（Fritz Machlup）等。在敎育資本儲存法中，並以我國的情形加以試算。

第七章　教育收益

第一節　教育收益的類別

　　教育收益（Returns to Education），一般係指將教育程度不同的人，終身能賺取之所得以與其接受這種教育所需支出的成本加以對比而求出的一個每年所得報酬的結果。教育投資後所能獲致的收益，是社會與個人最關切的課題。從社會方面來看，教育收益研究的結果，可以反映出投資於各級教育所獲得收益之多寡，並可由此獲知社會經濟對於某一教育水準人力之需求情形，據此可以做為研訂教育計畫的參考依據之一。從個人方面來看，接受教育因而可以獲得謀生的知能，此一謀生知能的獲得，並能具體的表現於個人工作之薪資所得，因此，不同教育的年限與類別，其終生所得即可能會有所差異。一般人對於教育收益的關心，常傾向於僅重視其收益的多寡，而忽略了收益的類別與運用範圍。教育投資的收益，誠然可以用有形的貨幣（金錢）利益或價值來表示，但是教育投資除了金錢上的報酬外，還有許多無形的，難以量化的，而

且比物資報酬更重要的收益，需要我們去探討。

教育經濟學家在計算教育收益時，依其研究內涵及運用類型之不同，將之分類爲直接收益 (direct benefit) 與間接收益 (indirect benefit)、金錢收益 (pecuniary benefits) 與非金錢收益 (nonpecuniary)，及內部收益 (internal benefits) 與外部收益 (external benefits) 等名稱或類別。事實上，所謂「直接」、「金錢」與「內部」三者，亦可涵蓋於一體。要言之，教育收益的類別，以二分法分類即可以表示清楚，本文於此，擬對此類同之名詞，作如下之解釋。

一、直接收益與間接收益，教育的直接收益意指教育投資後所獲得的收益係來自教育過程因素本身或歸於受教者本人所享有，即屬直接收益；相反地，收益的增加係由於外在生產因素所產生或由非受教育者所獲得，則屬於間接收益。

教育的直接收益主要內涵應包括二大類：一是教育生產因素所直接生產的利益。另一方面則爲受教育單位所獲得的利益。前者如受教者在教育過程中所獲得的消費利益 (consumption benefits)，及受教者所獲得知識或技術的利益便是。後者如受教者就業後所獲得的薪資 (wages) 或所得 (income) 利益。

教育的間接收益是由於教育被用作外在生產因素所產生的利益，或由受教者以外人士所獲得的部份利益。前者如部份因創造發明所帶來的經濟成長，或知識水準的提高等，這都是教育投資後所產生的結果。但是由於知識水準提高所獲得創造和發明的過程中，教育並未直接投入生產，因此教育僅可視爲促成創造和發明的外在生產因素，由創造和發明所獲得的經濟成長利益即屬於間接收益之範疇。

教育經濟學家蘇爾滋 (T. W. Schultz) 及貝克 (G. S. Becker)，彼等主張教育對經濟成長所作之貢獻，可從教育的「直接收益」及「間

接收益」兩方面加以測定。直接收益是指個人所得或個人收入的淨額；間接收益則是指社會經濟因個人接受教育而獲得的發展； 若進一步分析，直接收益是以個人完成某一教育階段後之一生所得 （Life time earnings） 來表示。在理論上認為接受不同教育的人會有不同的收入，其相互間的差距，即由於他們所受不同等級的教育所使然。在方法上常採用橫斷法 （Cross Sectional Method） 作研究的基礎，首先依照就業性質，將教育程度分為若干等級或年數，其次按個人所受教育等級或年數分別選取若干代表性的樣本，然後分別計算出代表不同教育等級或年數樣本的收入，最後比較各個不同教育階段樣本在收入淨額上的差異，此等差距即表示個人接受某一較高階段教育之收益。彌勒(H. P. Miller) 、邊沁 （C. S. Benson） 及漢生 （W. L. Hansen） 等人的研究最具規模，也常被人所引用。

在計算教育的直接收益時，係假定在充分就業的條件下衡量個人一生的所得。但在就業市場上失業的現象是無法避免的，因此在比較教育程度不同的羣體或個人收入時，必須考慮失業率的大小，俾對其收益作適度的修正。一般而言，接受教育愈多，職業選擇的適應度愈廣，因此失業率較小。

修正直接收益的指標除失業率外，尚須考慮到死亡率及稅率兩項因素。個人在工作過程中，或因意外、疾病、及衰老而死亡，故在計量不同教育程度之個人或羣體之平均每年所得時，應再乘上可能死亡之人數比例俾求正確。唯以死亡率與教育程度間並無顯著的相關，而且人在工作的生涯中，以早年或中年收益最多，而此時期之死亡率最小，故此一因素實際影響羣體收益之效果未必顯著。至於稅率，因係十分確定，祇要在個人或羣體平均所得中減去繳稅額，即可求得淨收入額了。

至於間接收益方面，可以從教育對社會整體之貢獻及經濟成長利益

兩方面加以探討，教育可以提高人民的知識，增進國民的健康，減少犯罪的傾向，因而養成健全的國民與公民，導致社會的安定與和諧、政治的進步與革新，這是教育投資所產生的間接收益，其次，由於教育而改進人力的素質，增加工作效率與生產能力，及促進經濟的全面發展，若以教育對國家經濟成長之貢獻的比例來表示，蘇爾滋指出：一九二九年至一九五七年間美國國家總收入中，約有20％係由教育所貢獻❶。鄧尼森（E. F. Denison）亦指出： 一九五〇年美國勞動的教育程度若能與一九六〇年相比，則對經濟生產所作的貢獻，可能要比實際的多出10％以上，因此國家稅額收入也可能增 7.7％；依此推算，一九二九至一九五七年間國家生產的成長率中，有23％實為教育的貢獻❷。

對於教育收益之研究，大部分教育經濟學家或經濟學家均著手於直接收益之探討，蓋由於此一部分之研究，可以用所得利益來表示。至於從事間接收益分析者，感於衡量的困難，分析極為不易，但在社會及經濟發展中卻比前者更為重要。因為在一個高度化工業社會中，雖然在增進生產效率方面有顯著的成效，但社會功能之發揮卻遲滯不前，以致二者差距益大，配合益難，導發了現代社會的許多問題。因此，我們在探討教育投資的收益時，應特別重視其間接收益，不可過份重視個人在金錢之所得。

二、金錢收益與非金錢收益，教育收益如果以貨幣的(Monetary)標準來畫分可以分為金錢收益與非金錢收益二種。前者是以金錢的多寡來表示教育收益的大小，後者則不以金錢的數量來表示。

---

❶ T. W. Schultz: Capital Formation by Education, Journal of Political Economy, 1960, VOL. 67, No. 6, pp. 571-583.

❷ Edward, F. Denison: The Sources of Economic Growth in the U. S. paper No. 13, Committee for Economic Development, New York, 1962, Chap. 7.

金錢的收益通常是以收入（earnings）的多少來衡量。收入的種類很多，諸如薪資、紅利、利息、租金等都是。為使教育的收益在衡量上方便正確起見，一般都以薪資來表示。因為除薪資是來自教育生產力的收入，可以代表勞動力的價值量外，其它各項或來自利潤，或來自繼承均不應包括在內。

非金錢收益則是指不以貨幣價值作衡量標準的其他教育收益。諸如政治、社會、文化上因教育投資所得到的收益即是。

三、內部收益與外部收益，凡由受教者本身或教育生產因素本身所產生的直接利益，稱之為內部收益。反之，非由受教育者本人所獲得的利益，即稱之為外部收益。

內部收益的內涵比較簡單而易於說明，外部收益的衡量由於研究者解說的不同而有不同的名詞。

外部收益可以用外溢（spill over）利益來說明。教育過程雖在某一地區或學區中進行，但教育的利益並不一定在同一學區內所獲得，如某人在甲地方接受教育，畢業後可能到乙地方工作，則其利益外溢到乙地，對乙地有所貢獻，因此，魏斯羅得（B. A. Weisbrod）認為外部利益可以用外溢利益來表示❸。另魏氏之外溢利益除指學區利益外溢外，尚可指父母受教育後，其利益外溢到子女，因為父母教育程度愈高，對其子女日後教育的投資量亦可能愈大❹。

綜觀上述，教育收益的類別由於研究者運用類型之不同及分析便利起見，而作如上之分類。事實上，從受益者的主體分析教育利益，用金錢收益與非金錢收益二者來說明，當為明確而易於使人瞭解。

---

❸ Burton A Weisbrod: External Benefits of Public Education, New Jersey, Princeton University 1964, p. 1.

❹ Elchanan Cohn: The Economics of Education, Lexington books, D. C. Health Company, 1972, pp. 130–131.

第二節　教育與所得關係

　　教育的直接收益不僅可由所得的多寡來表示，且認爲教育與所得之間有著正的關係，其所持理由是這樣的：

　　其一、就羣體言，不同等級的學校教育有著不同的所得利益。質言之，等級高的學校畢業生其所得利益必也高。如彌勒（Herman P. Miller）於其所著之「富人與窮人」（Rich man and poor man）一書中指出：在美國所受教育少於八年者，其一生平均收入爲十四萬三千美元，完成八年小學教育者爲十八萬四千元，完成中學教育一至三年者爲二十一萬二千元，完成四年中學教育者爲二十四萬七千元，完成大學教育一至三年者爲二十九萬三千元，完成四年大學教育者爲三十八萬五千元，完成五年以上高等教育者爲四十五萬五千元❺。顯見教育程度之高低及受教時間之長短與其終生所得的分配有著密切的關係，此外，如卡羅爾（A. B. Carroll）亦持相同之論點❻。

　　其二、就個人言，接受不同量教育的個人有著不同的收入淨額，其相互間的差距卽由他們所受不同等級的教育所使然。此一淨額上的差距，卽成爲個人選擇教育類級的主要導向，如鮑文（W. G. Bowen）、漢諾克（G. Hanock）卽贊成此一看法，鮑文並視所得差異爲決定「個人利益導向」（The personal profit orientation）的有效途徑之一

❺　H. P. Miller: Rich Man and Poor Man, N. Y. Thomas P. Crowell, 1964, p. 145.

❻　A. B. Carroll: Costs and Returns for Investment in Technical Schooling by A Group of North Carolina High School Graduates, North Carolina State University, Dec. 1967, pp. 4-5.

❼。

就羣體或個人的分析，均支持所得的差距係受不同類級的教育所影響。在此，本文將分析如何估算教育所導致之所得增加的問題。因為，人與人之間的所得確實有差距的存在，而此種所得差距的因素顯然又因不同的教育而發生。但是，如何能估算在所得差距中，有多少係因教育的差異而產生，抑或還有其它因素所影響，是值得進一步探討的課題。

估算因教育所導致之所得增加有「教育年數別法」（Education years difference method）與「學校水準別法」（Schooling levels difference method）兩種。所謂教育年數別法，係計算受教育的期間每增加一年時，其所得增加若干，然後據以估算教育對所得增加的效益。而學校水準別法，則按不同水準之學校畢業生，如初中畢業生、高中畢業生、專科學校畢業生、大學畢業生等，分別計算其所得差距，以估算教育對所得增加的效益。

所得的差距雖因教育的不同而發生，但是否完全由教育所決定，或尚有許多其他因素影響所得差距的產生。因此，在計算教育的效益時，除瞭解所得差距的實際情況外，尚須考慮使所得發生差距的其他各種原因，然後估算各項原因的重要程度，始能明瞭教育對所得增加究竟是有多少。

蘇羅（Lester C. Thurow）在研究所得、教育與智商三者分配的關係時，發現教育程度與智商的分配比例較所得為均勻，從圖四看得出來，所得與教育及智商的分配，所得並不一定與後二者按一定的比例遞增，因此，蘇羅認為，影響所得增加的因素，除教育外，一定還有其它

---

❼ W. G. Bowen: "Assessing the Economic Contribution of Education", in Economics of Education, edited by Mark Blaug, Penguin Books Ltd., Baltimore, Maryland. p. 77.

因素的存在❽。

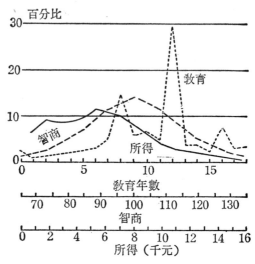

圖四　教育、智商與所得分配關係圖

註：1.取樣為1965年25歲以上之男性。
　　2.實線部份代表所得分配，細虛線部份代表教育，粗虛線部份代表智商。

影響所得差距將教育因素除外的第一項因素為各人的年齡。教育背景不同之三十歲的人與五十歲的人之間，所存在的所得差距，並不能認其係完全因不同的教育背景而發生。毫無疑問的，必須對於其不同的年齡加以考慮。此一因素，從各國教育、所得、與年齡相關圖分析，可以看出有三種類型與結果❾：其一是因年齡而產生的收入差異在一定時間內有一個遞增頂點，即所得隨年齡而增加，一直繼續至中年達到尖峯時為止，然後，保持水平不再增加直至退休；不過，有時，也有在達到尖峯後再降低的情形，例如美國及印度所顯示的資料即是（請見圖五及圖

❽　Lester C. Thurow: "Education and Economic Equality", in Power and Ideology in Education, edited by J. Karabel and A. H. Halsey, Oxford University press, 1977, pp. 326-327.

❾　Mark Blaug: An Introduction to the Economics of Education, Penguin Books Ltd., 1970, pp. 24-25.

六）；其二是因年齡而產生的所得差異設有一個遞增的頂點，例如墨西哥即是（請見圖七）；其三是不同等級的教育因年齡而產生的所得差異有遞增的頂點也有無遞增的頂點，例如英國與我國所作的研究，均屬於此一類型（請見圖八及圖九）❿ 。

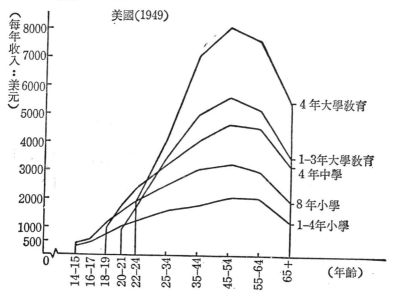

圖五　美國（1949年）不同教育類別、年齡與所得分配圖

第二項因素爲經驗，亦即各人的工作年數。因爲工作年數愈長，表示個人累積的工作經驗愈豐富，因此，經驗可以來自工作上的學習，也可以來自進修與訓練。教育與工作年數二項因素配合起來對所得差距會有很大的影響，米塞（Jacob Mincer）認爲工作年數的遞增固然可以使所得增加，但增加的幅度卻因教育層次的不同而有所差異，如圖十所示⓫，大學畢業生所得增加的曲線不僅陡峭，而且快速，反之，一個完

---

❿　教育部教育計畫小組：「我國教育投資及其收益率之調查研究」，教育計畫叢書之廿五，民國六十六年十二月，頁七十一。

⓫　Jacob Mincer: Schooling, experience, and earnings, Columbia University press, New York, 1974, pp. 99-100.

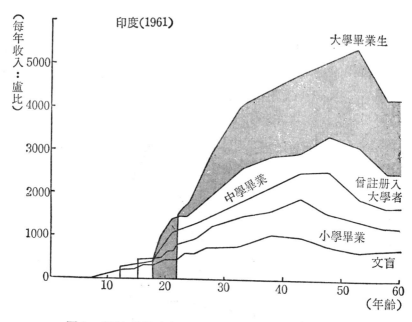

圖六　印度（1961年）不同教育類別、年齡所得分配圖

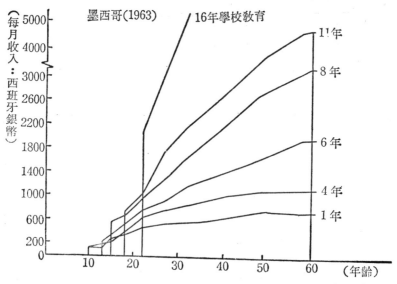

圖七　墨西哥（1963年）不同教育類別、年齡與所得分配圖

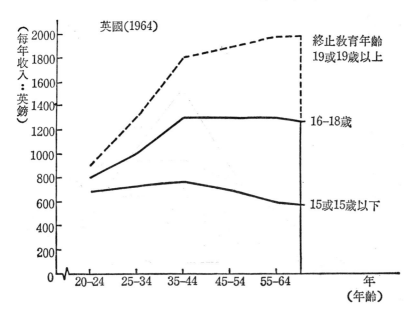

圖八 英國（1964年）不同教育類別、年齡與所得分配圖

成小學教育的工作者，雖然其所得亦呈遞增趨勢，然其增長卻極爲緩慢而不平穩，工作年數愈增，或因知能的不足，或因體力的衰退，所得卽因此而逐年下降。顯見教育與工作年數二者是影響所得差異的主要關鍵。

第三項因素爲性別，通常，由於男女兩性求學時科系的偏好及行職業就業類別的不同，與女性工作一段時間後，因爲婚姻或養育子女的關係，必須自就業市場脫離一段時間，故女性的所得在研究資料上顯示一般均較男性爲低。因此，計算所得差異時，應該將男女兩性資料，分別整理分析，始稱合理。

第四項是父母親的經社背景（Socio-economics status, SES），父母親的經濟社會背景，係指父親的職業，父母親的教育背景，及家族的收入等。可能由於父母親的教育程度愈高，以及家族的收入愈多，致

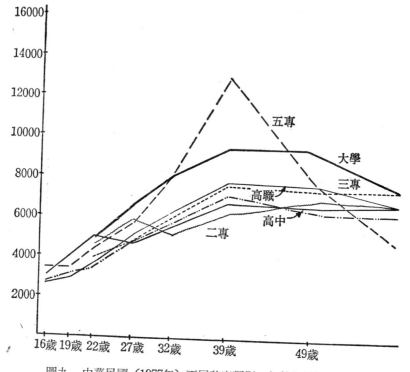

圖九　中華民國 (1977年) 不同教育類別、年齡與所得分配圖

使其子女的教育環境較佳，因而影響其日後的所得收入。雖然家庭背景
與個人日後所得有關連，但根據若干研究發現，特別在大學畢業生的所
得差異中，能力因素比父母的經濟因素來得更重要。李得和彌勒 (Reed
and Miller) 研究年齡、膚色、大學素質、主修學科（沒有能力一項）
等因素，發現在牙科、法律和神學等三科的大學畢業生的收入和其父親
的教育與職業沒有顯著的差異⑫。

⑫　引自高希均主編：「教育經濟學論文集」，聯經出版社出版，民國六十六
年，頁一四七，　原文請見　Dael Walfle: "To what Extent Do
Montary Returns to Education Vary with family background,
Mental ability, and School quality" In Does Colleges Matter?
Academic press, 1973, pp. 65-76.

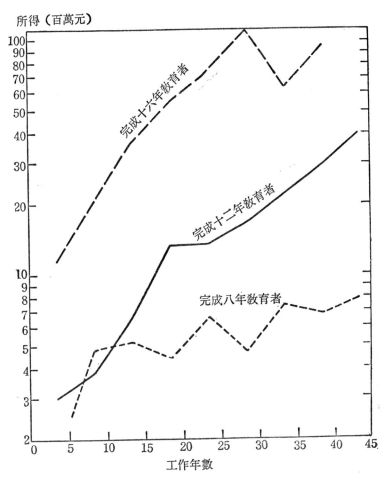

所得（百萬元）

完成十六年敎育者

完成十二年敎育者

完成八年敎育者

工作年數

圖十　美國（1959年）不同敎育類別、工作年數與所得分配圖

　　第五項因素是個人的能力，其中，有兩項要素較為重要。其一為知能或智商，個人的聰明才智與所得具有密切的關係，如果敎育程度相同，則智商高的所得亦高，不過，由智商或班級名次之不同所造成的所得上的差異，不如因敎育程度之不同所造成的差異那麼大❸。其二為進

❸　同❷，頁一四八。

取心、勤勉或意欲。此項因素，無疑的，可左右人的一生。其重要程度
雖然不易加以估計，但並非全無可能。通常，此一因素的重要程度，可
從小學時期的成績與知能商數的關係，予以估算。譬如，在小學時期，
富於向上心的學生，在與其智商的對照上，可獲得較佳的成績。於是，
我們便可從兩者的相對關係，逐步類推至各個教育階段，估計此一因素
的大小或重要程度為何。

　　第六項因素是個人就業的行職業的類別。由於各個行職業工作的性
質不同，因此在所得上即有所差異，此基於工資的結構應當按工作的特
性而調整——較危險、較艱難等的工作，應支領較高的薪金；所需能力
相同，而較容易且吸引人的工作，應支領較低的薪水。從行職業的類別
來看所得差異是不太合理的，因為任何行業都有薪金收入以外的吸引人
之處，個人選擇職業參與工作的意願往往都具有某種特殊的非薪資上的
滿足與報償，所以不容忽視若干工作上非金錢的特性。

　　種族差異也影響所得。此一因素特別是在美國，甚為顯著（請見表
十資料）。一般資料類多忽略了這項因種族不同而影響所得的因素。但
是，在勞動市場中，卻有很明顯的差別待遇，使同一教育水準的白人與
非白人間的平均所得大有不同。

表十　18-64歲男性不同種族與不同教育水準終生所得之估計

教　育　水　準	終　生　所　得		
	全體男性	白　人	黑　人
小學教育			
低於八年級	$196,000	$208,400	$150,000
八年級	252,000	264,600	190,000
中學教育			
1—3年級	278,000	292,500	213,600
4年級	336,000	343,600	271,500
大學教育			
1—3年級	378,000	382,400	322,000
4年級	489,000	495,000	386,000
5年級以上或研究所	544,000	549,500	461,600

資料來源: U. S. Department of Commerce, Current Population Reports, Series. p. 60, No. 74, Table 10(1968).

　　除教育外，上面七項因素是影響個人所得差異的原因，當然，若仔細分析，尚有其它因素如工作地區、工作時數、死亡率及失業率等。我們瞭解到各項有關因素後，進一步應該探究的是僅就教育一項因素而言，對所得的影響是達到何種程度，據此，當能確立教育對個人的貨幣利益及其價值為何。

　　許多實證的研究顯示教育與所得間之相互關係是肯定的。即使諸如智商、能力、家長的社會與經濟狀況等變數，也被看作與所得有關，但是，教育與所得的關係，卻具有更顯著的相關。漢諾克（Hanoch）採用美國1960年人口調查的資料，發現即使是社會與經濟背景一成不變，教育與所得間仍具有強烈的相互關係[14]。

[14]　Kern Alexander & K. F. Jorden:Educational Need in the Public Economy, The University presses of Florida, Gainesville, 1976, p. 71.

另外根據伍爾夫與史密斯（Dael　Walfle　and　Smith）的研究，比較相同智力的大學畢業生和中學畢業生的收入，如表十一所示，一般素質的大學畢業生超出高中畢業生收入達47%，具有碩士學位者超過高中畢業生58%；而素質最優的百分之十的大學畢業生超出高中畢業生的收入為100%，碩士為111%，說明大學以上畢業生的收入較高中畢業生高出甚多，尤其是素質優異的大學生，其賺取所得的能力也高❺。因此，二氏所得的結論是：即使智商、成績以及家庭背景都相似，但因為各人教育水準不同，其所得仍有不同❻。

雖然教育和所得的關係儘管是如此的密切，學者們在衡量和教育相結合的最後所得差異時，仍扣減了25%以彌補前述的種種變數❼。

表十一　大學畢業生超出高中畢業生的所得收入百分比

教　育　水　準	能　　力　　水　　準	
	最　　低　　90%	最　　高　　10%
學　士　學　位	47	100
碩　士　學　位	58	111

我國的調查研究，有如下的顯示，假如其他因素不予考慮，僅考慮教育一項因素，則大學畢業生的平均年收入是國小畢業生的1.8倍，從表十二得知，個人所得隨教育程度的不同而有所差異。

個人所得因教育程度的不同而有所差異，此一事實，根據上項分析

❺　同❷，頁一四九。

❻　Kern Alexander & K. F. Jorden: Educational Need in the Public Economy, The University Presses of Florida, Gainesuille, 1976 p. 74.

❼　Ibid., p. 74.

已毋庸置疑。根據威斯伯洛特與柯伯福（Weisbrod and Karpoff）的研究分析，發現大學畢業生和中學畢業生平均收入的不同約有四分之一是來自能力和其他個人因素的差異⓭。換句話說，大學畢業生與中學畢業生的所得差異有四分之三是受教育的因素所致。 伍爾夫（Walfle）在諸因素中更重視教育對於所得的影響，他認爲大學畢業生與中學畢業生的所得差異若考慮能力和其他個人因素，教育對所得的影響應該爲75％或80％⓮。從上面資料，我們雖然不能看出所有各級教育對所得的影響至何種程度，但單就高等教育與中等教育二者的差異言，其他各級教育對所得的影響亦不會太低。一般而言，個人一生中的所得差異，約有三分之二，是由於教育與工作經驗二項因素所決定。

表十二 民國六十四年臺灣地區男性所得收入平均每年基本所得按教育程度分

教　育　類　別	平　均　年　所　得（單位: 元）
研　究　所　畢　業	169,380
大　學　畢　業	118,320
專　科　畢　業	90,811
高　中　畢　業	80,674
國　中　畢　業	66,179
國　小　畢　業	60,426
自 修 補 習 或 不 識 字	48,502

資料來源: 行政院主計處: 臺灣地區個人所得分配調查報告975，頁252。

爲什麼個人接受較高的教育將較教育程度較低者的所得爲高，分析起來; 可能是基於下面三個原因:

⓭　同⓬，頁一四六。
⓮　同⓬，頁一五一。

　　第一、在當今社會結構中，個人所獲致的教育類層可能仍是進身職業和獲得高薪的有效途徑。這一點，可以從雇主的行為來分析。其一、在市場允許下，僱主較偏愛教育程度較高的畢業生，雖然教育程度較低者亦有可能打破文憑主義的障礙，憑經驗及能力與教育程度較高者賺一樣多的薪資。但這要經過相當大的努力，若不能力爭上游，祇好屈就於較低的職位與待遇。其二、一般雇主在開始時很難估計受雇者未來的潛能，因此文憑可能是一種憑證，雖然雇用後在工作上可以證明個人的工作能力，但是這卻需要假以時日，在這種情形下，雇主樂於採信文憑來雇用人員。

　　第二、教育程度與個人的智商有關，教育程度較高者，其智力（或者是其他個人的特質）不會太低，這也可以證明他的領悟學習能力很強。威斯伯洛與柯伯福（Weisbrod and Karpaff）發現大學畢業生在班級成績中最好的10%，不僅在就業上佔優勢，其薪水的進昇比其他學生也快[20]。

　　第三、教育程度高者所習得的知識與技能，比較適用於一般或特殊的工作環境。

　　上面三種因素，個別的重要性隨專業或職業領域而異，也隨工作經驗而異，可是目前尚無足夠的資料，綜合這三種因素的精確關係。

　　根據本節所述各點，當能瞭解到教育與所得間的關係至為密切，這也證明了教育投資對個人來講是有極大的收益。當然，接受教育的結果不僅祇是為了增加所得的利益；在另一方面，對於個人生活的充實，是非的明辨，負責的態度，氣質的變化，這種價值是無法用所得來表示的。甚至於教育的效果對於家庭、子女、社會、國家更有深遠的影響，在當今重視物質而忽略精神生活的發展趨勢下，我們更應當重視教育投

[20]　同[12]，頁一四九。

資後的非貨幣收益，始為正途。

第三節 教育收益率

在教育投資觀念中，「成本」與「收益」實具有密切的關係，唯經比較二者之大小多寡，才能從投資的絕對收益中確定相對利益的大小。因此「收益率」即在用以表示教育成本與利益間的大小關係。其方法就是將教育程度不同的人終身所能賺取之所得（亦即是收益）以與其接受這種教育所需支付的成本加以對比後而求出的一個每年收益的百分率。

教育收益率可以從二個不同的觀點去估算：一種是從個人的觀點（家長或學生），看看對教育投資後，其所能獲致之利益（通常是用利率來表示）會有多少，所求出來的百分率即稱之為個人收益率（private rate of return）；另一種係站在國家社會之觀點，看看由於教育投資之結果，國家或社會所能獲得的利益之多寡，所求出來的百分率稱之為社會收益率（social rate of return）。這二種收益率由於觀點不同，故其計算時所採用的資料亦因之而異，下文中當逐一列出，以供參考。

本節之重點主要在討論下面幾項問題：其一是教育收益率計算方法之選用，其二是教育收益率之比較研究，其三是教育收益率研究的結論，及其四是教育收益率的正確意義與認識。

壹、教育收益率計算方法的選用

在計算收益率之前，首先會遭遇到的實際問題，乃是資料的搜集，下面列舉出在理想的狀況下所需要的資料：一、搜集選樣人員的所得（收益）資料。此一資料，應按年齡、教育程度、行職業別、性別、社會背景、就業地區以及能力測定（如智力測驗成績）等分別列出。二、

教育機構經常費的資料。三、教育機構所使用的建築物及設備等的資本價值經估算而得的資料。四、私人費用的估算資料（如學費、書籍費、文具費等）。五、獎學金的公共支出資料。六、平均的所得稅率。七、有關就業市場狀況的資料，包括了按性別、年齡及教育程度來分類的失業率及勞動力就業率等。

以上資料的獲得，可以被用來構成稅前或稅後的年齡收益概況。但是這些資料的蒐集卻非易事，這種情形尤以開發中國家爲然。在美國，許多有關收益率的資料可以根據戶口調查而獲得,但在許多開發中國家,如印度、哥倫比亞、墨西哥、波多黎各，及菲律賓等國家，爲瞭解此一方面的事實，就祇有特別舉辦一項有關教育投資及收益率的調查，而且所獲資料不全，在分析上頗感困難，如果我們重視這方面的研究，設法充實資料是非常重要的。

當資料收集以後，卽是選用何種方法來計算收益率的問題，這裏有三種方法可以把資料表現出來。第一種爲應用此項投資計畫的現在淨值（Present net value）。第二種方法，我們稱之爲效益成本比率法（Benefit-cost ratio）。第三種爲計算此項投資的內部收益率（Internal rate of return）。現玆分別介紹如下：

一、現在淨值 (Present net value)

一項投資計畫的現在淨值，乃是由貼現的效益減去貼現的成本所得的價值(亦卽是貼現後總收益減成本)。現在淨值的觀念是強調以較高的現值作爲投資選擇之準則。若求出來的效益現值超過了成本現值（卽 $B>C$ 或 $B-C>0$ ）， 則其投資是有利的。

現在讓我們用數字舉例來說明：當某一企業家決定是否投資購買某項機器時，他會考慮到機會成本（$C=\$100$）；每年預期的收益（$R_t=\$45$）；機器使用的年限（$n=3$ 年），（換句話說，亦卽 $t=1,2,3$）

；市場的利率（$i=10\%$）。有了這些資料，他就能夠預估出機器的淨現值（Present Net Value, *PNV*）為何。如果計算出來的淨現值為正數，那麼，這位企業家購買這部機器是划得來的。以公式計算是：

$$PNV = \sum_{t=1}^{n} \frac{R_t}{(1+i)^t} - C$$

$$= 45 \sum_{t=1}^{3} \frac{1}{(1+0.1)^t} - 100$$

$$= 45 \left(\frac{1}{(1+0.1)^1} + \frac{1}{(1+0.1)^2} + \frac{1}{(1+0.1)^3} \right) - 100$$

$$= 45 \left(\frac{1}{1.1} + \frac{1}{1.21} + \frac{1}{1.331} \right) - 100$$

$$= 45 \times \frac{3.31}{1.331} - 100$$

$$= 45 \times 2.5 - 100$$

$$\simeq 110 - 100$$

$$\simeq 10$$

在上項所舉的數字實例中，因為求出 *PNV* 為正數，所以這項投資計畫是可行的。

企業家淨現值的觀念，應用在教育上，可以用來說明某一類級的畢業生，決定畢業後是否深造或是就業。例如一個中學畢業生可以用上述的方法，決定是否繼續在大學深造四年。在這種情況下的投資成本，包括了四年中的花費以及因而喪失之工作機會所能獲得的報酬（即機會成本）。而其效益或收益則是指大學畢業與高中畢業所獲利益的差距。此項成本與效益關係，如下圖所示。

圖中，橫座標表示年齡，Y_c 及 Y_h 則分別代表一個大學畢業生及一個中學畢業生在某一年齡所獲之收益。我們可以發現，大學畢業生之收

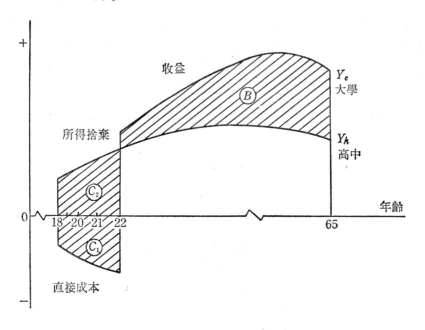

益較中學畢業生遲四年開始，但成長卻極為迅速，而且達到顛峯狀態之時期也較晚。圖中的斜線 B 區域所代表的就是一個大學畢業生到六十五歲的總收益，而這個學生的成本包括直接成本 C_1 及機會成本 C_2，所以總成本為 $C_1+C_2=C$，再把時間也列入考慮，因為成本及收益分別發生在不同的年度，所以必須分別求取現值以利比較，即

$$PNV=B-C=\left[\sum_{t=1}^{43}\frac{B_t}{(1+i)^t}\right]\frac{1}{(1+i)^4}-\sum_{t=1}^{4}\frac{C_t}{(1+i)^t}$$

在此式中，B_t 代表每一年份的收益，即 $B_t=(Y_c-Y_h)_t$，$C_t=(C_1+C_2)_t$，而 i 代表貼現率（即利率）。若依式求出之 PNV 為正值，則這個學生將繼續接受四年教育。我們也可以令 PNV 為 0，然後求出 i，這時 i 代表投資報酬率。

計算教育收益的現在淨值，貼現率是估算現值的關鍵所在，因為貼

現率的大小會影響到現值的大小，二者關係極爲密切。

由於教育所產生的貨幣效益是因時日而逐漸累積的，所以在目前預期將來可能得到的效益（或金錢），要比現在實際所得之對應數額的價值爲小，（因爲一筆在未來可能得到的金錢，其現值是依靠貼現率而降低，利率或貼現率越高，預期在未來某一時期得到的金錢現值就越低，同樣的預期未來收入的時間愈遠，其現值也愈低），所以必須運用貼現方式求出教育產生的未來總收益的現值，以爲決定投資策略的參考。在表十三中表示按10％複利投資時，一塊錢（\$1.00）的逐年增大成長情形及其按10％貼現在所預期的未來時間內之現值。

表十三可歸納說明如下：

在式(一)中，金額（A），以複利（r）的利率投資（n）年，那麼，在到期當年的年底，將可增大達到 $A(1+r)^n$。例如，一塊錢（\$1.00）按複利10％投資四年，其增大情形則爲\$1$(1+0.10)^4=1,464$。

在式(二)中，金額（A）預定在（n）年年底，以貼現率（r）貼現，那麼，其現值爲 $\dfrac{A}{(1+r)^n}$，譬如：一塊錢（\$1.00）按 10％ 貼現，到第四年年底，其現值則爲 $\dfrac{1}{(1+0.10)^4}=0.683$。

所有收益現值必須考慮到未來收入流量的貼現，計算的目的，就是要將所預期的未來效益現值和必須在現在投入的成本作一比較。如果，某個投資計畫的成本一定要延伸到一定的年限，那麼，這些未來的收入，就必須使用貼現，使所有金錢價值，不問其成本抑爲效益都可以用它們的現值來表示。

但是教育投資效益的貼現率，卻不同於一般商業上或經濟上的貼現，因爲後者之投資需考慮到市場價格、風險、折舊等多項因素，同時商業上的投資僅以其貨幣效益爲鵠的，而教育投資不僅重視其金錢上的效

表十三　利率百分之十之複合成長及現值分析

年　數	每年年底投資$1.00之增值數額 （利率）	$1.00 相當現值的數額 （現值）
1	1,100	0.909
2	1,210	0.826
3	1,331	0.751
4	1,464	0.683
5	1,611	0.621
6	1,772	0.564
7	1,949	0.513
8	2,144	0.466

資料來源:

Mauseen Woodhall:

Cost-benefit analysis in education planning, IIEP. UNESCO.

Paris 1970. pp. 12

益，更強調個人與社會非金錢的效益。 其次， 教育投資係一連續性日積月累的事業， 因此， 它不是在看目前而是在看未來， 旣然以未來利益爲重， 貼現率就不宜太高， 而應比一般商業上或社會上貼現率低， 貼現率太高對於未來的利益是不利的。 一般社會貼現率是在百分之十左右， 故教育投資之貼現率以在百分之十以下爲宜， 至於在百分之十以下應採取何種貼現率， 則胥視各國經濟發展的情況而定， 根據經驗分析， 各國之間多採百分之六至百分之八之間的貼現率㉑。

貼現率的上限旣然定在百分之十以內，其下限又應以何種尺度爲準，也值得考慮，貼現率的下限也不能定得太低， 如果定得太低， 一方面是

㉑　根據薩查波羅 (G. Psacharopoulos) 蒐集三十二個國家的資料，發現極少數的國家其教育收益的折現率在百分之十以下， 但也不會低於百分之五， 通常訂在百分之六——八之間。
　　原文請見: G. Psacharopoulos: Returns to Education, Elsevier Scientific publishing Company, 1973, p. 62.

教育投資後的效益無法顯見，再方面很可能導致教育資源分配的錯誤，使原來可以獲得高利益的投資資源分配到低利益投資方面，造成資源分配的不當與損失。我國在計算第三次（民國六十六年）投資收益率的時候，曾試用現在淨值及效益成本兩種方法估算，即採用多種貼現率（0.03、0.05、0.09）分別求出個人及社會的邊際教育收益。旨在避免應用一種貼現率可能造成的偏差，而決策者亦可根據不同貼現率所顯示的收益價值以決定投資策略之選擇。

二、效益成本比率 (benefit-cost ratio)

效益成本比率是按某一特定的利率計算出已貼現的未來效益對已貼現的成本比率。因此，成本與效益的值即須視貼現率的選擇而定。其計算公式有如下式：

$$B/C = \frac{\sum_{t=1}^{n}\frac{B_t}{(1+r)^t}}{\sum_{t=1}^{n}\frac{C_t}{(1+r)^t}} \text{（即用效益的現值除以成本的現值）}$$

B/C　表示效益成本比率

　n　表示工作年數

$$\sum_{t=1}^{n}\frac{B_t}{(1+r)^t}\text{表示效益的現值}$$

$$\sum_{t=1}^{n}\frac{C_t}{(1+r)^t}\text{表示成本的現值}$$

　r　表示貼現率

　t　表示時間

在上項公式中，若計算出效益成本比率是等於 1 時，即表示效益現

值等於成本現值。因此效益成本比率的值必須等於1或大於1，才是有利的投資。用效益成本比率來測定收益率,最主要的問題是貼現率的標準應如何確定，如果貼現率低，其效益成本比率自愈高，故貼現率的平均數值應定為多少，卻是一項可資爭論的事實，事實上，在不同的時間,不同的地區或國家，都可能會有不同的答案,這也就是此法缺點之所在。

效益成本比率法的優點，是在一定的預算下，經由簡單的比例，可以推算出教育收益與成本的比率若何； 或在資源限制下， 可以測定出教育收益現值的多寡。決策者可以據此比率決定各級教育發展的優先順序。

三、內部收益率 (Internal rate of return)

內部收益率的計算方法與效益成本比率法不同，此法不必事前考慮貼現率(因為內部收益率亦卽是貼現率，本身就是投資決策所求的標的)。貝克(Gray Becker) 曾逕將增受教育之後預計將來能多賺的所得與因多受這種教育目前所需支付的成本加以比較，看看其間須以怎樣的百分率與前者相乘而後才能使二者歸於相等。此一百分率就稱之為內部收益率。如果此一內部的收益率大於從事其他投資所獲得的，當然是有利，反之則否，其計算公式可以下面二種等式表示:

式(一)為
$$\sum_{t=1}^{n} \frac{B_t}{(1+r)^t} \ = \ \sum_{t=1}^{n} \frac{C_t}{(1+r)^t}$$

(此式表示效益現值等於成本現值)

兹以高等教育為例，其成本為四年在學的直接費用 (C_1) 和捨棄所得的收入 (W_1)，其效益為大學畢業後的薪資收入 (W_2) 與中學畢業生收入 (W_3) 的差異，另外假定大學畢業後， 每學生可以工作四十三年，直到六十五歲為止， 則高等教育的投資收益率 (r) 卽可運用下列的公式:

$$\sum_{s=-3}^{o} (C_1+W_1)_t (1+r)^{-t} = \sum_{t=1}^{43} (W_2-W_3)_t (1+r)^{-t} \cdots\cdots(1)式亦卽等於$$

$$\sum_{s=-3}^{o} \frac{C_t}{(1+r)^t} = \sum_{t=1}^{43} \frac{B_t}{(1+r)^t} \cdots\cdots\cdots\cdots\cdots\cdots\cdots\cdots\cdots\cdots(2)$$

上列公式中，式(1)在數學上如此寫法極易產生誤解，故以式(2)爲佳，在式(2)中，左邊爲成本，右邊爲效益。所有成本累計到零年（畢業年度）爲止，所有效益亦貼現到同一年，其情形如圖十一所示。依此方法計算，卽可以求出各級各類教育階段的收益率。

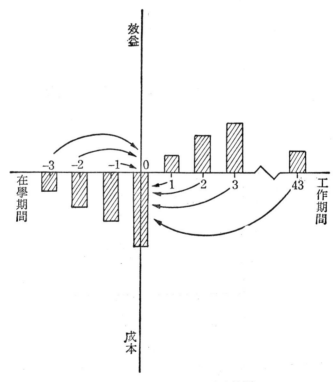

圖十一　成本——效益比較圖

資料來源: G. Psacharopaulos: Return To Educations, Jossey—Bass Inc. 1973. pp. 21

除式㈠外，尚可用式㈡表示：

$$\sum_{t=1}^{n}\frac{B_t-C_t}{(1+r)^t}=0 \quad \text{（此式表示以效益現值減去成本現值等於零）}$$

在式㈡中，r為內部收益率，B_t代表在t年時之所得差異，C_t代表該階段教育的成本，t_{1-4}代表受教者年限，n代表工作年數，例如計算大學畢業生的內部收益率，即以$\sum_{t=1}^{47}\frac{B_t-C_t}{(1+r)^t}=0$即可求出。

貳、教育收益率之比較研究

教育收益率是提供教育投資相對利益的一種計量標準，在應用上，單獨呈現時，因可以顯示教育收益的事實，但若再能與其他資料作比較的研究，其意義尤為顯著。一般來說，收益率可以作下列幾種形式的比較：

一、比較教育投資與其他形式之社會投資的收益率

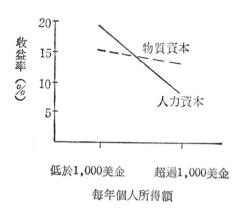

圖十二　按經濟程度分之物質資本與人力資本的社會收益率

資料來源：G.Psacharopoulos: Returns To Education, Elseuier Scientific Publishing Company, New York, 1973. pp. 8

　　教育投資收益率若與其他形式之社會投資（物質資本投資）的收益率作比較研究時，我們發現按經濟發展程度的不同，二者之間的收益率會有很大的差異。研究所得結論，在低度開發國家（less—developed）中，由於對人力資本的需求甚殷，教育投資平均收益率為 19.9％，比物質資本平均收益率 15.1％ 為高，但在已開發（developed）國家中，其人力資本已投資至相當程度，故教育投資的收益率為 8.3％，低於物質資本投資的 10.5％。此兩種資本收益率的關係，如圖十二所示。

　　甘利柯（K. Gannicott）於民國六十二年從事我國教育投資收益率之分析時，男性平均之社會收益率為 16.5％，女性平均為 12.4％❷，此一收益率若與政府其他建設之收益率相較（請見表十四），一如已開發國家，顯然也有偏低現象（不過吾人惟需注意者，甘氏所列政府其他建

表十四 中華民國物質資本收益率分析

計　　畫　　名　　稱	收　益　率　（％）
(1)南北高速公路	22
(2)臺北鐵路移置工程	26
(3)花蓮港加深工程	12
(4)臺北—楊梅高速公路	25
(5)鐵路電氣化	12—25
(6)興建鋼鐵廠	21
(7)擴建鋁廠	27
(8)石油工業	17
(9)建造遠洋漁船	10

資料來源: 甘利柯（K. Gannicott）：臺灣教育投資收益率之分析，行政院經合會（今經濟建設委員會前身）編印，民國六十二年七月，頁49（英文部份）。

───────────────

❷　經合會人力發展工作小組:「臺灣教育投資收益率之分析」，民國六十二年。

設之投資收益率多爲預估數字，故比較時不可不愼）。這說明我國近二十年來的教育投資已儲存了頗爲可觀的人力資本，故教育投資之收益率可能已不若物質資本投資，今後應對投資之類別宜適時調整，期以避免因投資策略的偏失所造成的浪費。

二、比較各國間不同教育程度個人與社會的收益率

　　不同教育程度和不同國家的個人與社會收益率，在表十五中列有三十二個國家的教育收益率，計算個人及社會收益率，又可以初等、中等，及高等分別計算，一般來講，無論初等、中等，及高等教育，其個人收益率要比社會收益率爲高。但進一步研究，個人與社會收益率卻有隨著教育程度而遞減的現象。首先看個人收益率，從圖十三顯示接受初等教育者其收益率爲 23.7%；中等教育者爲 16.3%；高等教育者爲 17.5%，在社會收益率方面，接受初等教育的收益率爲 19.4%；中等教育爲13.5%；高等教育爲 11.3%。雖然收益率隨教育程度而減低，但個人收益率要比社會收益率高出 2.6%。這種現象發生的原因是，當計算個人收益率時，由於個人所負擔的成本項目增加的較少，故收益率相對提高，而計算社會收益率時，政府負擔的成本項目增加的較多，在此未考慮外部效益（external benefit），所以社會收益率偏低，這種情形，在開發中國家比已開發國家相距更多，其原因主要是開發中國家政府對教育的補助負擔較重之故。

表十五　不同教育程度和不同國家的社會與私人收益率分析

國　　別	年度	社　會　收　益　率			私　人　收　益　率		
		初等教育	中等教育	高等教育	初等教育	中等教育	高等教育
美　　　國	1959	17.8	14.0	9.7	155.1	19.5	13.6
加　拿　大	1961	…	11.7	14.0	…	16.3	19.7
波多黎各	1959	17.1	21.7	16.5	大於100.0	23.4	27.9
墨　西　哥	1963	25.0	17.0	23.0	32.0	23.0	29.0
委內瑞拉	1957	82.0	17.0	23.0	…	18.0	27.0
哥倫比亞	1966	40.0	24.0	8.0	大於 50.0	32.0	15.5
智　　　利	1959	24.0	16.9	12.2	…	…	…
巴　　　西	1962	10.7	17.2	14.5	11.3	21.4	38.1
英　　　國	1966	…	3.6	8.2	…	6.2	12.0
挪　　　威	1966	…	7.2	7.5	…	7.4	7.7
瑞　　　典	1967	…	10.5	9.2	…	…	10.3
丹　　　麥	1964	…	…	7.8	…	…	10.0
荷　　　蘭	1965	…	5.2	5.5	…	8.5	10.4
比　利　時	1967	…	…	9.3	…	…	17.0
西　　　德	1964	…	…	…	…	…	4.6
希　　　臘	1964	…	3.0	8.0	…	5.0	14.0
土　耳　其	1968	…	…	8.5	…	24.0	26.0
以　色　列	1958	16.5	6.9	6.6	27.0	6.9	8.0
印　　　度	1960	20.2	16.8	12.7	24.7	19.2	14.3
馬來西亞	1967	9.3	12.3	10.7	…	…	…
新　加　坡	1966	6.6	17.6	14.6	…	20.0	25.4
菲　律　賓	1966	7.0	21.0	11.0	7.5	28.0	12.5
日　　　本	1961	…	5.0	6.0	…	6.0	9.0
南　　　韓	1967	12.0	9.0	5.0	…	…	…
國	1970	30.5	13.0	11.0	56.0	14.5	14.0
夏　威　夷	1959	24.1	4.4	9.2	大於100.0	5.1	11.0
奈及利亞	1960	23.0	12.8	17.0	30.0	14.0	34.0
迦　　　納	1967	18.0	13.0	16.5	24.5	17.0	37.0

肯　　亞	1968	21.7	19.2	8.8	32.7	30.0	27.4
烏干達	1965	66.0	28.6	12.0	…	…	…
北羅德西亞	1960	12.4	…	…	…	…	…
紐 西 蘭	1966	…	19.4	13.2	…	20.0	14.7

資料來源: 同圖十二，頁62。

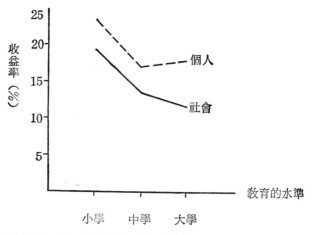

圖十三　各級教育投資個人與社會收益率比較圖
資料來源: 同圖十二，頁6。

　　嚴格的說，比較各國間社會與個人的收益率，價值不大，困難亦多，其一爲各國間三級教育程度間的差異很大，例如：在英國，中等教育修業年限爲七年，而在美國，則祇有四年。但若以修業年限爲分類標準卻又不適合，亦無必要。因爲在各國中受雇者之價值係以是否完成該級教育程度爲準，假如這種假設是正確的，則收益率的比較，應以修業完成(畢業)爲衡量標準。其二爲各國收益率資料年份的不一致，那麼，在比較上卽殊無意義。其三爲各國收益率計算的方法不一致,合理的說，所有社會收益率的計算，應用扣除所得稅前之所得爲計算標準，而個人收益率，應以扣除所得稅後的資料來計算，但據薩查波羅 (G. Psacharopoulos）所蒐集的表十四中所列資料，如委內瑞拉、哥倫比亞、希臘、奈及利亞、 以及迦納等國的個人收益率是按未扣除所得稅時之資料計算，因此，會導致個人收益率的高估。甚而有些國家（如希臘、哥倫比亞）在計算個人收益率時，其成本數額僅考慮到機會成本而已。

　　薩氏為彌補比較不同教育程度和不同國家社會與個人收益率的困難及缺點，乃計算出各級教育之平均收益率與標準差（見表十六）。平均

表十六　不同教育水準的平均教育收益率分析

教　育　程　度	收　益　率（百分比）	標　準　差	觀察國家數
社　會　收　益			
初　等　教　育	25.1	19.1	19
中　等　教　育	13.5	6.8	26
高　等　教　育	11.3	4.7	28
私　人　收　益			
初　等　教　育	23.7	9.4	8
中　等　教　育	16.3	8.4	21
高　等　教　育	17.5	9.7	25

資料來源：同前，頁65。

社會收益率在初等教育方面是 25.1%，中等教育為 13.5%；高等教育為 11.3%。平均個人收益率則分別為23.7%、16.7%、及17.5%。由上項數字得知，在初等教育與中等教育間收益率的差距（斜率）比中等教育與高等教育間之收益率為大。大體而言，初等、中等、與高等教育的收益率謹呈一種「U」字型態，即在初等教育階段最高，中等教育遞減，至高等教育又迴升。

　　至於標準差的數字，約為平均估計收益率的一半。這就是說有三分之二的學生，其投資收益率介於 50% 至 150% 之間。例如，表中高等敎

育畢業生的社會收益率，即介於 6.6% 至 16% 之間 (11.3±4.7)，薩氏認爲此一差距範圍在比較或計算不同國別收益率時均可適用。

三、比較不同類型學校教育之收益率

在一國之中，究應加強職業教育或普通中學教育，迄今仍無定論，根據薩氏所得資料顯示，各國的資料出入很大，致無法求出一個準則。例如：就哥倫比亞言，無論男性、女性、社會或個人收益率，職業教育之收益率較普通教育爲高（請見表十七），這是因爲受職業教育者身有一技之長之故，但也有例外情形，如菲律賓、泰國、及土耳其，顯然相反。

表十七 普通教育與職業教育收益率分析

國　　　別	中　等　教　育		收　益　率　類　型	
	普通教育	職業教育		
哥 倫 比 亞	26.5	35.4	男性	社會收益率
	34.3	52.5	男性	個人收益率
	13.5	39.8	女性	社會收益率
	16.0	54.7	女性	個人收益率
菲　律　賓	21.0	11.0	社會收益率	
	28.0	11.5	個人收益率	
泰　　　國	9.0	−6.2	社會收益率	
	10.0	−2.0	個人收益率	
土　耳　其	24.0	22.0	個人收益率	

資料來源：同前，頁70。

關於我國普通中學與職業學校投資收益率之比較，根據歷次研究資料顯示，一般趨勢是職業學校高於普通高中(請見表十八)。探其原因是近年來經濟活動對高職畢業生之需求量大爲提高，也可以說是職業教育已受到社會上普遍的重視，故職業教育的收益率普遍高於普通高中。對

表十八　中華民國普通教育與職業教育收益率分析

年　　　度	研究單位或研究者	普通中學收益率	職業學校收益率	收益率之種類
民國六十一年	陳瓊姿			
	(1)採貼現率7%	6.77	9.14	
	(2)採貼現率10.75%	5.31	5.44	
	(3)採貼現率12.5%	4.03	4.88	
民國六十二年	教育部			
	教育計畫小組	12.6	13.2	男性社會
		12.7	13.2	男性個人
		10	9.7	女性社會
		14.5	13.5	女性個人
民國六十四年	〃			
		12.9	13.6	男性社會
		13	13.7	男性個人
		7.3	8.6	女性社會
		7.4	8.7	女性個人
民國六十六年	〃			
		19	20.1	男性社會
		29.2	30.1	男性個人
		16.2	17.5	女性社會
		24.4	26.1	女性個人
民國六十六年	李建興	普通高中設置職業選科		
		7.1	22.3	平均個人收益
		7.4	22.7	平均社會收益

於此一現象仍值得作深一層的分析：其一、職業學校收益率雖然高於普通高中，但平均僅及1.3%，乃由於職業學校的成本高於普通高中甚多，而二者所得的差距並不很大，因此顯示其收益率極為接近。其二、在經濟活動中，普通高中畢業生尚為部份雇主所歡迎，是因為部分雇主認為

普通高中畢業生雖無就業技能，但經過短期訓練以後，並不較非技能科者之高職畢業生遜色，而他們所具備的普通知識又較高職畢業生爲多，故樂於雇用高中畢業生。其三、職業學校中商科所佔的比例仍重，此一類學生就業不易，致影響職業學校收益率之提高。其四、此亦顯示出高職畢業生在校所學仍不足適應就業之所需，與高中畢業生一樣，畢業後仍需經過短期訓練才能適任工作環境。其五、目前有部分高中，爲便於招收學生或解決其畢業後的就業問題，乃於高中內附設職業科，此一類型之收益率若與職業學校相較，相差甚鉅，僅及其三分之一，因爲此一類型之學生目標不明確，既不若普通高中以升學爲鵠的，亦不若職業學校以就業爲目標，故普通知識與職業技能均未盡理想，在就業市場中，此一類學生最不受歡迎，收益率偏低。政府今後對在普通高中設置職業選科，宜採審愼態度。

四、比較男、女不同性別之教育投資收益率

關於男、女不同性別之教育投資收益率，大體而言，大部份的男性教育收益率均高於女性（請見表十九），觀其原因，主要是由於女性勞動參與率較低，退休時間較早，以及受同樣教育做同樣工作女性報酬低於男性的緣故。但若進一步分析，發現依教育程度別，男女兩性的平均收益率，以小學教育程度差異最大，男性收益率爲16.3%，女性爲9.8%，二者相差6.5%，其次爲高等教育，各爲9.6%及7.2%，相差2.4%，而以中等教育程度者較低，各爲17.2%及15.5%，相差1.7%（請見表廿）。根據薩氏分析，認爲在小學教育階段相差最多，其主要原因是具有此一教育程度者不太爲社會所歡迎（特別是在已開發或部份開發中國家），故勞動參與率偏低。

表十九 各級教育男女性別收益率分析（％）

國　　　　　別	教　　　育　　　類　　　別					
	初　等　教　育		中　等　教　育		高　等　教　育	
	男　性	女　性	男　性	女　性	男　性	女　性
美　　　　　國	17.8	5.6	14.0	13.0	9.7	4.2
波　多　黎　各	17.1	17.2	21.7	20.9	16.5	6.3
哥　倫　比　亞	15.3	…	26.5	13.5	2.9	3.6
西　　　　　德	…	…	…	…	4.6	6.0
希　　　　　臘	…	…	3.0	5.0	…	…
肯　　　　　亞	21.7	7.1	23.6	19.5	…	…
馬　來　西　亞	9.4	9.3	12.3	11.4	10.7	9.8
紐　　西　　蘭	…	…	19.4	25.3	13.4	13.5
巴　　　　　西	17.9	38.6	…	…	…	…
新　加　坡	9.4	3.8	18.2	17.0	15.4	13˙7

資料來源：同前，頁69。

表廿 各級教育男女性別平均收益率分析（％）

教　育　類　別	男　　　性	女　　　性	差　　　異
初　等　教　育	16.3	9.8	6.5
中　等　教　育	17.2	15.5	1.7
高　等　教　育	9.6	7.2	2.4

資料來源：同前，頁69。

叁、教育收益率研究的結論

根據教育投資收益率的比較研究，可以得到下面幾項結論。

一、教育對大部份個人而言，仍是一項有利的投資

　　教育投資收益率若與其他形式之社會投資收益率作比較研究時，因按經濟發展程度的不同，其收益率並不一定會比社會投資收益率爲高，但是若就學生以及家庭的觀點而言，另外一些投資（例如：定期存款、購買房屋等），祇有5％至8％的利息。雖然商業上的投資，可能高到10％—15％之間，但卻有相當的冒險性。而教育投資後的內在收益率（包括社會及個人）平均皆在10％以上，極少數在10％以下，也不會低於5％，故教育這項投資對大部份個人而言，仍有相當充實的報償。此外，教育還有其它報酬，尙無法估算，甚而有人認爲計算教育的報酬率，姑無論社會與個人，都是低估了它的價值。

二、教育的社會收益率通常較個人收益率爲低

　　在各國教育投資收益率中，個人收益率大約比社會收益率高 2％至4％ 之間。這兩種收益率的差別在低度開發國家比已開發國家更爲明顯（請見表廿一），這顯示低度開發國家對於教育之需求甚殷，政府常採補貼政策，致個人成本甚低之故。

　　在美國，也有許多學者研究過這兩項報酬率的差異，他們是希納賽(Hineset)、漢諾克（Hanoch）及安克郝斯（Eckaus）等人。他們的研究結果雖略有不同，但都顯示個人的教育投資報酬率高於整個社會的報酬率。同時也顯示出教育的投資報酬率是漸減的，也就是說教育程度越高，其投資報酬率越低。這證實了「基礎教育的投資報酬率極高」的假設。表廿二及表廿三都可以說明這個事實❷ 。

---

❷　G. Psacharopoulos: "Investment in Education and Equality of Opportunity",in Educational Need in the public Economy, edited by K. Alexander and K.F. Jorden, University of Florida press, 1976, p.p.42-43.

表廿一　開發國家與開發中國家的社會與私人教育收益率的差異

國　家　類　型	教　　育　　水　　準					
	中　等　教　育			高　等　教　育		
	私人	社會	差異	私人	社會	差異
家	11.9	9.5	2.4	11.9	9.4	2.5
開發中國家	18.5	15.2	3.3	22.0	12.4	9.6
全　　　　體	16.3	13.5	2.8	17.5	11.3	6.2

資料來源：同前，頁67。

表廿二　美國1959年各教育階段投資報酬率之百分比

教　育　階　段	社　會	個　　　　　人		
	Hineset (1970)	Hineset (1970)	Hanoch (1967)	Eckaus (1873)
小　學	17.8	155.1	>100.0	31.5
中　學	14.0	19.5	16.1	4.0
大　學	9.7	13.6	9.6	12.0

表廿三　世界各教育階段平均投資報酬率

教　育　階　段	社　　會	個　人
初　等　教　育	>25	>50
中　等　教　育	14	16
高　等　教　育	11	18
研　　究　　所	1〜8	1〜10

三、教育投資的收益率隨著教育水準的提高而降低

根據實證研究的結果，大部份國家教育投資的收益率隨著教育水準的提高而降低。爲證實此一項事實，薩氏選用了十八個具有三級教育程度收益率的資料，依次排列如表廿四。在表中第一組資料顯示，在十八個國家中有十四個國家，初等教育的收益率爲最高，而最後一組中，有十個國家的高等教育收益率比其他二個階段教育程度的收益率爲低。

表廿四　選樣國家各級教育社會收益率的多寡次序

教　育　水　準	社　會　收　益　率		
	第　一　組	第　二　組	第　三　組
初　等　教　育	14	1	3
中　等　教　育	4	9	5
高　等　教　育	…	8	10

資料來源: 同前，頁66。

各國間個別的研究亦是如此，印度教育投資之社會收益率，男性方面，初等教育爲13.8%，中等教育爲12.4%，大學教育爲7.4%，㉔。在印度: 實物資本財的收益率爲17%-26%，因此若僅就對生產的貢獻這一點加以判斷，則削減教育投資，以增加實物投資，將較爲有利。

㉔　Firitz Machlup: Education and Economic Growth, University of Nebraska press, 1970, p.p. 46-47.

不同時期或年代的資料，亦反映出相同的事實，茲以美國高中與大學個人內在收益率爲例，發現自一九三九年至一九五八年間，高中個人之內在收益率恆較大學爲高（請見表廿五）。

表廿五 美國不同時期之個人內在收益率分析

教育程度 ＼ 收益率（%）時期	1939	1949	1956	1958
中　　　　學	16	20	25	28
大　　　　學	14.5	13	11.4	14.8

資料來源: R. Perlman: The Economics of Education, Mcgraw Hill Book Company, 1973. p.p.63.

至於個別年代的研究，漢生研究美國一九四九年男性之內在收益率，其結果有如表廿六所示:

表廿六 美國1949年男性內在收益率分析

收益率 ＼ 教育程度	八年小學	四年中學	四年大學
社　會　收　益　率	15	11.4	10.2
個　人　收　益　率			
1.繳　稅　前		15.3	11.6
2.繳　稅　後		14.5	10.1

資料來源: W. L. Hansen: Rate of Return To Investment in Schooling in The U. S. in M. Blaug (ed.): Economics of Education, Penguin Books, 1968, pp. 146-150.

教育投資收益率隨着教育水準而遞減，主要原因是各級教育的成本

（包括機會成本）不同所致。初等教育幾無機會成本的損失，並由於係全民教育，故成本多由政府負擔，收益率自屬偏高。其它各級教育，由於個人及政府所負擔的成本遞增，收益率相對降低。如圖十四所示，在一個貧的的國家，高等教育每年的成本是小學教育的八十六倍，而在富裕的國家則為十八倍。在成本的組成上，富裕國家高等教育的總成本，有53％是由於機會成本而來，在貧窮國家中，機會成本所佔的比例為34％。

其次，我們對於每級教育的價值，不能僅以「貨幣利益」作為衡量的標準。初等教育為國民義務教育之範疇，姑無論其收益率之高低，在政策上政府責無旁貸應將初等教育辦好。對於其他各級教育，除貨幣利益外，我們尚須考慮到它的「消費利益」，有關此點，下文當另加闡述。

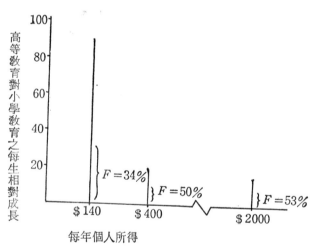

圖十四　各經濟發展型態中，高等教育與小學教育之相對成本分析圖
資料來源：同圖十二：頁14。

四、職業教育之經濟效益應較普通教育為高

雖然二者之間收益率之高低，尚無可靠證據，顯示孰優孰劣。但就

職業教育以就業為主要目標而言，其所得效益應較普通教育為高。大部份研究資料亦證明此一事實，在中等教育階段，考夫曼(J. J. Kaufman)所作研究，發現無論從教育收益現值或教育內在收益率方面來比較，均說明職業教育的收益率應優於一般普通中學或綜合中學㉕。

雖然在部份國家中，如菲律賓、泰國等，顯示職業教育的收益率低於普通中學，但因資料不全，無從作進一步之分析，以窺識其真貌。據推測，可能係該等國家仍然忽視職業教育的特殊地位，致未能發現其價值。然從理論方面及部份學者研究的實例中，當可看出職業教育，除了升大學因素不計外，顯然較普通教育有利得多。

肆、教育收益率的正確意義與認識

教育收益率的衡量係以直接的經濟利益為依據，雖然其他因素也被考慮而作為修正的指標，但在理論及應用上，仍有其缺失。因此，若應用收益率作為測定教育投資的利得標準，應持如下看法：

一、個人對於教育的選擇，並非依收益率的大小而決定。故私人收益率之於個人，不能僅從表面收益的數字來衡量，社會收益率對於教育決策的作用亦非絕對標準，因為政府除了期望藉教育促進國家經濟成長外，尚有其他非經濟的目的有待教育去實現。

二、教育的收益不應過份強調其貨幣性價值

教育投資收益除了能夠得到貨幣性的報酬外，而且還有一些非貨幣性的利益可以享受。事實上，其貨幣性報酬的測定亦未必準確，因為收益率的計算，係採用橫斷年齡收入資料，以測量與某類某級學校教育相關聯之個人一生收入，因而無法把握在連續時間上的教育發展，也就忽

㉕　Jacob J. Kaubman: A Cost-Effectiveness Study of Vocational Education, Pennsylvania State University, 1969, p.p. 171-172.

視了此種成長對個人所得差異的影響，再者，收益率的估量係由過去的資料反映未來的趨勢，此一預估數字，致難求其正確。

對於教育之非貨幣性利益如何在收益率中表達出它的差異，這顯然是一個不容易處理的問題。不過，我們可以確認的一點事實，一國中接受教育的人愈多，則對於法律與秩序之維持，及政府之安定當有所貢獻；就個人言，增受教育以及對職業的選擇機會，對生活內容的充實，對配偶的選擇，對未來子女的教育，以及個人在社會中所享受之聲望，均較未受教育以前增進了許多，這一些非貨幣性的收益，雖然難以用貨幣表達，但卻不容我們忽視它的價值。

三、教育的「消費利益」不容忽視

計算教育收益率忽視教育的消費利益和各種職業的非貨幣性價值，這是收益率方法易受批評的地方。因為教育投資除了能夠增加個人潛在的經濟生產力以外，同時還有一些消費利益在裏面。諸如，有許多人認為求知本身就是一種樂趣，可以滿足個人的精神生活，可以陶冶個人的性情、人格，這種消費利益的獲得並沒有在收益率中反映出來。同時，教育所提供的消費利益還是長期性的，因為它可以使人學到許多對其身心都有裨益的活動，產生許多對於事物的興趣，而成為畢生幸福的泉源。但在收益率中也沒有對於教育的這種貢獻加以計議。由此可見，收益率所表達的只是教育所發揮的部份功能，而非其貢獻的全部。

教育投資收益應重視其消費利益，許多經濟學者亦多表贊同，但是，這種消費利益如何計算在收益率內，卻值得討論。對於消費利益的計算，經濟學家提出二種補救方式：其一是在教育成本中減去抽象的消費因素，其二是在貨幣性收益中設法增加其消費利益，這兩種方法，皆可以增加教育的投資效果。

對於第一種方法，蘇爾滋主張對教育成本中之屬於消費的部份先予

以確定，然後將之從教育成本中減去，這樣自可得到一個完全代表投資
的數字。以這一數字爲基礎，再配以所得資料，就可以求出教育投資中
純屬貨幣性收益率的部份❷。蘇氏這種方法，亦有其困擾，因爲在教育
成本中何者是屬於消費部份根本就很難估計，原因是在個人接受教育的
過程中，一方面固爲未來職業預作準備，再方面亦在享受求學的樂趣，
所含的投資與消費二種成分都是混合在一起的。

　　在這種情形下，鮑文（W. G. Bowen）提出第二種方法，即設法
在貨幣性收益中增加其消費利益。鮑文認爲最合理的進行方法是對教育
所提供之消費利益用貨幣加以明確的估計，然後將這一數字加進教育的
貨幣收益中，而以之與總成本相比較，期能由此而探知那一類的教育投
資最有價值❷。但是接着下來的問題是這種消費利益，究應如何用貨幣
表示或計算呢？這顯然又碰到與蘇爾滋所假設的一樣，仍是一個難以解
答的難題。

　　從以上分析，我們當能瞭解對於教育利益之計算，目前仍有其困
難，在沒有研究出一個妥善的方法以前，我們在計算教育的收益時，除
重視教育的貨幣性利益外，對於教育的消費利益亦應儘量考慮在內。

四、薪資所得並不能完全表達出教育的價值

　　任何行職業皆有其非金錢的吸引力和拒斥力，而薪資的結構常依此
而調適。有時，非金錢的吸引力亦誘使個人對職業的選擇。在這種情形
下，以薪資所得來衡量教育的價值，即非確切。故薪資所得僅能代表個
人收益的一部份，而不能完全表達出教育的價值。

---

❷　T.W. Schultz: Investment in Human Capital, American Econo-
mic Review, VOL. 51, No. 4, 1961, p.p. 12-13.

❷　同❼，p.p. 89-90.

第四節　我國教育收益率的分析與檢討

　　我國對於教育收益率的分析，爲時較晚，期間雖亦有部份專家學者從事此一方面的研究，但多未能建立起連續性的資料。由政府有關機構主動的探討此一課題，應自民國六十一年起始，該年英籍教育經濟學專家甘利柯氏（Kenneth Gannicott）在華搜集有關我國投資收益率的資料時，即利用勞動調查研究所在民國六十一年從事勞動力調查時作附帶調查，所獲就業人口之教育程度與所得資料，分別按個人及社會對教育投資觀點，研究其受益之情形。但其所用方法與結果較爲粗略，所得結論亦有待進一步的證實。教育部教育計畫小組成立後，爲建立教育與所得之相關資本，作爲今後研訂長期教育發展計畫之參考，仍延用甘氏之方法，於民國六十三年四月份勞動力調查時作附帶之追蹤調查，第二次調查所得之結果，雖較前次進步甚多，但尚有若干缺點有待改進，諸如樣本之選樣、問卷之設計、內容之分析，均應再求充實，故於民國六十五年作第三次之調查研究。茲將此三次研究之內容與結果作如下之分析。

壹、調查研究之一般概況

　　1.樣本之選取：前二次調查研究因係委請臺灣省社會處勞動力調查研究所（以下簡稱勞調所）於勞動力調查時作附帶之調查，勞調所之抽樣設計，臺灣地區之抽出率爲千分之二。第一次教育投資收益率之研究，勞調所取樣四、一四六份（其中男性受雇者二、九三九份，女性受雇者一、二〇七份），以教育程度分，其中具有中等以上教育程度者不到一千份，高中教育程度者二〇二份，高職二七八份，二專三十份，三專

三十九份，大學及獨立學院一四五份，至第二次調查時，樣本數雖已增至五、四三八份（其中男性三、六七五份，女性一、七六三份），在教育程度方面，具有中等以上教育程度者一、四五一份，高中教育程度者四三一份，高職四八六份，二專七八份，三專四十份，五專七十一份，大學及獨立學院三四七份。以上項所得樣本很難分配於各行職業，各年齡組，各教育程度，作多因素分析，並使樣本具有代表性。故於第三次調查時，決定就全省所有小學二、三七六所中以隨機抽樣法（Random number method）抽出樣本學校三百所，並以小學五年級學生家庭爲對象發給調查表，請學生交給與其共同居住且在該縣市工作，具有高中（職）以上教育程度之經濟活動人口填寫。收回後經過整理，可用者計一○、二五○份，在此一樣本數中，具有高中教育程度之勞動人口有二、一八二人，具有高職教育程度之勞動人口有四、三七五人，具有大專及研究所教育程度之勞動人口有三、六九三人，三者之比例爲廿一：四三：卅六，此一比例與臺灣地區六十六年一月份勞動力調查報告所顯示之高中、高職、大專及研究所所佔勞動人口之比例（廿一：四八：卅）非常接近。

　　2.教育成本之計算

　　（1）個人成本資料之計算：個人成本係直接成本加間接成本（隱藏性成本與機會成本之和）而得，在直接成本方面，國民中小學因係基本教育，國小不收學雜費，國中不收學費，因此，前後三次調查分析中，僅按政府規定之其他有關費用予以計算；私立中小學則以部定收費標準爲依據。至於高中、高職、專科及大學之直接成本資料，部份根據收費標準，其不足者，則從實際調查資料中求得，上項資料整理分析後，分別求出各年級男女生之成本資料。

　　關於間接成本之計算，有關隱藏性成本部份，在三次調查中，國小

只開列學後繳納之工藝材料費及簿本文具費，國中的學區範圍因較國小為大，因而多列交通費一項。至於其他隱藏性成本，如伙食費、時裝費等，因此一階段兒童尚無工作能力，不能獨立生活，無論在學與否，均需接受扶養，故不能計入教育成本之內。高中（職）以上學校學生之隱藏性成本，由於此一階段之學生，若不求學，則可參加生產行列，故所需計算之隱藏性成本項目也較國中、小為多。由於學生上學期間，有通學、住校或租賃房屋之情形，為避免房租及交通費等費用有重複計算成本之情形發生，例如：住校學生通常無須支付交通費，而通學生（住家中者）也無須支付房租，故計算此二項費用時，採用平均分攤方式。至於伙食費方面，因無論在學與否，均須支付此一費用，故除了求得平均每生伙食費外，再乘以五分之二，調整伙食費，做為教育成本。隱藏性成本中所包括之其他如圖書文具、服裝、實習材料及補習費等項目，並非人人都有此類費用，且因人不同成本也可能有所差異，有時相距甚大，為求具有一般代表性起見，亦以平均分攤之方式求其平均數。

至於機會成本之計算部份，在國民中小學方面，由於此一階段學生年齡均在十五歲以下，依勞工法之規定，不能參加生產行列，故無機會成本可言。而國民中學以上各級學校之畢業生，因升學而失去就業機會，在計算其機會成本時，係以各該年齡從事工作時所應得之報酬為標準（第二次調查係根據第一次所得資料，並以該年物價指數變動因素調整之，第三次調查則延用第二次調查方法計算），同時調整其失業率及生命率而求得。

綜合以上三項資料（直接成本、隱藏性成本、機會成本），即可計算出我國公私立各級教育之個人成本。

（二）社會成本資料之計算：社會成本係個人成本加上公共成本（即經常支出與資本支出之和，減去重複計算之費用包括學費、雜費、課

業費、教學材料費、圖書費、及體育衞生費等六項）。本項資料之獲得，其經常支出數額，係依據各級學校定期報部表格中有關「經常性教育經費支出數額」除以學生人數而得。其資料支出之計算，乃根據現有之調查資料，諸如「臺灣省中小學教育調查報告」，及「大專院校校舍校地面積調查分析報告」等，獲知各級各類學校學生平均分擔之設備及圖書購置等費用，蓋因此一費用，即爲資本支出之主要項目。

3.收益率之計算方式

英籍教育經濟學專家甘利柯作第一次教育投資與收益率調查分析時，以內在收益率計算其收益，第二次調查時亦採用同一公式，其公式爲:

$$\sum_{t=n}^{65} \frac{B_t - C_t}{(1+i)^t} = 0$$

式中 B_t 表示某一年齡階段二相鄰教育程度之所得差異（如大學生比高中生在某時能多賺的錢）。C_t表示該階段教育的成本（C_t 中 t 自 1開始計算至該階段教育年限爲止，B_t 中之 t 的數值是C_t的連續）。

本文於第二節中曾述及，計算收益率除用內在收益率計算外，尚可採用效益成本比例（Benefit/Cost Ratio）及現在淨值（Present Net Value）二種方法，在前二次調查中因限於人力與財力的限制均未予採用。教育計畫小組於民國六十五年從事第三次調查時，爲嘗試此二種方法所得的結果，並比較與第一種方法可能的差異，及提供多重資料供決策者（包括學生、家長及政府）作教育投資的參考。故以三種不同的方法計算其收益率。同時爲使資料供決策者作多方面參考之需要，除計算出平均教育收益外，並特別將邊際教育收益率（Marginal rate of Return）一併算出。平均教育收益是以學童開始入學的年齡爲基年；一切的利益及成本的折現均以六歲爲準。邊際教育收益則用畢業年齡爲

基年，因此，在求邊際教育收益時，上述三種方法之公式卽略改爲：

$$內在收益率 = \sum_{t=1}^{n} \frac{B_t}{(1+i)^t} - \sum_{j=1}^{K} C_t(1+i)^{k-(J-1)} = 0$$

$$效益成本比例 = \sum_{t=1}^{n} \frac{B_t}{(1+i)^t} \Big/ \sum_{j=1}^{K} C_t(1+i)^{k-(J-1)}$$

$$現在淨值 = \sum_{t=1}^{n} \frac{B_t}{(1+i)^t} - \sum_{j=1}^{K} C_t(1+i)^{k-(J-1)}$$

有關平均教育收益的收益部份，係由調整後各級教育程度的所得爲標準；其成本部份，則由入學年齡起算至畢業止所有成本均包括在內。

至於邊際教育收益則不然，其收益部份係將各級教育程度調整後的所得減去前一級教育調整後的所得而獲得的。其成本部份則以各級教育的受教年限爲準，如大學四年，高中三年等。

最後，關於效率成本比例及現在淨值之計算，所採用貼現率的問題。試如前節所述，貼現率若訂得過高，將對未來投資略顯不利。同時，也會使教育收益現值及成本效益值顯得過低。因之，本計算採用一般學者所採用的方法將貼現率定在百分之十以下。再者，學生、家長、及政府有關教育決策人員之主觀利率常不一致；部份人士主張應高，部份人士主張應低，爲了滿足多方面的需要，使研究資料更具參考價值起見，計算中乃採用不同的貼現率貼率。它分別是百分之三、百分之五及百分之九三種貼現率來計算。

貳、各項因素與所得分配的關係

對於教育程度的所得分配是用以下的方式計算求得的。首先，將搜集來的資料配成四條迴歸方程式，第一條迴歸線只包括教育程度和所得二個因素在內，第二條迴歸線是教育程度、所得與年齡等三個關係，第

三條迴歸線是再加入父親職業和籍貫等因素，第四條迴歸線再加入自己
行職業之因素在內。

　　下面是所採用的最小平方迴歸係數方程式：

$$Y = b + b_1 x_1 + b_2 x_2 \cdots\cdots + b_k x_k + e$$

式中 Y 代表月收入，　　　$x_1 x_2 \cdots\cdots x_k$ 代表獨立變數。

　　　e 是極小誤差

　　從上面四條迴歸線，我們求出影響所得因素的各項變數，如表廿七
所示：

表廿七　影響我國所得因素的各項變數

調查期別 變　數	民國六十一年 (1972)	民國六十三年 (1974)	民國六十五年 (1976)
教　　　　　　育	0.31	0.21	0.01
年　　　　　　齡	0.15	0.07	0.02
父　親　地　位 （包括教育程度、經濟狀況及經社地位）	0.02	0.12	0.17
行　職　業　的　差　異	0.05	0.26	0.18

資料來源：根據教育部教育計畫小組「我國教育投資及其收益率」一、二、三次調查
　　　　　所得資料。
　　　註：1.上項各變數均係男女平均後而得。
　　　　　2.民國六十五年資料係指高中以上之教育程度者，不包括國小及國中在內。

　　在上表中所列資料係以包含各種影響「所得」之因素而配成的迴歸
方程式，茲分述如下：

　　1.「教育程度」因素對個人「所得」的影響。依據表中第一欄資料

顯示，得知「教育程度」對「所得」差異的影響已逐年減低。此一情勢
與已開發國家的發展趨勢頗爲類似。薩查波羅氏(G. Psacharopoulos)
研究各國的資料發現，在低度開發國家中，由於教育水準低落，人民普
遍缺乏知識，故受教者程度的不同，將對其所得有顯著的差距，但在開
發中國家，教育程度對所得的影響則僅及一半左右，至於已開發國家，
由於人民接受教育的程度已頗爲接近，因此教育程度與所得間的相互關
係即不大㉘。近二十年來，政府對於教育事業的重視，已使國民的教
育素質普遍提高，此一因素對所得差異的影響，即不若以前那樣重要
了。但是進一步分析，我們會發現，不同教育程度類別；尤其是研習類
別，畫分愈詳細，則所求得的「判定係數」R^2愈高，此足以說明個人所
習的「科系」對未來就業時「所得」的高低有頗大的影響。一般言之，
與經社發展有關之科系就業較易，且屬技術性之科系，其所獲報酬亦較
高，故今後對科系之設置，姑無論就個人與國家之觀點言，均應審愼考
慮，才不致造成投資之浪費。

2.「年齡」因素對個人「所得」的影響。從第二欄資料來看，年齡
對個人所得的影響亦呈遞減趨勢。若以「年齡」與「教育程度」二項因
素對「所得」的影響作一比較的話，可以看出目前影響「所得」差異的
因素，主要的還是「教育程度」。若就「年齡」一項因素細分之，對未
受教育者言，在此一組中，所得最高的，男性是三五至四四歲（平均工
作年齡是四四歲），女性是三〇至三四歲（平均工作年齡是三八歲）。
究其原因，顯係此一組之人口，他們的工作能力以體力爲主，而此一階
段亦正是此一年齡組人口體力最旺盛的時候，故其所得較高。

對國小畢業者言，在最初幾年，由於剛入工作行列，故經驗較之前
一組之人爲少，所得也較低，但經過幾年之後，所得即比前一組人力增

㉘ G. Psacharopoulos: op, cit., p.p.5-15.

加許多，平均最高所得之年齡組在四五至五四歲間，女性資料，因受家
務之影響，所以與男性資料之趨勢不盡相同。

對國中畢業與高中畢業者言，自他們經濟基礎穩定後至六五歲退休
爲止，其間除了工作能力最高的一組年齡組（男性三〇至三四歲，女性
三五至四四歲）所得最高外，其他每年均能保持一定的收入。

對職校及大專院校畢業者言，就資料之趨向來說，此類具有技術能
力之工作者，其所得隨年齡之增加及經驗之累積而年有增加，其增加的
幅度亦較前幾類爲大，這也是整個經濟活動中最重要的一組人力。

3.「父親地位」因素對個人「所得」的影響。父母親的教育，經濟
狀況，及其經濟地位，常會影響子女接受教育以及就業機會的選擇，間
接亦影響子女受教育後的所得利益。非僅如此，最重要的是在就業前，
如果有良好的家庭環境，當可增加其升學的機會，接受較高一層的教
育，因此其「判定係數」近年來有增加的趨勢。以民國六十三年爲例，
「判定係數」R^2男性爲 0.3427（或34.27%），較之教育程度及年齡等
二項因素均高。

4.「行職業別」對個人「所得」的影響。若將四條迴歸線加以比較
分析，很明顯的，我們可以得知若僅就教育水準與所得二項言，教育水
準對所得之影響已不像以前那麼大，同樣地，年齡與家長職業之因素對
一個人所得的影響也大爲減低。就我們目前的情形來看，影響「所得」
差異最大的是個人從事工作的性質與其服務機構本身的性質（行職業
別），而這都與他本身所受的教育類別（科系別）有很大的關係。一般
言之，收入最好的是受僱於金融業，工商業中從事經理或行政管理工作
者，而在男女受僱者中，男性所得之差距又比女性所得之差距爲大，這
是因爲此種行職業主要是以男性爲主的緣故。

叁、各級教育收益率的分析

　　教育部教育計畫小組於民國六十一年及六十三年從事我國教育投資及其收益率之調查研究時，均採用內在收益率的方式予以計算，其前後二次所得之結果，列如下表:

表廿八　中華民國六十一年教育投資收益率分析（內在收益率）

收益率 (%) / 性別	國 小		國 中		高 中		高 職		大 專	
	男	女	男	女	男	女	男	女	男	女
社 會 收 益 率	27	18.7	12	9.2	12.6	10	13.2	9.7	17.7	
個 人 收 益 率	>50	39	12.7	11.7	12.7	14.5	13.2	13.5	15.8	

　　註　1.本次調查係由英籍教育經濟學專家甘利柯（K. Gannicott）主持。
　　　　2.由於資料樣本數不足，故專科與大學無法分別計算。
　　　　3.大專程度之女性樣本數過少，無法分析其收益率。

表廿九　中華民國六十三年教育投資收益率分析（內在收益率）

收益率 (%) / 性別	國 小		國 中		高 中		高 職		三專或五專		大學及學院	
	男	女	男	女	男	女	男	女	男	女	男	女
社 會 收 益 率	15.3	50	10	16.2	12.9	7.3	13.6	8.6	10.5	9.4	14.6	12.6
個 人 收 益 率	16.8	50	10.4	16.4	13	7.4	13.7	8.7	13.5	9.6	15.5	13.4

　　註:　本次調查由蓋浙生及陳佩珍共同完成。

　　根據表廿八及表廿九所示，我們發現在這二次調查中，在男性受雇者方面，國民小學教育與高等教育程度者之投資收益率最多。就國小教

育者而言，他們的收益所以較其他教育程度者（高等教育除外）爲多，此與當時之經濟結構有著密切的關係。因爲在整個經濟發展結構中，紡織、電子及製造業佔極重要之比例，而在此一行業中，國小教育程度者，僅需短期之訓練即可勝任，且付給之工資亦較其他教育程度者爲低，故易爲此類行業所接受。至於高等教育收益率大的原因，可能是我們的社會仍有士爲貴的觀念存在，因此大學畢業生的待遇，比高中、高職高出一截，但在六十三年調查時，已發現其差距已比前二年（六十一年）縮小許多。顯示大學生近年來有失業及低度就業的現象，故未來在設系置科方面有待重新檢討與調整的必要。

就男性教育投資收益率之組成方面來說，前後二次調查已有很大的變動。在六十三年調查中顯出目前各級教育投資收益率間之差距已不像二年前那樣懸殊。分析認爲係由於目前經濟發展的結果，對各級教育人力已普遍重視，故對各種人力之需求當較以前爲平衡。

在另一方面，男性在接受職業教育後之收益率，六十三年調查資料顯示已超過高中收益率，說明近二年來經濟活動對高職畢業生之需求量大爲提高，也可以說是職業教育已受到社會上普遍的重視，故職業教育的成效比以往增加了許多。

關於男性專科教育之收益率，根據六十三年調查資料，發現尚不如高職者多，探其原因，可能基於下列三種因素影響所致：其一是專科學校畢業生在經濟活動中所佔之地位尚不夠明確，既沒有大學畢業生的聲望大，也沒有職業學校畢業生受基層工作的歡迎，這是因爲在經濟活動結構中，如技術員（technician）一職，可由大學生來擔任，亦可由資深或有經驗的職校畢業生擔任。其二是專科學校畢業生的素質高低不一，且實際的工作經驗亦不足，不能普遍有效的在其工作崗位上發揮他們的功能。其三是專科學校學生的成本比高職高出甚多，但平均所得與

高職畢業生相距無幾，在此種情況下，收益率自然比高職者為低。

　　至於男性國民中學的投資收益率，二次調查結果均係各級教育投資收益率中最低的一組。其原因是由於在一個教育水準普遍快速提高的社會中，尤其在所需大量人力之行業並以製造、加工和其他輕工業為生的經濟結構下，對一個沒有受過職業訓練的國民中學畢業生，所能給予的就業機會（尤其是具有條件優厚的機會）終究是有限的。不過今後由於我國經濟結構之改變及各項建設之完成與實施，在注重發展重工業的情況下，我們相信各級教育投資收益率將會有很大的變動，如對不宜升學之國中學生施以實際的技藝訓練，並加強其就業輔導，則國中學生投資後之收益率當能提高許多。

　　最後，在論及女性受雇者之各級教育投資收益率方面，如前表所列，是以國民教育者為最高。主要是因為現今之經濟結構中，對此一類別之女性勞力需要甚多，如製造業中之飲料、食品製造、電子製配業中之裝配工等職業，所需的人力都是此一教育程度之女性工作者。其次，收益率較高的女性，是屬於高等教育的一組，這也說明高中、高職女性畢業生，在經濟活動中，不如高等教育者之受歡迎與重視，其原因則是因為具有高中或高職教育程度的女性工作者，在到達某一年齡之後，除非有理想的工作或經濟的因素，多半都因照顧家庭而離開了工作崗位，而受過高等教育者之女性，可能工作環境與待遇當較高中或高職之女性為優，故職業婦女比較多。

　　民國六十五年教育部教育計畫小組繼續作第三次之追踪調查，本次調查具有下列幾項特色：

　　第一、教育投資收益率係以具有高中（職）以上教育程度者為對象。高中（職）以下教育程度者（國小與國中）未列入本研究調查的對象。主要是基於近二年來（民國六十三至六十五年）我國經濟結構改變

不大，故國小與國中之收益率與二年前之趨勢大抵相近。其次，是基於國民教育為義務教育，姑無論其收益率之高低若何，政府均應大量投資以提高並齊一國民教育之素質，藉以奠定各級教育之深厚基礎，基於此項體認，各國對義務教育階段收益率之情形有時即不列入分析之範圍。至於國民教育以上之各級教育，當視其對國家整體建設之貢獻，及其生產功能之效應，做為教育資源分配與再分配之依據；故探討高中（職）以上教育程度投資收益率之相互關係，其所得結果，當能提供決策者做為擬訂未來教育發展政策之參考。

第二、前二次之調查研究，僅計算其內在收益率，故未能提供多重資料供決策者作教育投資之參考，故本次調查除內在收益率外，也將成本效益比率法與現在淨值法一併計算出，俾便比較。

第三、各級專科教育是經建發展中最重要的一環，但以往之調查均未能按其類別作進一步之細分，故各類專科教育之收益即難以顯見，本次調查雖仍無法就科別逐一列計，但已將專科學校按五專、三專及二專分別計算，當能窺知三類專科教育不同之收益概況。下面是這三種收益率所得的結果。

首先，從平均內在收益率來看，在社會收益率方面，以高職為最高（特別是男性），說明在經濟活動中對高職畢業生之需求量乃甚殷切，亦足證明職業教育仍為社會大眾所重視。

以高中教育之收益率言，高中畢業生的收益率僅次於高職，為各級教育中次高者，此一情勢說明了高中畢業生在經濟活動中尚為部分雇主所歡迎，其原因為：㈠高中的成本較之高職與專科為低，其待遇又與高職、專科相差無幾，故顯示其收益率偏高。㈡部份雇主認為高中畢業生雖無就業技能，但經過短期訓練後，並不較高職畢業生(非技能科者)遜色，故樂於雇用高中畢業生。㈢此亦顯示高職畢業生在校所學仍不足適

表卅　中華民國六十五年教育投資平均內在與邊際內在收益率分析

I 平均內在收益率

學歷別	社會			個人		
社會個人別　性別	男	女	平均	男	女	平均
高中	19.08	16.28	18.50	29.24	24.40	28.01
高職	20.19	17.58	19.21	30.14	26.12	28.74
師範	17.24	21.01	17.96	34.03	39.32	35.34
五專	15.55	12.16	16.08	20.81	17.33	22.32
三專	13.83	11.35	12.96	18.44	15.14	17.17
二專	16.08	14.76	14.64	21.98	20.46	19.91
大學	12.55	11.87	12.99	16.32	15.70	16.98

II邊際內在收益率

學歷別	社會			個人		
	男	女	平均	男	女	平均
高中	10.73	6.64	9.68	11.70	7.91	10.98
高職	13.61	9.95	11.93	15.68	11.45	13.28
師範	7.23	20.46	14.01	18.53	41.55	25.25
五專	11.09	4.50	11.90	12.47	6.32	14.13
三專	6.58	4.56	6.09	7.92	5.60	7.20
二專	8.34	7.63	7.52	7.00	4.41	5.75
大學	6.41	7.83	8.92	8.11	10.64	11.03

註：本調查由林文達教授主持，蓋浙生、陳麗珍、瞿台鄉等協助完成。

應就業市場之需要，與高中生一樣，畢業後仍需經過短期在職訓練才能
適任工作環境。

以各類專科教育之收益率言，各類專科學校畢業生之收益率仍有偏
低現象，其原因經分析認為：㈠專科學校的成本高於高中（職）甚多，
但其所得之差距則與高（職）相差不大。㈡專科學校畢業生在基層工作
上不若職校學生受歡迎。㈢專科學校畢業生之素質不一，大部份在校實
習均不足，故不能在就業市場上發揮其功能。㈣在專科教育中，三專及
五專均較二專為低，除上述因素外，該二類教育之降低運用水準很可能
是造成這種差異之重要原因之一。

以大學教育之收益率言，大學教育的收益率不高，一方面係由於大
學教育成本為各級教育中最高者，另方面由於大學畢業生之人數過多（
特別是文法科），雇主雇用大學生之待遇並不甚高，故其所得差距較之
其他各級教育不大，即相對降低其收益率。

在個人收益率方面，概言之，平均個人收益率均高於社會收益率，
其中特別是師範教育為最高，此係由於師範生的私人成本不大，完全公
費制度（社會成本）所致，另師範生女性的收益率為性別中最高者，說
明在國小教育階段，多為女性就業者所致。

另外，平均內在收益率兩性合計較分開為高，可以看出兩性在就業
市場上參與的情形極不一致，學校剛畢業之後，女性多能在就業上有所
表現，而男性則因兵役及其他原因使男性平均所得遠遜於女性，可是女
性就業一段期間後，多因婚姻關係暫時離開就業市場。故二者的差異使
男女合計平均所得遠較男女分開平均所得高出甚多，遂使男女合計平均
教育收益多於男女分開之平均教育收益。

其次，從邊際內在收益率來看，邊際內在收益率是指後一階段教育
之畢業生及前一階段教育畢業生所得利益及成本增減的相對利潤而言。

從表卅可見， 無論個人及社會邊際內在收益均較平均內在收益爲小，這無非是平均教育收益係受國中以下教育程度畢業生教育收益之影響所致。

國中以下（特別是國小）教育收益前二次調查分析均顯示甚高，這一次雖未作調查分析，但由平均教育收益及邊際收益二者相較即可看出，高中（職）以上任何一級教育邊際內在收益均較平均內在收益低出甚多。茲以效益成本比例在貼現率爲９％時爲例：邊際教育收益的成本利益比例比平均教育收益的成本利益比例約小一左右。可見在扣除國中以下教育的收益後，高中（職）以上的教育雖然仍然是有利的投資，但已不是一個極有利的投資。因爲，在貼現率爲９％時，各級教育的邊際收益成本利益比例多在1.30以下，如果將貼現率稍爲調高，便可能使成本利益比例小於一了。

復就個人及社會教育收益現值（Present Discount Value of Education, PDVE）與效益成本比例（B/C）來看。當貼現率（ｉ）至３％至９％之間時，由表卅一及卅二資料顯示，高中（職）以上平均教育收益現值總大於零。另外，其效益成本比例亦在二‧〇以上。說明高中（職）以上教育尚稱得上是一種有利的投資。但一旦將貼現率提高到９％以上，將使平均教育收益效益成本比例降至二‧〇以下。因此，對於主觀利率訂得過高的人來說，教育即未必是極具生產價值的投資。

另從上表可以得悉， 各級平均教育收益大致隨教育等級昇高而加大，可是二專卻較三專或五專高出甚多，可見三專及五專學生在就業市場上不若二專之受到重視，該二類型之教育生產技術不足及降低運用水準很可能是造成這種差異之重要因素之一。

至於平均教育收益兩性合計較分開爲高，反映出兩性在就業市場上參與的情形極不一致；學校剛畢業之後的女性多能在就業上有所表現，

表卅一　中華民國六十五年個人平均教育收益現值（PDVE）及成本利益比例（B/C）

教育程度別	不同折現率之教育收益	i=0.03 PDVE	i=0.03 B/C	i=0.05 PDVE	i=0.05 B/C	i=0.09 PDVE	i=0.09 B/C
男	高中	1078462.0000	16.0365	574582.1875	10.7947	188969.5000	5.7408
	高職	2288798.0000	16.6929	1220714.0000	11.2354	402099.5000	5.9643
	師範	3360006.0000	17.0580	1804249.0000	11.5398	605946.8125	6.2064
	五專	4669661.0000	14.0649	2475650.0000	9.5591	800008.2500	5.1529
	三專	5766985.0000	12.1476	3017767.0000	8.2678	943833.2500	4.4655
	二專	6870132.0000	11.4933	3589323.0000	7.8418	1115260.0000	4.2520
	大學	7974318.0000	10.2677	4126145.0000	7.0264	1246650.0000	3.8215
女	高中	8765957.0000	10.4036	4536264.0000	7.1022	1373590.0000	3.8511
	高職	9687069.0000	10.6390	5010667.0000	7.2404	1521376.0000	3.9131
	師範	10986805.0000	11.2696	5736098.0000	7.7008	1787987.0000	4.2019
	五專	11711756.0000	10.7720	6096492.0000	7.3576	1883527.0000	4.0119
	三專	12502524.0000	10.3218	6465187.0000	7.0317	1965872.0000	3.8186
	二專	13346788.0000	10.1297	6901454.0000	6.9069	2094581.0000	3.7551
	大學	14175965.0000	9.5983	7297571.0000	6.5531	2188942.0000	3.5724
合計	高中	15205410.0000	9.8382	7840887.0000	6.7115	2364307.0000	3.6541
	高職	16300903.0000	10.0867	8422944.0000	6.8781	2553947.0000	3.7413
	師範	17405120.0000	10.3674	9027642.0000	7.0774	2767884.0000	3.8611
	五專	18719440.0000	10.3656	9698975.0000	7.0706	2965412.0000	3.8510
	三專	19775936.0000	10.1896	10212469.0000	6.9422	3094123.0000	3.7703
	二專	20807360.0000	10.1142	10733033.0000	6.8874	3240491.0000	3.7358
	大學	21932544.0000	9.8341	11284758.0000	6.7033	3379947.0000	3.6389

表卅二　中華民國六十五年社會平均教育收益現值（PDVE）及成本利益比例（B/C）

	教育程度別	i＝0.03 PDVE	i＝0.03 B/C	i＝0.05 PDVE	i＝0.05 B/C	i＝0.09 PDVE	i＝0.09 B/C
男	高中	1021338.4375	9.8327	528541.0625	6.4654	156732.0625	3.2705
	高職	2199850.0000	10.4763	1144164.0000	6.8942	344099.5000	3.4842
	師範	3161309.0000	8.7548	1636913.0000	5.8241	483968.0000	3.0186
	五專	4428612.0000	8.0913	2265720.0000	5.4005	642072.0000	2.7967
	三專	5472074.0000	7.4239	2759373.0000	5.9596	748914.9375	2.5703
	二專	6528948.0000	7.2360	3289689.0000	4.8478	888252.9375	2.5235
	大學	7566221.0000	6.6675	3768647.0000	4.4828	977266.3125	2.3425
女	高中	8355368.0000	6.7609	4161614.0000	4.5311	1081289.0000	2.3569
	高職	9289344.0000	6.9383	4626671.0000	4.6318	1209010.0000	2.3976
	師範	10563536.0000	7.0666	5306087.0000	4.7359	1426575.0000	2.4751
	五專	11256710.0000	6.7867	5626250.0000	4.5477	1484549.0000	2.3763
	三專	12031164.0000	6.5697	5962427.0000	4.3907	1532553.0000	2.2849
	二專	12868138.0000	6.4975	6376405.0000	4.3468	1634065.0000	2.2648
	大學	13680609.0000	6.2508	6740030.0000	4.1870	1694171.0000	2.1874
合計	高中	14666826.0000	6.3903	7246188.0000	4.2767	1841057.0000	2.2308
	高職	15722391.0000	6.5424	7793858.0000	4.3764	2003854.0000	2.2805
	師範	16719079.0000	6.5490	8309211.0000	4.3858	2154539.0000	2.2928
	五專	17987328.0000	6.5774	8934965.0000	4.4026	2316480.0000	2.2990
	三專	18987312.0000	6.5073	9397680.0000	4.3511	2408470.0000	2.2661
	二專	19966640.0000	6.4890	9872779.0000	4.3372	2516909.0000	2.2565
	大學	21028560.0000	6.3668	10368759.0000	4.2906	2614980.0000	2.2192

而男性則因兵役及其他原因，使男性平均所得遠遜於女性；可是女性就業後卻因婚姻關係而逐漸離開就業市場，故二者的差異使男女合計平均所得遠較男女分開平均所得高出許多，遂使男女合計平均教育收益多於男女分開之平均教育收益。

最後，社會平均教育收益遠比個人平均教育收益低出甚多。由效益成本比例觀察，社會平均教育收益少於個人平均教育收益約 $\frac{1}{3}$ 強。主要原因是學生自入學後，社會負擔了極大部份的成本。以國中以下教育言，社會幾乎負擔了全部的成本；而高中（職）以上，社會亦負擔了幾近80％的成本。因此社會成本負擔與社會的稅收所獲致的利益是極不相稱的。故其社會平均教育收益現值便遠小於個人平均教育收益現值了。

下表是計算出個人及社會邊際教育收益現值與效益成本比例。由表卅三及表卅四可見無論個人及社會邊際教育收益現值均較平均教育收益現值為小。此一原因亦如前述之邊際內在收益率一樣，平均教育收益係受國中以下教育程度畢業生教育收益之影響所致。

關於教育投資收益率的分析，我國目前猶在萌芽階段，故對於各項資料的來源及其項目內容與計算方法等尚需繼續研究不斷改進。教育部教育計畫小組如能以每二年的時間作一次追踪調查研究，當能建立起連續性教育收益率的資料。如此，卽可從教育收益率變動的趨勢，窺知未來社會經濟之結構及其趨向，而研究分析所得結果，將有助於今後教育投資之分配及全盤教育計畫之擬訂。

表卅三　中華民國六十五年個人邊際教育收益現值（PDVE）及成本利益比例（B/C）比較分析

	各級教育在不同折現率下之教育收益	i＝0.03		i＝0.05		i＝0.09	
		PDVE	B/C	PDVE	B/C	PDVE	B/C
男	高中	320960.9375	4.3717	201053.8750	3.0315	76450.1250	1.7157
	高職	824318.6875	5.2509	522877.1250	3.5937	212928.5625	1.9787
	師範	1124849.0000	5.0627	729018.3125	3.5326	315840.6875	2.0167
	五專	1841778.0000	4.7060	1170933.0000	3.2499	453666.8750	1.7957
	三專	2046275.0000	4.2048	1278325.0000	2.9154	456640.7500	1.6269
	二專	2056571.0000	3.7903	1288407.0000	2.6758	450119.0625	1.5386
	大學	2364699.0000	3.4670	1447270.0000	2.4455	438276.0000	1.4017
女	高中	2596382.0000	3.4639	1574091.0000	2.4306	468717.0000	1.3912
	高職	2984964.0000	3.5944	1796576.0000	2.4960	544344.0000	1.4165
	師範	3853485.0000	4.1186	2395554.0000	2.8579	868421.0000	1.6192
	五專	4095375.0000	3.8733	2523985.0000	2.6934	868715.0000	1.5336
	三專	4220647.0000	3.7421	2574713.0000	2.6003	845618.0000	1.4816
	二專	4270310.0000	3.6460	2628818.0000	2.5595	874645.0000	1.4761
	大學	4508923.0000	3.4994	2766369.0000	2.4674	885744.0000	1.4307
平均	高中	4818171.0000	3.5370	2955541.0000	2.4895	953657.0000	1.4408
	高職	5224753.0000	3.6163	3209841.0000	2.5388	1054228.0000	1.4637
	師範	5624659.0000	3.7028	3487237.0000	2.6046	1200698.0000	1.5071
	五專	6333978.0000	3.7796	3946207.0000	2.6485	1359513.0000	1.5201
	三專	6567175.0000	3.7133	4045605.0000	2.5992	1350836.0000	1.4893
	二專	6597226.0000	3.6286	4055480.0000	2.5468	1331801.0000	1.4660
	大學	6976004.0000	3.5633	4270049.0000	2.5014	1357703.0000	1.4376

表卅四　中華民國六十五年社會邊際教育收益現值（PDVE）及成本利益比例（B/C）比較分析

	各等級教育	i＝0.03 PDVE	i＝0.03 B/C	i＝0.05 PDVE	i＝0.05 B/C	i＝0.09 PDVE	i＝0.09 B/C
男	高中	357074.5625	3.9690	223193.1250	2.7850	81399.5000	1.6031
	高職	876594.5000	4.6249	550973.7500	3.1916	213097.9375	1.7854
	師範	1181042.0000	3.6244	746617.6250	2.5957	282258.0000	1.5589
	五專	1957479.0000	3.3621	1217877.0000	2.5823	411159.6875	1.4881
	三專	2173450.0000	3.0958	1322446.0000	2.3835	399280.0625	1.3828
	二專			1326557.0000	2.2261	383317.0000	1.3259
	大學	2481150.0000	2.8768	1472484.0000	2.0664	339169.0000	1.2254
女	高中	2710304.0000	2.8797	1593265.0000	2.0583	359914.0000	1.2195
	高職	3107732.0000	2.9926	1815540.0000	2.1152	428140.0000	1.2416
	師範	4029776.0000	3.2767	2438711.0000	2.3206	738603.0000	1.3679
	五專	4267422.0000	3.0967	2550725.0000	2.1988	704065.0000	1.3031
	三專	4399990.0000	3.0046	2596223.0000	2.1318	660570.0000	1.2640
	二專	4436231.0000	2.9298	2639056.0000	2.0993	676210.0000	1.2586
	大學	4684872.0000	2.8403	2771994.0000	2.0421	662380.0000	1.2283
平均	高中	5012121.0000	2.8802	2969345.0000	2.0663	727933.0000	1.2398
	高職	5439191.0000	2.9521	3234464.0000	2.1114	828475.0000	1.2613
	師範	5906731.0000	2.9718	3559258.0000	2.1380	989953.0000	1.2907
	五專	6680790.0000	3.0409	4030214.0000	2.1778	1130791.0000	1.3028
	三專	6892443.0000	3.0005	4127219.0000	2.1463	1105427.0000	1.2815
	二專	6923823.0000	2.9445	4133568.0000	2.1114	1076428.0000	1.2656
	大學	7312285.0000	2.9073	4343014.0000	2.0842	1075541.0000	1.2462

本章摘要

　　本章主要論及的課題有二，其一是教育與所得的關係，其二是教育收益率。

　　教育與所得的關係究竟爲何，研究發現接受不同量教育的個人有着不同的收入淨額。因此，教育是影響個人所得的一個非常重要的因素，但並非唯一的因素，除教育一項因素外，其他如：年齡、工作經驗、性別、父母親的經社背景、個人的能力、以及行職業的類別等因素，均會影響到個人所得分配的多寡。根據伍爾夫與史密斯（Dael　Walfle　＆ Smith）的研究，在上項諸項因素中，教育對於個人所得多寡的關係，約爲三分之二，其他因素僅佔三分之一左右。

　　爲什麼個人接受較高的教育將較教育程度較低者的所得爲高，分析結果，可能是基於下面三個原因：

　　其一、在當今社會結構中，個人所獲致的教育類層可能仍是進身職業和獲得高薪的有效途徑。

　　其二、教育程度與個人的智商有關，教育程度較高者，其智力不會太低，這也可以證明他的領悟學習能力較強，威斯伯與柯伯福（Weis-brod　and　Karpaff）發現大學畢業生在班級中最好的百分之十，不僅在就業上佔優勢，其薪水的進昇亦比其他學生爲快。

　　其三、教育程度高者所習得的知識與技能，比較適用於一般或特殊的工作環境。

　　至於教育的收益率一節，除對收益率計算方法加以說明外，特別對收益率的正確意義與認識持如下的觀點：

　　第一、個人對於教育的選擇，並非依收益率的大小而決定，故私人收益率之於個人，不能僅從表面收益的數字來衡量，社會收益率對於教育決策的作用亦非絕對標準，因爲政府除了期望藉教育促進國家經濟成長外，尚有其他非經濟的目的有待教育去實現。

　　第二、教育的收益不應該過份強調其貨幣性價值。

　　第三、教育的「消費利益」不容忽視。

　　第四、薪資所得並不能完全表達出教育的價值。

　　此外，並就我國教育收益率計算的情形，予以分析與檢討。

第八章 教育生產力

第一節 教育生產力的基本概念

在沒有說明教育生產力的基本概念之前，首先應對生產力（Productivity）一詞試加解釋。一般生產活動之目的，乃在應用各種投入要素，以獲取產出及勞務。若將投入要素與產出加以比較，即為生產力。實證上的比較方法，均取兩者間的比率。準此，生產力又可看成投入要素和產出水準間之比值。此等比率關係，有以平均概念表達者，亦有以變動率概念表達者，前者即所謂的「平均生產力」（Average Productivity），後者則稱為「邊際生產力」(Marginal Productivity)，若以生產函數（Production function）來表示，則為：

平均生產力（AP）$= \dfrac{y}{x}$（x 表示投入要素或生產要素，

y 表示產出量）

邊際生產力（MP）$= \dfrac{\triangle y}{\triangle x}$（△表示變化量）

另外，任何個別之投入要素與產出間之比較，稱為「偏要素生產力」（Partial Factor Productivity），或逕稱為「偏生產力」。例如，以產出水準除以勞動投入，即代表「勞動生產力」（Labour Productivity）。假如將所有的投入因素透過某些合宜的權數，予以加總成總投入，那麼它和總產出間之比值，就稱為「總要素生產力」（Total Factor Productivity），簡稱為「總生產力」。上述各種生產力，也可施行交叉分類。例如，勞動生產力，有平均勞動生產力和邊際勞動生產力之分。

由上面簡單的定義，我們可以得知生產力的內涵，包括了：

一、生產體系（System）或歷程（Process）：它是指生產的結構與組織，其主要功能在組合各種生產要素以生產產品。生產體系的單位（unit），可按照生產結構與組織的不同而有所區別。

二、投入要素（Input Factor）：通常是指投入生產過程中的各種資源包括土地、資本與勞力等。此等投入要素可以用實質單位（Physical unit）亦可用價值單位（monetary unit）來表示，但不論其採用何種方式顯示出來，它們均是靜態的。

三、產出（Ouput）：這是指生產的標的物，也是生產歷程控制的結果。同樣可以用實質或價值單位表示。

瞭解經濟學上所謂的生產力概念以後，看看此一概念在教育上的應用如何。教育生產力（Educational productivity）概念的發軔，是源起於經濟學上成本效果分析（Cost—effectiveness Analysis）的利益。成本效果分析一詞，其意乃謂，為要評定其經濟利潤，對於某一形式投入的要素（成本）與產出及效果的大小作有系統的比較。質言之，成本效果分析的目的，在求資源合理分配的標準與資源有效的利用，以較少的投入而求得較大的產出。近年來，許多經濟學家，已將成本效果分析

由公共投資計畫上轉移到決策運用（decision—making）方面，在教育上，諸如教育投資策略的選擇（Alternatives）、教育資源分配的優先順序（Prioirty）、教育評鑑的標準、及教育效能的評量，均以成本效果分析為度量方式之一❶。

教育生產力源起的第二個概念是教育效益（benefit in education）的測定。認為教育不僅須視為一種投資，而且也應視為一項生產因素❷，此一生產功能當由其社會與個人在經濟上所產生的效益而得以確定。貝克（Gray Becker）在人力資本（Human Capital）一書中談到私人報酬率的估計❸，（並見表卅五）。當這些報酬率和跟隨上升的平均教育水準（見表卅六）加以比較時，教育效益為生產因素的論點就變的更加明朗了。

表卅五　美國1939年以來未曾受大學教育及高中教育的私人報酬率分析（％）

年　　　份	大 學 畢 業 生	高 中 畢 業 生
1939 年	14.5	16
1949 年	13.0	20
1956 年	12.4	25
1958 年	14.8	28
1959—1961 年	較1958年略高	

❶ J. Alan Thomas: The Productive School—A System Analysis Approach to Educational Administration, John Wiley & Sons, Inc. 1971, pp. 82-83.
❷ F. Welch: Rates of Return To Investment in Education, Journal of Political Economy, Jan/Feb. 1970, pp. 31-32.
❸ Gray Becker: Human Capital, NBER New York, 1975, pp. 206.

表卅六 美國25歲以上人口的教育程度 (1940—1970)

教　育　程　度	1940年(%)	1950年(%)	1960年(%)	1970年(%)
八年以下基礎教育	31.8	26.7	22.1	20.4
四年以上高中教育	24.1	33.4	40.1	43.6
大　學　畢　業	4.6	6.0	7.7	8.2

資料來源: 美國人口普查局1974年統計摘要。

　　教育生產力源起的第三個概念是生產結構改變中，所造成的「技術差距」（Technology gap）。勞力以外各項物質因素的投入，可能相對的提高其生產力，但在技術密集工業（skill—intensive industries）的擴展下，若非物質因素（如各級學校所產出的人力）在數量與品質上，不能隨之增進，則導致技術水準與勞工生產力的低降。在此等情況下，教育的主要效果有二，其一是環境變動的適應能力，其二是創新（或革新）的能力。基此，即可在其他條件固定不變時，提高學習者的學習能力，縮短技術不足的差距，增加個人受益的程度。

　　教育生產力源起的第四個概念是各級學校間邊際生產力（Marginal Productivity）與工資（Wages）間的相關關係。葛里區氏（Zvi Griliches）於一九六八年所提示的研究顯示：對於大學畢業生而言，相對工資（relative wages），並沒有任何顯示下降的趨勢，但對高中畢業生而言，則有上升的傾向，雖然其上升趨向並不如報酬率上升之明顯[4]，（並請見表卅七）。

---

[4]　F. Welch: op. cit., pp. 86-88.

表卅七 美國男性之平均所得比率—按照所受學校教育之等級區分
(1939年至1966年)

年　　　　份	高中畢業生對小學畢業生	大學畢業生對高中畢業生
1939 年	1.40*	1.57+
1949 年	1.41　　＋＋1.34	1.63
1958 年	1.48	1.65
1959 年	1.30	1.51
1963 年	1.49	1.45
1966 年	1.56	1.52

註： ＊小學＝七——八年
　　＋大學: 四年以上
　　＋＋小學: 八年
　　§大學: 四年

　　從上述教育生產力源起的概念，我們當能得悉所謂教育生產力，簡單的說，是表示每一單位教育投入要素產出量的比率。這個定義主要是把教育活動視為一項生產的因素。因此，整個教育體系即變為一種生產過程，利用各種投入因素，產出實質單位或非實質單位的教育產品。

　　教育生產力的概念，主要是因襲經濟學的生產理論而來，用以表示每一單位教育投入要素產出量的比率，特別是着重在配置能力（Allocative abilities）（即改變或提高工作者的工作效能）後所產生的邊際效益為何。但是若干教育學家卻反對把經濟學上的生產概念應用在教育上。他們所持的理由是這樣的:

　　其一、教育不是營利事業，與經濟學上所討論的生產行為及利潤是迥然而異的，假如用營利的眼光或功利主義來看教育事業，不僅詆誣了教育的尊嚴與神聖使命，且影響國家國本的動搖。

其二、教育目標是多元的，教育目的是質與量並重，教育功能兼具無形與有形，有形的利益固可以度量，但其無形的利益，諸如品格氣質的提高、服務人羣的態度、愛國情操的養成等，均無法予以量化，而此一利益的重要性，不僅較有形利益爲重，亦非短時內所能衡量的。

其三、教育活動既是多種目標，除非教育的目標及其重要性可以確定，否則，教育的產出就缺乏客觀的評鑑標準，即使教育產出可以計算，教育生產力可以測度，除非教育目標完全一樣，除此，比較不同教育體系的生產力，就失去意義，根本無法比較，何況許多教育產出根本無法把它數量化。

但經濟學家對教育生產力所持的看法又不同了。經濟學家並不否認教育是具有多種目標與功能，教育的產出也沒有一個放諸四海而皆準的測度方法，不過把生產函數的概念應用在教育上，可以提供一種有系統的方法，分析教育體系投入與產出間的關係，而有助於瞭解教育效率（educational efficiency）變動的情形。因此，一旦教育的目標可以確定，當然可以估算教育的產出與生產力。其次，如果我們把教育視爲整個經濟社會體系的一種活動，那末把教育活動視爲經濟社會的一個要素，測度教育對於文明進步、社會發展，特別是對經濟成長的貢獻應是合理而可行的。

事實上，教育學家並不是否認教育在經濟層面上的效應與價值，但是談到教育的生產力，此一生產力應如何加以測定值得商榷，因爲在經濟理論上一般財貨的生產過程，投入要素與產出數量可以用價值單位來表示，也可以用貨幣價格單位加總計數，但是教育產品卻沒有價格制度，無法決定市場價格。教育生產受到教育體系以外的力量影響很大，例如家庭背景、社會因素等，但是一般財貨的生產卻不然了。基此，教育學家懷疑目前教育生產力測度的方法可能太過強調經濟因素與貨幣價

值，而抹煞了其他更重要的教育功能。

第二節 教育生產力的測度方法

經濟上對生產力測度的方法是依據其生產體系及投入與產出之間的比值加以衡量。首先需確定投入因素有幾項和產出水準爲何，然後假定該二者的關係式，再透過特殊的統計處理便可求出其結果。以簡單的數學表達，若投入因素可綜合成勞力（L）和資本（K）兩項，以Q代表產出水準，其關係式可爲如下之生產函數：

$$Q = F（L、K）$$

則勞動生產力可寫成$\frac{Q}{L}$，而總要素生產力則有各種表達方式，其中以

$\frac{Q}{aL}+b_K$和$\frac{Q}{La+k_b}$兩種型式最常運用。上式兩式，由於前者具有比例相加的關係，故習稱爲算術測度，如膾炙人口的美國國民經濟研究所（N.B.E.R），所採用之總生產力即屬此種類型；後者因呈冪次相乘型態，乃習稱爲幾何測度。至於式中 a、b 兩項則代表其相對應之合宜權數。依照新古典學派的理論，若經濟或生產體系處於競爭性均衡，在規模報酬不變時，a 與 b 便可分別以勞動份額（Shares）和資本份額來表示。另外，值得注意的，是產出水準通常以附加價值（Value—added）衡量，勞力是以總工時或總人數表達，而資本則係汎指一切機器、廠房、設備、及土地等在內。

前節述及經濟上生產力之測度，可以用實質單位或價值單位來表達，而教育生產力之測度，最大的困擾是許多事實沒有辦法用具體的數字來說明。因此，教育學家對教育生產力目今測度的方法及其指標，仍存置疑。不過，教育生產力既然是在表示教育體系的投入產出比率，那麼，

測度教育生產力似可分別就教育的體系 (educational system) 及教育的投入 (educational input) 與產出 (output) 上着手。

一、教育體系的測度: 所謂教育體系，除指自小學至大學制度化的正規教育系統外，尚應包括（一）在此正規結構中的任何一個分系統（如小學、中學或大學自成獨立的教育體系），（二）非正規教育體系在內。此一體系的測度，可用「系統分析」（System Analysis）的方法（如圖十五所示）來達成整體分析的目的，藉以探測教育的效率及生產力❺。

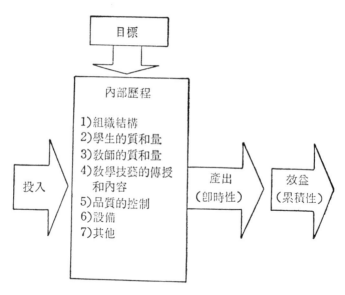

圖十五　教育體系之系統分析圖

教育制度的成效，尚可從其內部效率 (Internal Efficiency) 及外在生產力 (External Productivity) 加以測定。在此應加以說明者，

---

❺ Philip H. Coombs & J. Hallak: Managing Educational Cost, Oxford Universitypress, 1972, pp. 77-84.

是經濟學上生產力與效率的概念是有所不同的❻。效率是指以一定的成本，生產最大的產量，或者是達到一定的生產產量，使用最低成本的生產狀況。因此生產效率並無固定的數量大小，祇不過比較不同生產技術不斷改進，因此生產力也不斷提高；反之，也可能由於生產技術的停滯，生產力未見提高，但是生產卻是有效率。在概念上，生產力與效率是不容混淆使用的。

教育體系的內部效率，卽在比較資源利用量與教育上所得的成果。亦卽在求成本（投入）與效率（產出）間的比例。增加教育效率的方法很多，諸如：㈠改變投入的質與量，或加強運用現有的投入，如師生比例之改變、教師素質的提高、設備的充實與加強等；㈡改變教育系統的基本結構，增加新的教學技藝，如採用協同教學法（team teaching method）、電視教學、自學輔導教材或語言實驗室等；㈢徹底改革教與學的系統（teaching—learning system），譬如利用收音機、電視機、自學教材等，進行空中教學或在職訓練。提高內部效率的方法很多，但並不一定每一種方法都能實際增加效率，如果增加10％的投入，而學習後能增加3％的效率，可謂相當的成功了❼，其原因在於有時成本投入的比例多於產出增加的比例的緣故所致。

教育的外部效益或生產力是指教育部門所用的資源與學生及社會所獲得利益的關係。亦卽是成本與效益之比例。一種教育體系可能有很高的內部效率，但其外部效益卻很低，如果教育的產出（畢業生）不能配合國家的需要，大多數的學生不能適才適所充分就業，此不僅顯示出教育投資的錯誤及浪費，亦說明了教育的外在生產力毫無效益可言，仍有

❻　John Sheehan: The Economics of Education, London, George Allen & Unwin Ltd, 1975, pp. 130–133.

❼　Coombs & Hallak: op, cit., p. 83.

改革與提高的必要。總之，教育的內部效率與外在生產力是否適切，勢將影響到整個教育體系中的生產力。

二、教育投入的測度：教育的投入要素，主要包括教師的時間、學生的時間、以及為教育所支付的土地、建築、設備與書籍、文具等❽。

教師時間測度的方法，主要是以支付教育的薪津為標準。教師薪津通常隨國家經濟發展而調整，如一九五二——一九六一年間，西德國內總生產額平均年增8.9%，同一時間，教師薪資增加8.7%；而開發中國家初期由於人力缺乏，急需聘僱優秀教師，故其薪津乃高過其他人員，待人力供應不虞匱乏，其薪津即趨穩定甚或下降❾。此外，教師薪津支出尚可決定於：(1)教師的數量(2)教師的資格，如大學分助教、講師、副教授、教授等(3)教師的經驗或資歷，如因在職進修等即得以晉級加薪。

其次，關於學生時間的測度方法，在教育投入的因素中是較為困難的一項，其原因有二：其一、測度學生時間的投入，不在其長短，而在其效果，而此一效果如何計量，殊難定論。湯瑪斯（Alan Thomas）曾試以採用下列的公式來計算❿：

學生時間投入的效果＝學生時間投入量×學生的效率（指學習的能力、或學習效率的增進）

其二、測度學生時間的投入，不像教師時間的測度可用貨幣價值來表示。但是，學生如果不進學校求學，到達工作年齡以後，即可從事生產性的經濟活動。質言之，學生因為求學的結果，會使整個經濟社會的財

❽ J. Alan Thomas: Management and Productivity in Education A Micro Perspective, Preliminary Draft, Department of Education, University of Chicago, Feb. 1976, p. 6.

❾ Ibid., p. 27.

❿ Ibid., p. 15.

貨勞務生產因而減少，亦卽教育成本中所謂之機會成本， 因此， 各級
學校教育學生時間的投入，似可由學生在學期間捨棄所得之機會成本加
以估算。

第三、關於學校建築物投入的測度。一般的方法是以建築物出租的
租金做為學校建築物使用的成本。至於其他設備方面，通常都以該年當
期支出來估算。

三、教育產出的測度：由於教育產品不同於一般財貨的生產沒有價
格制度，因此無法決定其市場價格，同時教育生產尚可能受到教育體系
以外其他因素的影響（諸如家庭背景、社會因素等），故欲測度教育的
產出，在概念上非常困難。一般教育經濟學家對於教育產出的效能似乎
偏重於教育活動是否與經濟社會發展的目標相互配合，特別是對經濟成
長的貢獻方面，而其他方面的價值體系則捨而不計，這站在教育的立場
言，是無法認同的。如前所述，教育的活動兼具多種目標，教育功能包
括有形與無形，準此，對於教育產出的測度卽應兼籌並顧，涵蓋週全，
才能探測出教育生產的真正內涵與價值。

雖然對於教育產出目前尚無一定的標準可循， 卡希爾 （R. Carr
Hill）與麥克魯森（O. Magnussen）二氏曾經以教育發展的目標，作
為測度教育產出成效的一項指標，他們認為如果教育發展能夠達到：㈠
知識技藝的傳授，㈡教育與經濟的配合，㈢教育機會均等的實現，㈣提
供個人所需的教育勞務，㈤教育促進生活素質的改善等五項目標的話，
則教育產出的成效指標卽得以據此予以測定⓫。不過，他們所提出的教
育指標，涉及許多統計的資料與技術，對於目前尚缺乏完整統計資料的
國家言，尚難應用此一方法。

⓫ Roy Carr-Hill and Olav Magnussen: Indicators of Performance of Educational system, O.E.C.D. Paris, 1973, p. 11.

另湯瑪斯亦曾提出可以從教育產出的質與量來加以測度⑫。

先就教育產出量說起，教育產出量的估算，最顯著的方法，是以畢業人數的多寡來表示。各級各類學校畢業人數如果與就業市場(Employment Market) 所需求的人力能夠配合一致， 那麼， 我們可以說，教育產出的量是合宜，否則， 卽是教育產出量的過多與不足。

教育產出量的先決條件，主要是假設學生入學後，完成了規定的修業年限，通過各項考試測驗後，才獲准畢業，取得文憑或學位，這樣至少表示教育的訓練已經能夠到達某一標準， 因此， 各級學校畢業生人數，自然可以做為教育產出量的一種估計數。不過，這種方法為人詬病的地方，當然是重量而不重質，忽略了學生德、智、體、羣四育平衡發展的差異。其次，由於不同地區各級學校的產出標準不一，而且各國之間教育體系的差異，若僅就畢業人數的多寡，表示教育產出的量， 似有欠妥當。湯瑪斯認為，若能改用學生授課時數或學分數，來估計教育的產出量，當較採用畢業人數為合理，因為畢業人數顯然也會低估教育的產出，因為有一些已修完課程但未畢業， 或中途輟學、 退學學生的人數，尚未包括在內，而這類學生在教育投入要素成本中，亦已計入，若將其在產出數量中予以剔除，實在有失公允。

再就教育產出的品質言，教育的品質係指對於整個教育制度所作的一種評鑑，評鑑受教者對國家所供給的教育，是否符合其良好教育的期望，作一判斷。因此，教育品質的測量，實難悉以統計數字加以量化表示的。教育產出的品質是否合宜，似可從教育既定的標準加以衡量，教育發展的標準，就個人言，如前述在培養其德、智、體、羣四育兼修，因此，我們卽可就個人道德價值之涵養、知識之獲得、體格之強健、及技能之培養四方面來觀察。目前我們對於這四項標準的評估，只能考慮

⑫　J. Alan. Thomas: op, cit., pp. 16-23.

到個人知識與技能的獲得爲主，體格之鍛鍊與強健亦日受重視，惟個人
道德價值之涵育非短時期所能顯見，加之標準如何很難確定，故尙爲人
所忽視。然道德敎育旣列爲四育之首，且向爲我國傳統敎育所重視，今
後對敎育品質之測度，應如何強化此一方面的標準與功能，是值得審愼
考慮的。

　　敎育品質產出的標準，因國家、地區、時間的不同而有很大的差
異。一般而論，評估學生的才智發展（Intellectual Development）尙
爲大家所認同的標準之一。當然，此處所指的才智發展，所強調者仍以
職業上所需的技藝，及課程以外的活動能力爲主。歐美各國的敎育學家
大多數都同意學生的才智發展、推理能力、及語文能力的改進，是測度
敎育產出品質的主要依據[13]。評估學生才智發展的標準，通常所採用的
方法是學生學業成就產出（Achievement Ouput Model）及性向測驗
（Aptitude Test）二種方式，前者在配合學生的各種投入因素及各因
素間的正負相關係數，求得其在某一學科上所得到的成就如何（請見圖
十六所示學生學科成就產出模式）。後者在評估學生在某一類級敎育過
程以後所獲得的知識及性向水準。上面二種測度敎育品質產出標準的方
法，在概念上雖然非常理想，但如何設計一套完善可行的測驗內容，能
夠適用於不同的敎育制度及修業期限，而且可以客觀測驗出敎育品質與
數量的差異，在技術上還有待商榷。

---

[13]　Samuel Bowles: Toward An Educational Production Function, Harvard University, pp. 41-48.

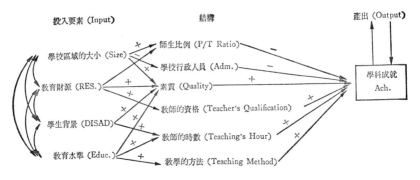

投入要素 (Input)　　　　　　結構　　　　　　　　　產出 (Output)

圖十六　學生學科成就產出模式圖

OUTPUT＝f(S. R. D. E.)

S(School district size)

$\qquad$＝λ、P(Pupil/Teacher Ratio)＋α、A(Administrative)＋β、Q (Quality)＋γ……

R(Fiscal Resources)

$\qquad$＝λ、P(Pupil/teacher Ratio)＋α、Q(Quality)＋β、TQ (Teacher's Qualification)＋γ ……

D(Disadvantaged students)

$\qquad$＝λ、Q(Quality)＋α、TH(Teaching's Hour)

E(Education level)

$\qquad$＝λ、Q(Quality)＋α、TQ(Teacher's Qualification＋β、TM (Teaching Method)＋γ……

資料來源: Charles E. Bidwell: "School District Organization & Student Achievement" American Sociological Review 1975, VOL. 40 (Feb.) p.p. 61

　　除上述依據教育產出的質量分析作為測度的有效方法之外，部份教育經濟學家透過勞動市場的薪資價格來探測教育產出的實質價值。此一方法又稱之為教育產出的客觀測度法（Objective measurement of educational output）⑭。主要在從個人所得差異上來衡量各級各類教育

---

⑭　前述性向測驗或成就測驗，稱之為主觀的測度法（Subjective Measurement of educational output）。

產出後之教育效益（Educational Benefit）。實際上，教育產出與教育效益的概念不盡相同，教育的產出泛指學生知識的增進、技藝的養成、及學習能力的提高等，而教育效益則是由教育產出衍生出來的。同時，用所得差異來估量教育的產出，有下列若干的缺失：其一、各類科畢業生所得上的差異並不能顯示出教育產出的整體價值，因為，畢業生的教育供給都是一樣的，其才智發展亦大抵相同，但因就業市場的需求不同，對需求量大者，其所得可能偏高，但若以此說明所得偏高的教育產出（畢業生）是優於較低者，似乎是以偏蓋全。其二、用所得差異來說明教育產出的差異，主要是假設勞動的邊際生產價值（Marginal Value Product）的差異，完全歸諸於教育水準的不同，事實上，勞動的邊際生產價值受到其他許多因素的影響很大，例如在職訓練、工作經驗、健康程度，以及非貨幣性報酬的工作滿足等均會影響到勞動邊際生產力的增長。其三、以橫斷面（Cross—Section）的所得資料來表示教育產出後預期終生的收入（Expected Life Time Earnings）其可靠性究竟如何，目前尚難定論，仍有待進一步的研究。若僅據此來說明教育產出的價值，頗難徵信於大眾。

總之，測度教育生產力，雖然目前仍有技術上的困難，但要儘可能兼及教育的質與量，配合不同教育的目標，由不同角度觀察，剖析教育體系的狀況，提出不同有效的測度方法與指標，萬不可以寄望於一個簡單的教育生產力數字，表示教育制度的功效。

第三節　教育生產函數

前節中，已將教育生產力的概念及其測度方法略予概述，本節擬再就「教育生產函數」（Education Production Function）作如下之說

明，俾便瞭解教育投入因素之差異及性質對於教育產出之影響。

　　教育生產函數主要是在表示教育投入與產出間的相互關係，並以數學方程式表示之，如果我們用X來表示投入因素，Y表示產出，則教育生產函數即以 y＝f（x）表示。進一步分析，現在設若有 n 個 I 表示投入，n 個 O 表示產出，那麼，其中任何一個單一的產出即為 O_1，其與投入的函數關係便以下列公式表示⑮：

　　$O_1 = f(I_1, I_2, \cdots\cdots I_n)$ (1)

　　由式(1)單一的產出，可引申為式(2)整體的產出

　　$(O_1, O_2, \cdots\cdots O_n) = f(I_1, I_2, \cdots\cdots\cdots I_m)$ (2)

　　教育或學校中的生產過程均復如此，鮑爾斯（Samuel Bowles）認為影響學校生產過程的投入因素，歸納起來可以分為三大類⑯，其一是學校環境，諸如學校教學的勞務、設備、師資素質，及學生時間的長短等因素均包括在內，以 $x_1 \cdots\cdots x_m$ 表示之，其二是家庭的環境與背景，這裏包括了父母親的教育程度、職業、及所得收入等因素，以 $x_n \cdots\cdots x_r$ 表示之，其三就是學生本身的投入因素，包括了學生本人的學習動機、學習能力等因素，以 $x_w \cdots\cdots x_z$ 表示之，據此，學校產出（或學生某一學科之成就）的生產函數即應是：

　　A（產出）＝ f（$x_1 \cdots x_m, x_n \cdots x_r, x_w \cdots x_z$）

　　此種教育或學校生產過程的投入因素與產出間的關係，若以羣因互動模式（The Interactive Model）表示，有如下圖⑰。

⑮　J. Alan Thomas: op cit., p. 11.
⑯　Samuel Bowles: op. cit., p. 13.
⑰　J. Alan Thomas: op. cit., p. 18.

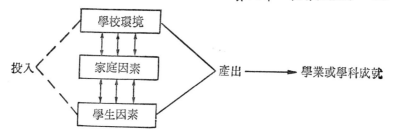

圖十七 教育投入——產出羣因互動模式圖

　　上述教育生產函數的概念一經確立， 其運用的範圍如何， 值得討論， 由於研究者常因目的不同採取不同的觀點來分析教育生產函數，故至今迄未一致。 湯瑪斯曾舉三種生產函數為例， 說明其運用類型的差異⓲。 其一是對學校行政的運用， 即謂之行政人員的生產函數（The Administrator's Production Function）， 此一生產函數在說明學校行政人員根據人力、物力與財力的成本分析，以便在最經濟的原則下，提供最適當的勞務（Services）， 故勞務便成為行政人員生產函數的主要產出。其二是對心理學家的運用，即謂之心理學家的生產函數（The Psychologist's Production Function）， 此一生產函數主要是在探討各種影響學生學習及成就的因素是什麼，在投入因素中，諸如學生的時間、 教師的時間、 及設備使用時間均影響學生的學習及成就。 準此而言，心理學家生產函數的主要產出即是學生行為的改變，包括了知識的獲得、 價值觀念的體認、 及能力的增進等方面。其三是經濟學家的生產函數（The Economist's Production Function），此一生產函數，主要是站在經濟利益的觀點，根據成本分析（投入）， 觀其效益（產出）如何。雖然運用之類型互異， 其意都是為了說明教育生產過程中， 投入、產出及歷程運用的因素相關及結合情形，基此而言，教育生產函數的運用與分類，就不僅限於上述三類了。

⓲ J. Alan Thomas: op. cit., p.p. 12-30.

　　應用教育生產函數方法，最為大家熟悉的調查之一，乃是由柯爾門
(J. S. Coleman) 為聯邦政府衞生、敎育、福利部轄下敎育署所做的
一項全國性的調查研究。此一研究，係為瞭解一九六四年頒布的民權法
案 (Civil Rights Act) 執行的結果而設計的。其目的在調查公立學校
中少數種族敎育機會均等的有效性為何。敎育機會均等調查 (Equality
of Education Opportunity Survey, EEOS)，主要目的在調查六個
不同種族的敎育資金投入與這些不同種族在第一、第三、第六、第九及
第十二年級的敎育成就以及投入資金在其成就上效果的分析。EEOS 的
研究發現，學校素質上的差異，對於學生未來成就上的影響，較之社
會和經濟的因素更為重要。亦卽是說學校的設備與師資對少數種族學生
的成就，有絕對很大的影響。其中，尤以師資一項關係最為重要⑲。

本章摘要

　　所謂敎育生產力，是用以表示每一單位敎育投入要素產出量的比
率。這個定義主要是把敎育活動視為一項生產的因素，因此，整個敎育
體系卽變為一種生產過程，利用各種投入因素，產出實質單位或非實質
單位的敎育產品。

　　敎育生產力概念的發軔有四:

　　其一、起源於經濟學上的成本效果分析，其目的在求資源合理分配
的標準與資源有效的利用，以較少的投入而求得較大的產出。

⑲　Carol E. Hones: "Toward Greater Educational Productivity" in
　　Educational Need in the Public Economy, edited by K. Alexander
　　and K. F. Jorden, University of Florida press. 1976. p. 147.

其二、起源於教育效益的測定。

其三、起源於生產結構改變中，所造成的「技術差距」（Technology gap）。在此種情況下，教育的主要效果有二，其一是環境變動的適應能力，其二是創新的能力。基此，即可在其他條件固定不變時，提高學習者的學習能力，縮短技術不足的差距，增加個人受益的程度。

其四、起源於各級學校間邊際生產力與工資間的相關關係。

有關教育生產力的測度方法，本文認為可從教育的體系及教育的投入與產出三方面加以測定。

教育體系（educational system）的測度，可從教育制度的內部效率（Internal Efficiency）及外在生產力（External productivity）的成效如何而加以求得。

教育投入（educational input）要素的測定，主要包括教師的時間、學生的時間、以及為教育所支付的土地、建築、設備、與書籍、文具等方面，此即涉及到教育成本的計算問題。

教育產出（educational output）的測度是比較困難的，因為教育產出不同於其他的產品，可以用市場價格來代表。其次，教育產出尚受其他因素的影響（諸如家庭背景、社會因素等），本文特舉出卡希爾（R. Carr Hill）與麥克魯森（O. Magnussen）二氏及湯瑪斯（J. A. Thomas）諸位學者的看法。

至於教育生產函數，主要是在表示教育投入與產出間的相互關係，並可以數學方程式表示之，如果我們用X來表示投入因素，Y表示產出，則教育生產函數即以Y＝f（X）來表示。

教育生產函數的運用範圍有三，其一是對學校行政的運用，即謂之行政人員的生產函數（The Administrator's production Function），其二是對心理學家的運用，即謂之心理學家的生產函數（The Psychologist's production Function)，其三是經濟學家的生產函數（**The** Economist's production Function）。

第九章 學校經營規模

第一節 學校經營規模的意義與內涵

學校經營規模的理論與架構，主要是根據經濟學上所謂之規模經濟 (Economics of Scale) 的理論應運而生。所以，在沒有述及本題之前，試先就規模經濟的意義，概述如下。

壹、規模經濟的意義

在經濟學上，對於任何一種產業的投資與經營，均可以視為一種生產過程，經濟學家在討論生產過程時，通常喜歡以投入 (input) 和產出 (output) 兩個主要變數來表示。舉凡資本、原料、勞務、技術，以及土地等均可視為投入因素，產出則是指產品而言，亦係生產過程控制的結果。而有關此一生產事業規模收益 (Returns to Scale) 的分析，簡單的說，即在探討當所有投入以某種比例改變時，其產出是否呈「較小比例」、「同等比例」或「較大比例」改變的問題 ❶。

---

❶ Elchanan Cohn: The Economics of Education Lexington, D. C. Health and Company, 1975, p. 263.

一般而論，在生產技術、組織和其他因素不變的情況下，一定的投入會有一定的產出，這就是所謂規模不變而收益一定的情況。如果規模擴大，投入以一定比例的增加，則產出亦會以同一的比例相對的增加，這就是所謂規模收益恒常 (Constant Returns to Scale) 的定律。如果規模擴大，引起生產技術、組織的改變，例如高效率機器的引進、精密的人力分工等，遂使生產效能提高，生產成本降低，這時，如果投入以一定比例的增加，而產出增加的比例遠比投入增加的比例為大，這就會產生所謂規模收益遞增 (Increasing Returns to Scale) 的現象。相反地，如果規模擴大至相當程度後，由於組織內部溝通與協調的困難，致使一定比例增加的投入產生低於該比例增加的產出，此即所謂規模收益遞減(Decreasing Returns to Scale) 的現象。此時，在生產中通常所謂的規模經濟 (Economics of Scale) 與規模不經濟 (Diseconomics of Scale) 的情況，便是上述兩種現象中產生的❷。

通常，成本常被用來表示投入的值，因此，規模經濟與不經濟又可解釋為：當生產規模擴大時，產出增加的比例大於成本增加的比例，便是規模經濟；反之，規模擴大時，產出增加的比例小於成本增加的比例，便是規模不經濟❸。

貳、學校經營規模的意義與內涵

一、學校經營規模的意義

從上文簡單的說明，對於規模經濟的意義當能有一個概括性的觀念與瞭解。因此，現在再就此一觀念如何運用到教育規模經濟（或者是學

---

❷ Daniel C.Rogers:Economics and Education, Principles and Application, New York, The Free Press, 1971, p.p. 107–113.
❸ 請見林文達：「規模經濟與教育政策」，新時代，第十五卷五期，民國六十四年五月出版，頁六一。

校經營規模）上作如下之探討。

　　近數十年來，由於民主思潮的勃興，主張教育機會均等；教育投資觀念的建立，確認教育爲國家達成政治、經濟、社會與文化總體目標的核心力量，職是之故，國家均視教育是一種最有利的投資，而積極加以推展。緣以學齡人口的激增、物價的波動、教育標準的提高、離校年齡的延長以及職業教育的倡導等，致使各國均面臨着財政上的壓力。爲減輕此一壓力，有關教育計畫、教育投資或教育成本諸觀念與技術乃應運而生，探求各種方法，以期有效運用資源，增進投資效益。

　　由於上述教育功能與性質的改變，乃視教育是一種規模逐漸擴大的「知識產業」（Knowledge Industry）❹，要求大量資源的投入，但是，各國普遍面臨着資源的不足（Scarcity of Resources）亦是不爭的事實。故如何使投入的資源能夠作最有效的運用，自然成爲大家所關注的焦點。

　　通常，學校在開辦之初，易受資源使用的整體性（Integrity）及不可分性（Indivisibility）的限制，致使學生單位成本偏高，而不易發揮資源應有的效用。一旦規模稍加擴大，資源效用增加，學生單位成本卽會降低，隨著經營規模繼續擴大，便會發生規模經濟（Economics of Scale）現象；但在規模增加到某一限度之後，資源邊際效用開始受到遞減律的支配，加上管理上的困難，便形成規模不經濟（Diseconomics of Scale）的效果❺。故欲使學校經營符合教育投資的原則——教育成本降低，生產效益加大，適當控制學校經營規模被認爲是一種有效的途徑。因爲學校經營惟有在適當規模下才能使學生單位成本降低，資源分

❹　C. S. Benson: The Economics of public Education, Third Edition, Houghton Mifflin Company, Boston, 1978, p. 126

❺　請見林文達: 「教育經濟與計畫」，臺北、幼獅文化事業公司，民國六十三年出版，頁一三六。

配比例適當。

教育發展，由於前述經費的短絀及運用的不當，時有人批評教育素質的低落，然所謂「素質低落」一詞，語意頗爲含混。近年來，教育事業經營已開始講求績效，其基本觀念在使教育專業工作者對教育結果負責，以提高教育素質，因此在績效責任的原則下，學校經費的支出必須注重以有限的經費發揮最大的效能。誠如日本學者小川鄉太郎所說：「財政支出原則，應以最少的經費獲得最大的效果。然此並非徒事儉約，而是在使經費支用得當，以獲得最大的利益」❻。又美國教育學教授麥克肯與狄龍（McCann and Delon）亦說：「最好的財政行政結構，是以最少的經濟和社會成本，而爲所花費的成本提供最高的服務目的」❼。因爲祇有在適當規模下經營的學校，不僅使單位學生平均成本趨於最低，而且學校資源分配比例亦較適當，所提供的教育勞務（Service）素質甚佳，這種以最少的經費支出提供最佳素質的教育勞務，是相當符合績效責任原則的。故研訂學校適當經營規模的模式，其所得結果，不僅能夠提供給教育當局未來增班設校及發展計畫之參考，且可作爲校長有效運用人力及掌握學校資源之依據，甚或亦可作爲教育視導人員考核學校經營素質良窳，督導學校改進闕失之南針。

二、學校經營規模的內涵

學校經營規模的內涵，可以從下面三方面來說明。

1.學校資源運用的整體性及不可分性

學校資源運用的整體性（Integrity），係指學校的興辦，有些資源

❻ 請見周玉津：「財政學原理」（上），臺北、大中國圖書公司，民國六十三年出版，頁五四—五五。

❼ L. E. McCann and F. G. Delon: Governmental Structure for School Finance. in Warren E. Gauerke and Jack R. Childress (edited), The Theory and Practice of School Finance, Chicago, Rand Mc-Vally and Company 1969, p.p. 89–93.

必須同時投入與運用。一所學校的成立，無論規模大小，均須有校地、校舍建築、教學設備、器材之固定資本投入與教師、行政人員及學生之人力、時間的投入。所謂「麻雀雖小，五臟俱全」就是這個道理。至於學校資源的不可分性 (Indivisibility)，係指學校在經營過程中，某些資源的運用一次至少須採用一個單位，不能因需求不及一個單位而將其分割使用。例如教室、禮堂、圖書館的興建，只能以一間（座）作單位，不能只建半間（座）；又教職員的延聘，每次至少應聘一人，不能只聘半人；其他如設備、器材的購置亦同。

資源運用的整體性及不可分性涉及規模收益的增加，因為適度規模的擴大，可使資源獲得較充分的運用，此即為降低成本，增加投資效益的最好方法。通常，學校於開辦之初，由於學生人數尚少，投入資源常無法獲得充分的運用。其後，隨著每年在學人數的增加，投入資源使用次數漸增，一旦資源使用次數愈頻，每一學生平均分攤的成本必然減低，因而導致規模收益的增加。

2.學校人力的分工與專門化

人力的分工與專門化是組織規模擴大後一個普遍可以觀察到的現象，學校組織亦不例外。例如泰倫等人 (Terrien and Mills) 的研究即指出，學校規模擴大後，其組織愈可能階層化 (Bureacratical)，即愈易導致固定階層與法規的設置，人力的分工與專門化等。❽

有關人力的分工與專門化可以導致規模收益的增加，可從兩方面來觀察：

(1)教學方面

---

❽　F. C. Terrien and D. C. Mills: The Effect of Changing Size Upon the Internal Structure of an Organization, American Sociological Review, Vol. 20, No.1, 1955, p.p. 11-13.

小規模學校由於教師編制員額有限，爲應付課程需要，教師往往必須擔任非其所長的科目。但在學校規模擴大後，由於教師編制員額增加，此時，教師在聘請方面較有彈性，較能依不同課程需要，延聘各科專長教師。這種由於專長教師的聘請，教學課程上合理的分工，教學內容的專門化等均將有利於教學效果的提高。美國有許多研究卽發現，造成小規模學校學生學業成就普遍不如大規模學校的主要原因之一，卽在於前者無法提供各科專長教師、圖書館員、校醫、心理輔導教師等以滿足教育上的需求❾。雷依（Riew）曾以教師平均授課科目數作爲衡量學校教學專門化的一項指標，研究結果發現，小規模學校教師的平均授課科目數有多於大規模學校的現象❿。威爾屈（Welch）更明白指出，較大規模學校之所以有利於教學素質的改進，卽在教師不必擔任非其所學的課程所致⓫。

⑵行政方面

學校人員在組成的本質上，有專業（professional）和半專業（semi-professional）兩類人員。這些人員就其知識領域內多少是位專家，總希望在自己工作領域中有相當的自治權，因此，對於學校此一行政組織究竟是幫助或妨害其工作，其本身應該是最佳的判斷者。基於學校規模擴大後，常會增置許多固定程序和行政法規以提高行政效率，此時，自不免會增加教師與行政人員之間的衝突⓬。故爲解決行政管理上溝通

❾ N. L. Engelhardt: Complete Guide for Planning New School, New York, Parker Publishing Company, 1970, p.p. 1–14.

❿ J. Riew: Economics of Scale in High School Operation, The Review of Economics and Statistics, Vol. 48, Aug. 1966, pp. 280–288.

⓫ F. Welch: Measurement of the Quality of Schooling, American Economic Review, Vol.56, No. 2, May, 1966, p.p. 399–392.

⓬ E. Halsall: The Comprehensive School: Guidelines for the Reorganization of Secondary Education, Oxford, 1973, p.p. 88.

協調之困難，　學校勢必增加行政人員，　從而導致行政人員角色的專門化，而有利於行政效率的提高。

故學校人力的分工與專門化後，　可以同樣甚或以較低的成本改進教學品質或行政效率，　涉及規模收益的增加。　此一情形誠如湯瑪士（Thomas）所說：　「規模經濟產生原因之一係由於改善了對學校人員的運用所造成」 **⑬**。

3.對學生多樣性（Variety）的適應

學校爲適應不同學生之性向、興趣與能力，課程內容必須具有多樣性。通常學校於規模擴大後，　課程上傾向以下兩種型態的改變：

(1)提供更多類型的課程。

(2)提供更多成本較高的課程。（此意謂該類課程所需教室、設備、器材的成本較高，且需受過較高度專業訓練的教師來擔任教學。）

造成這種改變的主因有二：其一是因爲學生人數的增多，使學校爲適應不同學生的興趣與需求必須提供更多類型的課程；其二是爲適應學生之間較大的資質差異必須在課程上作更多的分化（Diversified） **⑭**。

目前已有不少研究證實學校規模的擴大可導致課程的多樣性。例如雷依(J. Riew)研究美國威斯康辛州的高級中學，發現規模在143—200人的高中，所提供的學分數爲34.7個；而在1,601—2,400人的高中，則增加爲80.3個⑮。巴克等人(R. G. Barker and P. V. Gump)的研究亦指出，規模在2,287人的學校，　其所提供的教育行爲活動（Educational Behavioural Setting）有108種之多，而在117人的學校中，　則祇有18

---

⑬ J. A. Thomas: The Productive School, New York, John Wiley and Sons, 1971, p.p. 45–50.

⑭ 同⑬, p.p. 50–54.

⑮ 同⑩, p.p.280–288.

種 ⑯。基於學校規模大小與課程的多樣性有關，美國著名教育學家柯南特（Conant）主張高中最小規模應使每年畢業班人數至少應在一百人。因為高中學生最後一年，課程上理應作最大的分化（Differentiation），以滿足學生不同的需求。課程愈分化，所需教師就愈多，祇有較多的學生才有理由擁有愈多的教師。因此，柯氏在所作美國高中研究報告結論中指出，較大規模的學校，課程分化機會愈多；而畢業班人數少於一百人的學校，將無法提供學生適當的課程 ⑰。另外，美國中北區學院與中等學校學會（North Central Association of Colleges and Secondary Schools）為強調課程多樣性對於學生的重要性，亦從「除適當的輔導、圖書和課外活動服務外，至少應包括38個課程單位」來界定高中最小規模 ⑱。

因此，課程與活動的多樣性之所以涉及規模收益的增加，在於學校規模的擴大，可在不一定改變單位學生成本的情況下，增加課程與活動的類型。換言之，即一所「較大規模的學校」很可能以同樣的費用而比「較小規模的學校」，提供更多類型的課程與活動，而此即為規模收益增加的另一種型態 ⑲。

綜觀上述，學校規模的擴大，在克服資源運用整體性與不可分性的限制後，單位學生平均成本和邊際成本均會遞減，同時，由於學校人力分工與專門化以及提供課程及活動的多樣性，使學校能以同樣或較低的成本提供較高素質的教育服務，從而導致規模收益的增加。然而吾人不

⑯　R. G. Barker and P. V. Gump: Big School, Small School, Stanford Press., 1964. pp. 17-24.
⑰　James B. Conant: The American High School Today, New York, Mcgraw-Hill Book Company, 1959, p.p. 77.
⑱　L. W. Anderson and L. A. Van Dyke: Secondary School Administration, Boston, Houghton Company, 1972, pp. 86-92.
⑲　同⑱, p.p. 50-54.

能據此而遽下結論，認為學校規模無限制的擴大可以導致教育生產力的提高。因為教育活動尚有許多其他的因素必須要考慮，例如，個別化教學的利益，以及有利於人際交互關係的社會心理氣氛（Sociopsychological climate）等。

　　許多教育社會學家早已公認學校的社會結構與學生教育成就有關。他們認為學校成員間（包括教師、行政人員、以及學生等）有社會交互作用存在，這種交互作用的品質，決定學校教育的成敗。也就是說，在學校社會結構中，如果各領域交互作用情形良好，則良好的教學及學習氣氛因之產生。反之，如果這種交互作用情形不良，則教學及學習氣氛將轉壞，行政人員或教師可能因此而異動，學生也可能輟學 ⑳。

　　有關學校規模大小對學校成員交互作用的影響，就行政人員與行政人員之間而言，艾克頓社會信任（The Acton Society Trust）研究結果顯示，行政人員名字的認識與規模大小呈負相關，而與謠言的接受性呈正相關；而且成員對組織事務的興趣程度亦與規模大小呈負相關 ㉑。

　　就師生間的交互作用而言，牟乃漢（W˙ W. Monahan）的研究發現，超過2,100人的學校比少於2,100人的學校，教師顯著地比較不認識其學生 ㉒。而且許多教育學者亦曾就此點批評大規模學校。他們認為大規模學校的教師主要根據名冊來認識學生，且其所熟識者常是成績最好或最壞或有特殊表現及專長的學生，至於大多數表現平平的學生常易受忽視。有人甚至指出大規模學校學生所以輟學率較高，其因即在學生在

⑳　請見林清江：「教育社會學」，臺北，臺灣書店，民國六十四年出版，頁七四。

㉑　同⑫，p.p. 88.

㉒　W. W Monahan: Teacher's Knowledge of Students Related to Urban High School Size, Doctor's thesis, Berkeley, University of California, 1965, Abstracted in Dissertation Abstracts, Vol. 26, No.2, 1966. p.p. 830–831.

校感到不被注意或重視所致 ㉓。

就教師與行政人員間的交互作用而言. 史密斯（A. G. Smith）的研究指出，學校規模過於擴大引起階層層級增加時，教師與行政人員之間溝通的障礙與誤解的機會均會增多；同時，也會影響到教師的服務熱忱 ㉔。因為行政階層層級的增加，學校為提高行政效率，自不免會擬定若干固定行政程序與法規，這極易導致彼此間的衝突。從卡佛等人（Carver & Sergiovanni）的研究中亦可發現，即使大規模中學的校長採取開放政策，其學校教師在組織氣氛描述問卷（Organization Climate Description Questionnaire）中的兩個分測驗：團隊精神（Esprit）和信任（Trust），就是無法以「最喜歡」（Most Favorite）程度來反應，從而獲得閉塞氣氛的分數 ㉕。而在閉塞氣氛的學校中，安卓斯（Andrews）發現，其教師常不若開放氣氛學校的教師，能表現極大的滿足感及對學校行政效率和校長較大的信心 ㉖。此或許也可解釋大規模學校教師對學校決策決定參與率低的原因。因為在布里基(Bridges)的研究中發現，學校規模可以決定教師參與決定的程度，通常，較大規模學校的教師比較小規模學校的教師有較低的參與率 ㉗。

就學生之間的交互作用而言，拉森（Larson）的研究指出，大多數小規模學校的學生，易於結交朋友，而且喜歡其所認識的人。而大規模

㉓　同⑬，p.p. 86-92

㉔　A. G. Smith: Communication and Status, Center for the Advanced Study of Educational Administration, University of Oregon, 1966, p.p. 41-44.

㉕　F. D. Carver and T. J. Sergiovanni: Education Administration, Some Notes on the O. E. C. D. Vol. VII, No.1, May, 1969. p.p.80.

㉖　John H. M. Andrews: School Organization Climate: Some Validity Studies of O. E. C. D. Vol. 5, No.4. Dec.1965, p.p.317-334.

㉗　E. M. Bridges: Teacher Participation in Decision-Making, Administrator's Notebook, Vol. 12, No. 1-4, May, 1964, p.p. 410-443.

學校儘管其所提供的活動種類較多，但參加的學生並不多，或者僅是參加一種；甚至有些感到參加活動有困難 ㉘。 同樣地，崁貝爾（W. J. Compbell）的研究亦發現，在83—221人的學校中，學生課外活動參與率為百分之四十；在339—438人的學校中，降至百分之三十；而在最大規模學校中則只有百分之十五。研究同時顯示小規模學校的學生參加較多的活動，而且比大規模學校的學生較能在活動中佔得一席地位並負起重要責任㉙。此一研究結果與克蘭哈特（E. J. Kleinhart）的密西根中學研究結果相符。換言之，克氏的研究亦發現較小規模學校的學生，參加學校活動種類較廣 ㉚。 此外，柯爾曼（J. S. Coleman）的研究亦指出，在大規模學校中，只有少數學生能說出在某些方面表現卓越同學的名字 ㉛。

　　從以上研究中可以看出，學校規模的擴大多少不利於學校成員間的交互作用，這種不良的交互作用，對於學校氣氛及學生的學習活動，以及訓導的成效等無不有所影響。

　　總之，學校規模的擴大，可以增加資源的使用率，改善人員的運用及增加教育勞務的種類等，使資源效用驟增，單位學生成本遞減，呈現規模經濟的現象；但在學校規模擴大至相當程度後，可因行政溝通、協調、管理上的困難以及成員間不良的交互作用削弱學生的學習、訓導效果，使學校經營不再符合經濟效能，同時資源運用亦受到效用遞減律的支配，從而形成規模不經濟的效果。

㉘　同⑫, p.p. 92-93.
㉙　W. J. Campbell: School Size;Its Influence on Pupils, O. E. C. D. Vol. Ⅲ, No.1. May, 1965, p.8.
㉚　E. J. Kleinhart: Student Activity Participation and High School Size, Doctor's thesis, An Arbor, University of Michigan 1964, Abstracted in Dissertation Abstracts, Vol. 25, No.7, 1965, p.p. 3935.
㉛　J. S. Coleman: The Adolescent Society, New York, Free Press of Glencoe, 1961, p. 147.

第二節　學校經營規模的類型

　　學校經營規模的大小，究竟以何項數值為準，目前仍是一個爭論的課題。唐尼爾（Dunnel）以郊區的小學作研究。發現小學經營規模不宜過大，否則對於學生的學習成就會有很大的影響㉜。勃克海德(Burkhead)以亞提蘭他市（Atlanta）的各中等學校為研究的對象，也發現學校規模的大小（甚至於班級規模的大小），與學生解釋問題能力的成就，具有顯著的相關㉝。因此，學校經營規模類型的大小，無可置疑的，會影響到學生的水準與素質。

　　每一類型學校的發展都有不同的決定因素，例如，中小學校的發展取決於社區的人口，社區的經濟情況及學校本身的素質等因素，大學教育科系的增設則與國家建設的需要，國民的求知慾望與所得能力有關係。相同因素決定了不同類型學校與科系的供給與需要，這類供給與需要也就決定了未來發展的規模。供需增加，規模便有繼續增長的趨勢；供需不變，規模便形穩定，供需減少，規模便有縮小之慮。故依教育發展與在學人數的多少，學校經營規模的類型可以區分為下列五種，現依其特性分述如次：

一、規模過小萎縮型

規模過小型的共同特徵是在資源使用上不能克服整體性與不可分性

㉜　J.P. Dunnell: Input and Output Analysis of Suburban Elementary School Districts (Paper presented at the Annual Meeting of the American Educational Research Association, N. Y. 1971) (ED047 366)

㉝　K. Alexander and K. F. Jordan:Educational Need in the Public Economy,The University Presses of Florida, Gainesville, 1976, p. 156.

的情況下，致使學生單位成本偏高，而不易發揮資源應有的效用。其次，因受資源使用量的限制，不能充分運用新的教學方法與教學技術，教學不易分工，教師往往為湊足教學時數，授課類別繁雜，因此教學不夠專精，且形成教師負擔過重。此一類型的學校，由於社區人口漸漸外移，學齡兒童減少，加之學校經營不善，且新的投資不易增加，祇有任由既有的投資折舊，不僅教與學每況愈下，還會有危害學生身心健康的可能性出現。例如，麥克派提蘭（Mc Partland）的研究發現南方黑人地區性的不平等，主要是黑人學生所使用的學校設備較為落後所致❸。對於此一類型學校，發展成規模適度型並維持其穩定，十分不易。因此，應考慮逐漸將之廢除。廢除方式可在自然折舊程序中，配合學區重劃，交通運輸與人口遷出等策略慢慢進行，亦可採用一次遷移，將已有的學生改編入鄰近或相同系科的學校❸。

二、規模過小成長型

此類學校雖具有上述規模過小的特徵，但如經營妥善，亦有其優點。由於校園不大，師生間有較多互相接觸的機會，瞭解學生個別差異，因勢利導，易收教育之宏效。成長型學校對於未來固定投資的策略應該審慎，如果投入資源調配得當的話，在成長過程中，可以逐漸降低學生單位成本，革除過小型的弊害；反之，則易形成浪費，因此對於該地區人口的成長，經濟發展以及人口移動等資料應該充分掌握，以便瞭解學生入學的供應量，據以決定學校未來規模發展的可能性與限制。

三、規模適度成長型

規模適度成長型的特徵是學生單位成本平均最低，教師授課科目減少，負擔減輕，學校提供教學科目增多，教師素質提高，教與學都會保

---

❸　Ibid., p. 156.
❸　同❺，頁一四七。

持一定的水準，且能維持行政人員及師生間的良好接觸機會。如果此類學校逐漸成長，增加固定投資，則有趨向於規模過大型的趨勢（卽趨向於規模過大經營良好型或規模過大經營不善型），這時，就會產生行政上的困擾，以及師生接觸機會減少之弊端，不適時予以改善，這些困擾與弊端將日漸加深。

對於規模適度成長型學校之發展，應儘量利用已有之設備，減少不必要的固定投資，超出的學生人數以輸導進入其他學校爲宜。必要時，在旣有設備下發展成爲規模過大型學校後，再設立分校，或另設一個獨立學校，因爲過份固定投資，一旦分出學生成立分校或獨立學校後，會造成原先許多固定的投資廢棄不用，形成規模的不經濟。

四、規模過大經營良好型

規模過大經營良好型因爲有充分的資源投入，在教師素質的維持，教學種類的提供，教師負擔減輕與研究機會的創造方面均能維持一定的水準，但其學生單位成本亦必較規模適度成長型爲高。其次，此類學校難免將會逐漸增加行政人員，以及教師與學生接觸時間的減少，因此行政上的弊端與師生關係的淡漠有時勢所難免，補救之道，是學校可以延聘較多的輔導教師，從事學生生活指導，增加教師與學生接觸機會，同時應開闢行政人員與教師、學生間溝通的管道，以免行政與師生教學活動脫節。

五、規模過大經營不善型

學校規模過大，如前所述，會造成行政溝通、協調、管理上的困難。此外，一個更嚴重的現象是規模愈大，組織愈可能官僚化（卽組織內部引起固定階層的設立，人力的分工與專門化，法規的設置等）。成員墨守成規，不願改革，工作難以推動，使學校經營不再符合經濟效能。爲改善此種現象，管理者祇有付出更多的心力，重新調配工作者的

工作份量。

第三節　學校經營規模之有關分析及發現

一、學校規模大小對成績 (performance) 的影響

葛雷 (S. C. Gray) 曾研究四組不同的學校規模與其學生在愛荷華教育發展測驗上所獲分數的相關。 研究時， 先對十年級的學生施以測驗， 二年後再予重測， 結果發現: ㈠少於一四九人之最小規模組兩次測驗所得的平均分數均最低; 且重測後所得的進步分數(Gains) 亦最少; ㈡一五九人至三九九人組與四〇〇人至九九九人組的學校， 學生兩次測驗所得的平均分數均最高; ㈢一千人以上的最大規模組重測後所得的進步分數最多 ❸❻。另外， 詹斯 （Jontze） 的研究亦發現， 學校規模擴大到某種範圍（約在四〇〇人至八〇〇人左右）時， 學生在愛荷華教育發展測驗上的分數會提高， 一旦超過此一範圍， 分數便會降低 ❸❼。

此外， 亦有研究發現學校規模會影響學生日後的學術成就。例如，哈蒙 (L. R. Harmon) 的研究中顯示， 少於一百名畢業生的學校， 日後獲得博士學位的人數低於全國的常模， 多於一百名畢業生學校則高於全國常模❸❽， 此一研究結果與柯南特 (Conant) 主張高中最小規模應為

---

❸❻　S. C.Gray: A Study of the Relationship Between Size and Number of Qualitative and Quantitative Factors of Education in Four Sizes of Secondary School in Iowa. Thesis Iowa State University, 1961, abstracted in Dissertation Abstracts, Vol. 22, No. 8, 1962, p. 2631.

❸❼　W. E. Barron: Measurement of Educational Productivity, in Warren E. Gauerke and J. R. Childress (edited), The Theory and Practice of School Finance, Chicago: Rand McNally and Company, 1969, p. 282.

❸❽　L. R. Harmon: High School Background of Science Doctorates, Science, Vol. 10, March, 1961, p.p. 679–688.

每年畢業班人數至少一百人的結論可謂不謀而合。

　　儘管上述的研究均支持學校規模對於學生學業成就有影響，而且在學校規模擴大到某種範圍時，將有利於學生學業成就分數的提高，但亦有若干研究並不支持此種說法。例如，柯恩（Cohn）的研究發現學校規模與學生在愛荷華教育發展測驗上所獲得的進步分數並無顯著的相關❸。因此，有關學校規模對學生學業成就的影響，迄今未有定論。誠如貝克斯（Banks）所說：「這方面的研究數量尚不足以支持任何結論」❹。至於若干研究所以顯示大規模學校比小規模學校有較佳的學業成就表現，有人認為與其歸功於學校規模效果，倒不如歸功於學校有較佳的師資、設備、課程等來得恰當。因為在柯爾曼（J. S. Coleman）的調查研究中發現，在控制學校課程和設備的情況下，學校規模的影響效果（即規模愈大愈好）將消失❹。換言之，即較大規模學校的學生所以有較佳之學業成就，主要係由於擁有較多的圖書、較佳的課程以及設備所致，尤其在中學教育階段，柯氏同時指出，教師對學生成就水準的影響遠比學校規模來得重要。威爾屈（F. Welch）的研究亦獲得類似的結論，他發現決定鄉村男性教育素質最重要的因素是教師資格和學校規模。其中大規模學校所以有利於教學素質的改進，係因為教師不必擔任非其本科的教學所致❹。英格哈德（N. L. Engelhardt）更明白地指出，小規模學校學生在學業成就和基本技能熟練方面表現比大規模學校學生差的原因在於前者無法提供各類專家如各科專門教師、圖書館員、護士等，以滿足今日教育的需求，而後者不僅可對學生作能力分班、分

❸　E. Cohn: Economics of Scale in Iowa High School Operation, Journal of Human Resources, Fall 1968, p.p. 422-434.

❹　同⑫, p. 116.

❹　同⑫, p. 117.

❹　同❹, p.p. 379-392.

組教學，且教師之間有合作共研教材教法的機會，設備亦能獲得充分的運用，因而易獲致較佳的學業成就表現 ❹。

故欲決定學校規模對學生學業成就的影響效果，最重要的是探討學校規模的改變是否導致師資、課程、教法、設備等教學素質的改進，因為此種改進極可能才是真正提高學業成就的主因。何況欲從學校規模對學生成績影響效果中研究規模收益的情形，理應從「以某種比例改變學校有關投入，以觀察其對學生成績影響」方面着手 ❹。然而目前基於實際上的困難，迄今尚無此類研究產生。當然，若純就教育的觀點而言，吾人寧可猜測規模收益遞減是教育產業最可能的狀態 ❹。

二、學校規模大小對學校成本 (Cost) 的影響

學校規模大小是影響學校成本的一項重要因素。美國學區重劃委員會(The National Commission on School District Reorganization)指出：「學校規模與教育成本有直接關係，一般來說，規模愈小的學校，單位學生成本愈高」。吳德翰（Woodham）的研究發現，中學規模大小與單位學生成本呈負相關，而且單位學生成本在學校規模少於三五〇人時最高。吳氏並進一步分析學校提供每一教育機會單元的單位學生成本 (A Cost per Pupil per Unit Educational Opportunity) 與學校規模的關係，結果亦顯示其間有顯著的負相關，尤其在學校規模少於三五〇人時成本最高。另外，奧維特（Oviatt）的研究發現：學校規模擴大到八〇〇至九九九人時，單位學生成本與學校規模大小呈負相關，亦即學校規模愈大，單位學生成本愈低；學校規模愈小，單位學生成本愈高。當學校規模繼續擴大至一〇〇〇人至一一九九人時，教學課程

---

❹　同❾，p.p. 7-9.
❹　同❶，p. 261.
❹　同❶，p. 264.

品質與學校規模大小呈正相關；一旦規模擴大到超過一一九九人時，則學校規模與單位學生成本或學校規模與教學課程品質之間均不再有正相關 **⑯**。

　　然而學校規模大小僅爲影響學校成本的因素之一，在研究學校經營規模時，如欲以其結果作爲決策參考，必須同時考慮其他可能影響成本的因素。例如，當研究結果指出大規模學校成本較低，較具經濟效益時，還須考慮到其他有關的因素，如個別敎學的利益、良好的人際關係、師資的素質、敎法的運用等，此一研究事實又將如何影響決策呢？下文將進一步探討其他因素對於學校成本的影響爲何。

　　赫爾須（W. Z. Hirsch）曾根據一九〇〇年至一九五八年的經費資料，研究影響美國公共敎育成本上漲的因素。首先，他提出六項影響敎育經費水準的範疇，分別是：平均每日出席學生人數，人口的社會特質（主要指年齡和地理的分佈），經濟特質，敎育勞務的差異、範圍和品質，學校的生產力，政府的責任 **⑰**。但是赫氏在研究項目中並不包括後兩個範疇。因爲他認爲有許多敎育產出是無法量化的，因此第五範疇中有關公共敎育生產力的改變，無法評估。有鑑於此，他建議學校應擴大使用視聽敎具，團體敎學及充分運用校舍，以降低增加成本的需求，提高生產力。至於第六範疇有關政府對地方學校的責任，他亦因無法對於每一州都作個別的研究，因此就難以發現不同政府責任型態對成本支出的影響效果。

　　基於上述之因素，赫氏卽根據前四個範疇提出下列七個因素作自變數，其分別是：平均每日出席人數，高中生佔全體學生的比例，學期的

⑯　同**⑬**, p.p. 86–92.
⑰　W. Z. Hirsch: Analysis of the Rising Costs of Public Education, Washington: Joint Economic Committee, 1959, p.p. 82–88.

長度（時間），都市地區學生的比例，教師平均每年薪資，國民所得，每千名學生的監督與輔導人員數；並以中小學每一學生每日總經常費加借貸額作因變數，採二個多重廻歸計算公式，研究結果發現只有教師薪資水準和國民所得達於顯著水準，同時亦發現每一自變數與因變數的簡易相關係數均超過‧九七 **❹**。

羅尼斯（P. R. Lohnes）的研究係對一九五〇至一九五五年間麻省（Massachusetts）波士頓以外地區三五〇所學校總經常費用改變的百分比與學生人數的成長率和學校絕對大小（absolute size）之間的關係作系統的探討。採變異數分析結果顯示，學生人數成長率的改變與經費增加較高的百分比之間成正相關；同時，學校規模大小也與經費改變的比率有關，在將學生人數成長率的差異固定後，發現中型學校（五〇〇人至一、九九九人）比小型學校（五〇〇人以下）或大型學校（二、〇〇〇人至二八、〇〇〇人）經費支出增加相對較快速 **❹**。

綜觀上述的研究，大致可以瞭解除學校規模大小為影響學校成本支出的重要因素外，其他如教師薪資，學生人數的成長率，教育的範圍與品質，學區的經濟的條件，地理位置，以及政府對學校的補助額等亦為重要的影響因素。而其中最為教育學者所矚目的是教育的範圍與品質。因為從事於學校成本分析時，如不考慮學校品質的差異，僅是學校成本指標是無法反映學校經營效率的。例如梭曼(L. C. Solmon)曾說：「每一學生單位費用的差異與學生成就間的差異並無一致的相關。因為學校經費並不一定被用於與學生成就有重大關係的因素上，如果僅用每一學生單位費用此一指標來衡量教育的質，是沒有抓到重點的。而較重要的是

❹　Ibid., p. 91.

❹　P.R. Lohnes：New England Finances Public Education, Cambridge: New England School Development Council, 1958, p.p. 11-13.

經費如何支配的問題。它是否用來聘請適當的教師或用於其他對學校環境有益的方面。如果它被用來支助學校球隊，則即使該校每一學生單位費用很高，也不會成為夠水準的學校」❺。此一情事，誠如里依 (Riew) 所言：「於從事學校經營規模分析時，不管研究係採何種方法，均須對構成學校品質的指標作若干確切的假定，且所作結論亦應參考所考慮的質因素以作判斷」❷。但問題是欲建立學校質因素的指標實非易事，儘管如此，許多研究者仍試圖找出若干可行的指標。例如，里依即對威斯康辛州一〇八個高中作經營規模分析時，建立了六個學校品質因素的指標，其分別是：㈠平均教師薪資；㈡具有碩士學位教師的百分比；㈢平均教學年資；㈣師生比率；㈤提供學分數；㈥教師平均授課科目數。其中前三項是在反映教師的素質；第四項是在說明班級的大小；第五項是在指課程的廣博度；最後一項則在顯示教學專門化的程度。現茲將該研究中，學校規模大小，單位學生平均經常成本以及學校品質因素指標間的相關情形列如下表：

❺ L. C. Solmon: Schooling and Subsequent Success, In Does College Matter? edited by L. C. Solmon and P. J. Taubman, Academic Press, 1973, p.p. 13–34.

❻ 同❿, p.p. 280–288.

卅五　美國威斯康辛州一〇八個高中有關學校規模大小，師資品質
與平均經常支出相關一覽表

學校數目	每日出席學生人數	單位學生平均經常成本	平均教師薪資	具有碩士學位教師的百分比	平均教學年資	師生比例	提供學分	教師平均授課科目數
6	143–200	$531.9	$5,305	18.1	6.3	17.3	34.7	3.8
12	201–300	480.8	5,187	15.1	6.1	18.2	36.9	2.9
19	301–400	446.3	5,265	18.8	6.3	20.0	39.6	2.5
17	401–500	426.9	5,401	18.5	7.4	20.9	44.0	2.3
14	501–600	442.6	5,574	23.5	7.5	20.7	46.5	1.9
13	601–700	413.1	5,411	22.5	6.8	20.9	45.3	1.7
9	701–900	374.3	5,543	22.3	7.1	24.1	46.4	1.8
6	901–1100	433.2	5,939	34.0	7.3	21.4	57.7	1.6
6	1101–1600	407.3	5,976	36.5	11.9	24.4	63.4	1.6
7	1601–2400	405.6	6,230	54.5	11.2	24.2	80.3	1.6

資料來源: John Riew, "Economics of Scale in High School Operation",

The Review of Economics and Statistics, Vol. 48, Aug. 1966, pp. 280–288.

從上表可以得知：

(1)當學校由少於二百人增至七百或九百人時，單位學生成本遞降；同時，較小的學校有較低的師生比例，較大的學校則提供學分數較多且教師平均授課科目數較少。

(2)單位學生成本會隨著規模的擴大而呈遞減現象，直到學校規模為七百至九百人時；隨後學生人數增加，單位學生費用亦增加；此時決定學校品質的因素如具有碩士學位教師的百分比、提高學分數、教師薪資、平均教學年資等亦隨之提高。至於師生比例雖略有變動，但並不能顯出差異。

(3)關於大於七百至九百人的學校，由於其單位學生成本雖較高，但所提供學分數，具有碩士學位教師百分比，教學年資等均較佳，因此，此類學校是否更具經濟效益，主要根據個人究竟重視成本差異或學校品質差異來作價值判斷。換言之，個人若認為學校品質的提高足以彌補所付出較高教育費用的差距，則謂較大規模學校較具經濟效益亦未嘗不可。

至於在廻歸分析中，里依（J. Riew）則以單位學生平均經常成本作依變數，以學校規模、教師平均薪資、提供學分數、每一教師平均授課數，以及一九五七至一九六〇年間學生人數的改變（以一九六〇年學生人數佔一九五七年學生人數的百分比表示）及一九五〇年以後興建教室的百分比作自變數，研究結果發現，造成一九六〇至一九六一年間威斯康辛州一〇八所高中單位學生平均經常費用的差異，有百分之五六（56％）可由上述六個變數來解釋，其中教師平均薪資、學生人數和學生人數的改變三者達於統計上的顯著程度 **❸**。

總之，根據許多學者的研究，認為學校規模大小主要是受社區型態、地理位置及學生人數的改變比率等因素所影響，當然，學校本身的因素（諸如教師人數及授課時數、平均班級大小等）亦需要考慮在內，上面這些因素，對於學校成本之多寡自然有所影響。

本章摘要

近年來，教育已被視為一種規模逐漸擴大的產業（Industry），因此，對於教育事業的經營已開始講求績效，其基本觀念在使教育專業工作者對教育結果負責，以提高教育素質，在績效責任的原則下，學校經

❸　同❿, p.p. 280-288.

費的支出必須注重以有限的經費發揮最大的效能。那麼，祗有在適當規模下經營的學校，不僅使單位學生平均成本趨於最低，而且學校資源分配比例亦較適當，所提供的教育勞務（Service）素質甚佳。故研訂學校適當經營規模的模式，其所得結果，不僅能夠提供給教育當局未來增班設校及發展計畫之參考，且可作為校長有效運用人力及掌握學校資源之依據，甚或亦可作為教育視導人員考核學校素質良窳，督導學校改進闕失之南針。這是學校經營規模的意義及產生的背景。

言及學校經營規模的內涵，可以從下面三方面來說明。其一是學校資源運用的整體性及不可分性。其二是學校人力的分工與專門化。其三是對學生多樣性（Variety）的適應。

至於學校經營規模的類型，文內提到五種類型，各為：一、規模過小萎縮型。二、規模過小成長型。三、規模適度成長型。四、規模過大經營良好性。五、規模過大經營不善型。

最後，論及學校經營規模之有關分析及發現，根據學者專家的研究有以下兩點的發現：

第一、是學校規模的大小對學生學業成績會有所影響。

第二、是學校規模的大小對學校的成本會有所影響。

第十章 教育計畫

第一節 教育計畫的意義與內涵

在沒有談到教育計畫（Educational Planning）的意義與內涵，及教育計畫所涉及的諸項問題之前，對「計畫」一詞的定義與「教育計畫」觀念上的混淆，試予解釋與澄清。有關教育計畫的概念，其構架經過長時期的孕育雖已逐漸確立，但迄今爲止仍處在一種不定的狀態，卽使就其內涵言，目前仍然沒有一致的看法，因爲每個人都從不同的角度與方向去探討此一課題，而且各人所採取的方法也不一樣，故影響到計畫的範圍與內涵亦有所差異。因此要想在字典裏找出一個明確完整的定義，殊非易事。探其原因是由於每個專家所引申的定義，往往都是以其個人的目的，過去的經驗爲主體。所以，不同的定義在邏輯意義上並不意指其中可能會有偏失，祇是他們對這個問題的範圍及其內在要素持有不同的看法與重點而已。實際上，任何一個國家教育計畫所涉及的領域，都是由專家（如經濟、政治、社會及教育等專家）或各種力量的交互作用所決定，在如此複雜的因素之內，專家們對於「計畫」甚或「教

育計畫」一詞所採用的定義，也就見仁見智，因人而異了。

教育計畫專家邊赫與涂爾 (F. W. Banghart & Albert Trull)
在其所著的「教育計畫」 (Educational Planning) 一書中認為「計畫
是一種有組織之連續步驟，趨向於一個目標的完成」❶。這種解釋似嫌
抽象，在語詞間尚未能提供計畫運作的具體步驟與途徑。另一位從事計
畫工作多年的加洛威 (George, B Gelloway) 則表示：「計畫是一種
有組織的先見再加上正確的認識。計畫關聯著政府、經濟與社會之所有
問題，亦牽涉到所有社會、物質與自然科學間的合作」❷。事實上，計
畫的含義尚應包括若干因素歷程，如目標的獲致、達到目標的有效方
法、及所需資源的適當分配等。因此，計畫的定義就應該是結構的、或
功能的，而不應是簡單的與武斷的。

聯教組織專家柯柏氏 (P. H. Coombs) 在「什麼是教育計畫」(
What is Educational planning) 一書中特別強調計畫的動態特性，他
認為「計畫是一種繼續的歷程，在此一歷程當中，不僅有明確的目的，
尚應考慮到達成此一目的的最佳方案與途徑」❸。因為在一個計畫之
中，達成目的的活動可能有許多，而每一個活動也可能有許多可行途徑
可以選擇。計畫不僅要研擬活動，尋找可行的途徑，也要考慮採用何種
途徑為最好的途徑。柯柏氏在「計畫」的語詞中，特別指出為了達成既
定目的，必須注意最佳方案與途徑的選擇，可謂掌握了教育計畫的基本
精神。

另外，柯氏既然強調計畫是一種動態歷程的觀念，那麼，計畫的活

---

❶ Frank W. Banghart and Albert Trull: "Educational Planning"
The Macmillan Company, New York, 1973, p. 8.

❷ Ibid, p.p. 8–9.

❸ Philip H. Coombs: "What is Educational Planning" UNESCO:
International Institute for Educational Planning, 1970. p.p. 14 - 16.

動就應該是繼續不斷的，除非達成目的，規畫活動就不能夠休止。

　　根據柯氏的定義，計畫的架構卽包含二個主要條件及次要條件。二個主要條件是一個計畫必須要有旣定的目的與方案。二個次要條件則是強調計畫是一個繼續歷程，同時須運用擇優的規劃技術 ❹。

　　德羅爾（Y. Dror）亦從動態的歷程的觀點，解釋「計畫」的性質與內涵，他認爲：「計畫是爲未來的行動，準備一組之各式決策，以達成目標的歷程」。由此一解釋及其定義可見「計畫」有著以下各共同的特點：㈠與未來有關；㈡重點在採取行動；㈢有所設計；㈣決策與決策間有相互依賴性；㈤其計畫有持續性；㈥注意資源之適當分配 ❺。根據德氏之看法，「計畫」卽應具備有行動性、整體性、連貫性三種特性。

　　根據以上許多學者對於「計畫」一詞所作的定義，雖然解說互異，然而其基本條件是不變的。計畫的必要條件不外是選擇最佳可行的途徑與策略以達成旣定的目的。由此一必要條件我們可以說計畫在求問題的圓滿解決，計畫在預爲計謀 ❻。

　　「計畫」一詞的定義旣經明確，現在讓我們探討一下教育計畫的意義與內涵爲何。從邏輯上看，教育計畫乃是運用計畫的系統、原則與方法來解決教育上的諸項問題。但就其性質言，則有待進一步解釋的必要。於此，試從其定義上的解釋以探其梗概。

　　很多學者對於教育計畫的定義作如下之解說。名比較教育學者安德森（C. Arnald Anderson）認爲「教育計畫是爲未來教育上的活動，

❹　P. H. Coombs: op. Cit., p.p. 53–55.
❺　C. Arnald Anderson: "The Social Context of Educational Planning" UNESCO: IIEP 1967. p. 10.
❻　見林文達：「教育經濟與計畫」幼獅文化事業公司印行，民六十年 p.195 –p.196.

準備一套決定的歷程」 ❼ 。未來隱含著計畫的目的導向，歷程則是指計畫的連續性，但安氏於定義中卻沒有更進一步說明其具體的步驟與運作的程序，使教育計畫者不易遵循。

田訥（C. Kenneth Tanner）應用系統的方法來解說教育計畫的定義。他認為：「教育計畫是一種知識系統（Educational planning as a intellectual system），此一知識系統包含了系統分析、作業研究及工藝學三方面融合的活動。而計畫的主要目的在於目標的達成」 ❽ 。此一定義，闡釋出教育計畫的特質與精神，因此，計畫的研訂，卽非一般人員所能勝任的了。

根據上面所說的定義，本文試對教育計畫提出如下的定義：「教育計畫是為著將來的活動，所準備的一套有系統、有步驟的作業程序。旨在根據既定目標，衡量當前各項可資利用的資源，運用統計技術以期透過教育之發展，以促進一國經濟、社會、政治乃至全面發展的歷程」。準此定義，教育計畫乃是一種應用合理的科學方法來解決教育的問題。這一程序包括了確定目標與可應用的資源，分析各種不同計畫的可行性，決定何者為最合適的計畫，進而於一特定時間內完成一特定目標。因此教育計畫的歷程應包括：㈠教育目標的明白確定；㈡對付當前情況及未來趨勢的方法；㈢教育策略的選擇與建立；㈣判定其他計畫之可行性；㈤計畫付諸行動，並隨時協調各階層的差距；㈥隨時評估與調整。目前世界各國教育計畫的作業程序，大多是依此步驟而進步，亦據此作為評鑑教育計畫的標準。

❼ C. Arnald Anderson: "The theory of Educational Planning" in Educational Planning, edited by Beréday, George Z. F., and Lauwerys, Joseph 1967 p. 15.

❽ C. Kenneth Tanner: "Designs for Educational Planning: A Systemic Approach" Health Lexington Books, D. C. Health and Company, Lexington, Mass, 1971. p. 2 - p. 3.

由上述教育計畫的定義及說明，對教育計畫的輪廓似已清晰明顯，無庸贅言。但為對教育計畫的意義能有更深一層的認識，應再作如下的解說。第一、許多新興國家的領袖，都急欲去除貧窮的惡性循環現象，因此，對於教育計畫，有著過高的期望，同時也迫不及待的希望能立刻獲得快速的發展。事實上，教育計畫不是可以治癒所有教育缺點的萬靈丹；要解決教育的問題，並促進教育的發展，完善可行的教育計畫固不可缺，但其他人為的或非人為的因素亦不可忽視。其次，教育的目標，不單在於教導學生特殊技能與知識，同時，也在於培養及建立學生適應環境的能力。所以教育計畫應力求質的提高，而非僅量之擴充，以免技能訓練與人力目標不能相與配合。第三、教育措施並非完全依據國家經濟目標，因為只有從狹義的觀點，教育的任務，才是要配合就業需要。而且由於國家之需求，各類技術變化不定，不是已有固定系統及制度的學校所能單獨應付。所以如何使教育計畫配合就業機會，乃應是就業輔導機構的責任，何況，大部份學校培植出來的人才，極多數只有理論的基礎，而無實際的經驗，這批人力資源有時並不能配合國家的需要，即刻可以成為就業市場上熟練的技術工作者。第四、教育計畫並不單著重於經建人才的培養，而由其壟斷教育政策的一種決定。輓近在許多經濟學專家之中，不乏從事於教育計畫之研究，他們在尋求經濟發展的途徑中，因感於人力資源與技術的不足，而影響到經濟的快速成長，因此視教育計畫為人力發展計畫中之一環，甚而將教育計畫附屬於經濟發展計畫之中，認為教育計畫僅止於推動經濟發展一途，此等觀念與事實，不僅是抹煞了教育的功能，亦誤解了教育的意義。教育發展的結果，固有助於經濟的成長，但對社會發展目標的達成、文化遺產的傳遞、及個人生活智能與道德的增進等，其功厥偉而不可滅，因此，實不能僅站在經濟上的效益言及教育計畫的性質，而應統整社會、政治與文化等多方面

的領域。

　　教育計畫是什麼？討論至此，已有初步的概念與認識。至於教育計畫的內涵，綜上所述，可歸納爲下列幾項：㈠以教育目標爲導向；㈡注重教育計畫過程中各種因素之變化；㈢選擇適當的策略；㈣研擬至佳可行的方案；㈤重視教育計畫的實施結果；㈥對整個計畫歷程的評估與修正。

第二節　教育計畫的需要與特質

壹、教育計畫的需要

　　近世紀以來，由於經濟、社會結構急遽變化的結果，使教育發展亦面臨著以下三種問題的困擾，急待設法解決。

　　其一、是教育制度與措施未能配合社會之快速發展。教育之主要任務在保存社會遺產傳遞下一代，並維護社會制度之完整不變性，但由於社會在求新求發展，而整個教育制度與措施卻不能隨之求變，以謀適應快速社會發展之需要，因此產生了教育制度與社會發展有脫節的現象。

　　其二、是教育結構不能適應經濟及國家發展之需要。一方面是經濟發展所需的各類人力不能充分獲得供應，另一方面是某些類科學校畢業生又遠超過適於就業之人數，因而導致了人力供需的失調，這種現象，不僅影響國家整體的發展及經濟成長的效益，亦形成教育投資的浪費。

　　其三、是教育經費的增加所產生的經濟壓力。過去廿年間，由於就學人數的激增，與人口爆炸 (Population explosion) 一樣有所謂教育爆炸 (Educational explosion) 一詞的產生，不論國家之貧富如何，均感覺到教育經費增加甚速，從國民生產毛額 2 ％以下增加到 4 ％ — 5 ％

以上，或從國家總預算10％以下增加到14％以上，因此教育經費的增加
常較經濟成長率快速，但在一些資源缺乏，經費短絀的國家中，卻深感
教育制度的擴大與革新因受經費不足的限制而難以推展。

由於上述三種問題的產生，無論是教育學家、經濟學家或社會學家
均一致體認到教育計畫在國家發展中的重要性，希望能夠經由計畫之過
程，達成教育改革的目標。比較教育專家安德森（C. A. Anderson）
曾謂：「假如一個國家的教育制度或措施，沒有研訂計畫去發展，不僅
容易招致某些知識份子嚴重的失業問題，同時對於某些技藝人員也可能
會產生嚴重缺乏的現象，可見對於一國之教育設施，事先要有審慎詳盡
的計畫，此即為膾炙人口的教育計畫」❾。因此，教育計畫實施的結
果，不僅有助於一國之經濟發展，且能提供社會上各階層工作所需之原
動力❿。

上面所述，我們瞭解到教育計畫在當今時代的重要性，而各國對於
教育計畫的重視與需要，則可以由下列五點的說明而得以佐證。

一、計畫可以統整國家整體的發展

國家發展的歷程，除教育、科學、文化外，尚包括經濟、社會、政
治及人民的心理建設等多方面的發展，而在國家發展的過程中，教育
發展實擔負有重要的任務，因為教育發展是上述各種發展進步的必需條
件，亦可能是一個較具體而可靠的指標，故研訂一套完善可行的教育發
展計畫，就可以使國家發展更加迅速而有效。

二、計畫可以為未來預作籌謀

❾ C. A. Anderson and M. J.Bowman: "Theoretical Consideration In Educational Planning" edited by M. Blaug: "Economics of educations-I", Penguin Books, 1968, p.p.356-370.
❿ Philip H. Coombs: "A Report on the International Institute for Educational Planning" 1965, p.p. 267-270.

由於計畫是未來導向的決策歷程 ⓫，故計畫可以爲未來預作籌謀。教育發展的成效非短時間內所能顯見，同時影響教育發展的因素也很多，必須早爲準備，設計最佳可行方案，有效達成教育目的。基於科技的進步與方法的改進，遂使計畫者對於未來計畫的準確度漸具信心，因此，教育計畫有趨向於中程以上計畫研訂的趨勢，有利於對未來的發展預作籌謀。

三、計畫可以對教育問題求得圓滿的解決

前述由於經濟、社會結構急遽變化的結果，使教育上面臨著許多問題急待設法解決。教育計畫的研訂，即在謀求圓滿解決教育問題的可行途徑。依此，則教育計畫必須審慎著重策略的建立與選擇，亦即是對教育實施之一種時間安排與運用，按各項問題的輕重緩急、財力狀況及國家發展的需要，能夠循序實施。

四、計畫可以提高教育的效率

教育效率之所以不能提高，係由於人的因素（如教育主管及教育人員的因循陋習，及教育管理觀念之不能革新等）與財源不足因素所影響，教育計畫之研訂與實施，在求經費與計畫目標相配合，突破各項阻礙，達成教育既定目標。

五、計畫可以對資源作最有效的運用

國家分配於教育上的資源究竟有其限度，如果投資不當，不僅不能求取績效，更易形成浪費，增加財政上的負荷。研訂教育發展計畫就可以根據需要與優先順序對資源作有效的分配與使用，發揮資源運用的最大功能。

⓫　H. Ozebekhan "Toward A General Theory of Planning." The perspect of planning ed. Erich Jantsch, Paris, UNESCO, 1968, p. 150.

貳、教育計畫的特質

教育計畫的特質，歸納起來，有如下六項:

一、整體性──教育計畫的目的，不僅在謀求教育制度與教育結構本身的改革，以提高教育的效能，同時亦力謀能夠促進社會的發展，經濟的成長與文化的繁衍，期以達成國家整體發展的目標。卽就教育制度本身言，教育計畫的內涵，不僅包括了各級各類正規教育的發展，同時亦包括了正規教育以外非正規教育如在職中的職業訓練、成人教育與文化活動等發展而言，故教育計畫的特質，在洞察全局，彙籌並顧。

二、長期性──教育計畫目今已由短程的如以一年為期的設計，延伸至中程如五年為期的策畫，為預作籌謀，甚而有延長以至於長程如十年以上為期的計畫。短期計畫係在謀求教育上單一問題的解決，中程以上的計畫則需要兼及到社會的需求、人力的條件與成本利益的觀念，謀求教育的全盤改進與發展。不過，在計畫的過程中，短、中甚或長程計畫可以平行發展，中程計畫係以短程計畫作基礎，而短中程計畫的結果，又可作為長程計畫的依據，並可補充或修正長程計畫的缺陷。近年來世界各國教育發展計畫之研訂，在期限上均有延伸之趨勢，俾以窺視出教育發展的遠景與藍圖。

三、計量性──教育計畫應以數據為基礎，以求其簡明與確定。根據數據，加上各種變數的預估，計算出每個方案所需之費用、時間、技術、人員，估計其效率、效益，和與政策目標的符合度，與其所引致的間接直接影響。據此，教育計畫應儘可能以量化來表達所欲達到的目標為何。

四、可行性──教育計畫的終極目標是轉換為行動方案，逐一付諸實施。故計畫必須是平實的、可行的。此一計畫之可行性，是應考慮到

經濟上的、財力上的、技術上的及政治上的可行性。否則，所擬的計畫與方案，不是窒礙難行，便是效果不佳。

五、多元性——所謂教育計畫的多元性，是指針對一個目標，擬出數個可能替代的方案，對其作客觀、詳細、比較的分析，萬不宜祇從某一個「先入為主」的方案著眼。同時應該評量每一個方案的優缺點。由於主觀的偏見，詳舉某一方案的優點而忽視其缺點，可謂是計畫的大弊。教育計畫所以應具有多元性的特質，主要在比較各個方案的優劣，求以最低之成本，而能獲得最高的效益。

六、適應性——教育計畫是一項動態的活動歷程，當計畫逐一付諸實施時，仍應不斷的修正與改進。當計畫接近完成的時候，教育計畫之各種差異應變得最小，直到各種活動聚集於預期目標之達成。由於應用歷程的不同，教育計畫應具有適應性或是彈性，以順應各種情況之改變。

總之，教育計畫之自立門戶，成為一門獨立學問以來，為時尚不太久，由於其係為一折衷組合之知識，教育計畫是否已擁有其本身之獨特範疇尚值懷疑。換言之，教育計畫是否可稱之為一門特別的學問，抑或僅為一個普通名稱，用以描述其運作歷程或其他運用於教育領域之計畫技術，尚待商榷。唯近年來教育計畫專家紛紛對其理論架構之探討，亦可以顯示教育計畫已建立起自己的領域而趨向於一門獨立學問的產生。

教育計畫可謂是一種理性的歷程。其特質可由上面的說明予以表現出來。教育計畫著重於目標、方法與目的的敍述，依此以達到團體的決定與行動。如果說「準備行動」是規畫；那麼，「說明應該做什麼」就是計畫了。

第三節 教育計畫的作業程序

　　教育計畫不僅爲教育藍圖之草擬，更爲一繼續不斷的歷程，因此，教育計畫的研訂，應具有下列各種相輔相成之連續活動，此一連續活動，在作業程序上有其先後的順序，不容倒置，茲先就計畫作業的原則略予闡述，再討論作業的程序。

　　自教育計畫這個概念被提出後，世界各國均先後體認到教育計畫的重要性，並視其爲國家計畫（National planning）的一部份，但是教育計畫並不是可適用於各種不同情形的標準公式，亦不是可以治癒所有教育缺點的萬靈丹，它祇不過是在特定時間內一種有計畫的活動歷程，爲國家整體建設與發展，舖下一條坦途而已。

　　教育計畫的目標，不宜訂得太高，目標太高，不僅不合實際需要，亦不符現實情況。但如果訂得太低，則不能配合國家建設之所需，使各階層的人力發生供需失調或短缺的現象，阻礙了國家的發展。故教育計畫者在研訂教育目標時，宜針對經濟及政治的情況、文化與社會的背景、財源分配的多寡，作有系統的分析與研判，以確實的統計資料爲依據，擬訂出發展目標的優先順序，一切計畫才能順利推展與實施。

　　教育計畫如就其研訂的方式論，通常可分爲短程的、中程的與長程的三種計畫。長程計畫的研訂，在作業上難以掌握未來發展的趨向，因爲社會的變遷、經濟的成長、政治的盛衰及科學技術的突飛猛進非目前所能洞察與控制。所以教育計畫姑不論以何種方式研訂，一定要具有彈性，俾使隨時修正與調整。

　　長程性的計畫在作業上雖較之前述二種方式困難，但爲適應國家未來發展的需要，可以長期計畫爲骨幹，再配以中期的或短期的計畫。短

期計畫通常只有單一或少數的目標，而中期與長期性計畫則必須兼及經濟、社會、政治及文化等的因素。世界各國教育計畫（甚或經濟與其他類別之計畫）研訂之方式，多以中程計畫為依歸，期使教育發展的事實能夠發揮多方面的功能，達成多方面的目標。

我們瞭解了教育計畫作業的原則後，下文試就其作業的程序逐一探討與說明。

教育計畫作業的程序，首先為研訂明確的教育目標，代表未來教育發展的方向。訂定明確的教育目標，不僅可以使教育決策者及各級教育行政機關在政策上有所遵循，並可以導向今後教育的正確發展。研訂明確目標的另一個目的，可以使一國之教育資源，在一定的期間內，按其發展的優先順序，作最經濟最有效的運用。是以目標是教育資源運用的焦點，也是計畫行動的誘因，更是引導教育系統演進的指南 ⑫。

教育發展目標的分類，可以分為總體目標與部門目標兩大類。總體目標亦即是國家整體建設的目標，此一目標旨在配合並促進國家全面的發展，我國國家發展的遠景，在完成三民主義的國家建設，據此，教育發展總體目標即應遵循此一最高指導原則來訂定。部門目標是教育系統本身的目標，包括各級教育間質量的改善與教育制度之改進等項目。約言之，教育系統目標，在期使各級學校所培育出來的人才，在數量上，能與人力供需調適，在素質上，能適應國家建設之需求，此一目標，則又與總體目標相互呼應。

教育發展目標的層次，通常可以分為三個層次，即長期目標(Long-term aims)、計畫目標（Goals）及規畫目標（Objectives）⑬。「長

---

⑫ 見林文達：「教育經濟與計畫」幼獅文化事業公司印行，民國六十六年三月，頁211。
⑬ 見黃昆輝：「教育計畫的方法」教育計畫叢書之五，教育部教育計畫小組編印，民國六十四年八月，頁12。

期目標」卽是依據國家發展的情況及需要，對未來教育發展的方向，預
作籌謀；「計畫目標」是基於長期目標所訂定的教育政策；至於「規畫
目標」，則是計畫目標的具體化，是運作性的。準此而言，「長期目
標」是預測的，廣泛而有彈性；「計畫目標」是政策性的，爲教育實施
的主導；「規畫目標」是運作性的，具體而詳細❹。三個層次目標之
間，雖有其不同的性質，但在脈絡上卻相互依存，互爲銜接的。

　　第二、爲現況及近期趨勢之剖析。教育發展目標一經決定後，在規
畫正確的途徑中，必須洞悉教育制度的歷史淵源及何種力量足以影響未
來的發展。對此一剖析，計畫人員應運用最有利之事實及最有效的分析
工具。因此，搜集並分析有關教育制度與社會經濟因素的統計資料，乃
爲研訂教育計畫過程中一項基本的要務，作爲提供預測未來教育組織的
數量基礎。

　　顯然地，數量統計法在研訂教育計畫時乃是極爲重要的一種方法。
未來的教育制度能否擴充與教育經費有直接而密切的關係，所有改進與
擴充教育制度的計畫，在決策當局最後核定之前，必須詳加計算成本，
而未來有關教育成本的數字是否可靠，自然取決於蒐集的資料是否充分
與準確而定。基於此，基本統計資料搜集的範圍依其性質卽可分爲下列
幾類：

　　㈠人口統計資料：包括總人口、人口預測及出生率等項資料。

　　㈡勞動力統計資料：包括參與經濟活動人口、勞動力預測等項資
料。

　　㈢經濟與金融統計資料：包括國民總生產毛額、經濟成長指數及總
公共支出等項資料。

　　㈣教育系統資料：包括各級學校之學生、教師、及有關學校的統計

❹　同❸。

等項資料。

㈤教育成本統計資料：包括政府機關辦理教育的經常支出、教育上的資本支出、用於教育支出方面的貸款、應償還之本息及私立學校的教育支出等項資料。

㈥經濟社會發展結構有關資料。

㈦國家未來發展目標有關資料。

上述各項統計資料之蒐集、分析後，即可據以作為教育發展現況及國家發展現況剖析的基本資料，從而預測未來發展的趨勢。

第三、各種可行辦法的評價。援於教育制度未來發展之方向常受到各種壓力的束縛，故計畫之目的即在儘量避免此種壓力。此種壓力不僅包括物質上的，亦包括了來自經濟上的、政治上的、及社會上的因素。教育計畫人員瞭解各種壓力後，則須辨別在此等壓力範圍中可資選擇之行動方向，決定之前可以對正反及各種內涵作一明智的抉擇與衡量。

計畫並非根據過去計畫未來，目的是在根據過去改變未來，使未來比過去更好，因此計畫的主要關鍵不在將目前既得結果快速之擴展，而是在對未來應作如何的選擇，如何可使計畫能在無法避免的限制下仍按預定目標快速前進。

第四、選擇教育發展的策略。教育發展策略之選擇係依國家發展之階段與發展之速率而定，各國國情不同，因而策略亦各有不同。惟其應注意者，一國教育策略的決定，必須兼及教育制度本身之效率及教育結構產出之改善二方面。儘管各國有其不同的教育策略，但皆應努力改進其教育制度的效率。

一國教育制度的成效，從內部看，是隨內部效率（Internal Efficiency）而定，所謂內部效率是比較資源利用量與教育上的成果。如果效率能夠提高，而資源量不變，則教育部門的產出（如學生人數）即

可以增加。教育制度的成效若從外部觀察，直接與其外在生產力（External Productivity）有關，亦即指教育投資與受教學生及社會日後從教育長期目標中所能獲致利益之相關程度爲何，如果學生所學與現實脫節或畢業後學非所用，這就很明顯地指出其「外在生產力」仍有增加的餘地。因爲教育當局不宜祇注意到擴充已有的教育制度而忽視了教學方法與組織的改進，同時教育的結果，不但要符合學生、社會與國家未來的需要，並應順應社會與技術之變化，隨時作必要之調整。

根據上述基本的原則，教育發展策略的選擇，可以分爲下面四項：

其一、國民意願與國家需要之間的選擇。在教育發展的一般策略中，究竟應以國民個人興趣及利益爲主，抑或以國家需要及目標爲主，是值得優先考慮的問題。教育發展的結果，對個人的謀生技能、生活情趣、道德陶融、及其自身之價值觀念固可得以增進，但人民也有其服務社會，促使經濟發展以提高生活水準，並保障各種基本自由之義務。反之，就是主張國民之主要任務是爲國家而存在的那些人，亦不得不承認，欲求生存於國際間的話，對各國國民之志趣亦宜作適當之滿足。是故，所有的社會，都必需有適度的協調，就政治目標及社會理想作實際的調整，以不太偏於國家，亦不太重於個人爲宜。這是在教育發展策略的選擇上應該審慎注意的。

其二、各級教育發展順序的選擇。國家辦理教育事業，在基本上，應該顧及各級教育的均衡發展已爲不爭之觀念，亦爲顯見之事實。但基於國家現階段及未來發展的需要，並限於教育資源之有效分配與運用，對各級教育發展之優先順序，不得不作重點的考慮與選擇。以未開發國家爲例，由於學童就學率偏低，文盲的情形亦極爲普遍，但是政府爲了發展經濟及需要大量的基層人力，因此教育發展的重點卽偏重於初等教育的投資，以後隨國家發展階段的不同而對中等與高等教育選擇其優先

的順序。在優先的教育級別選擇完畢後，有時對各級教育本身的發展重點又須再加以抉擇；例如在中等教育中，以普通高中爲優先，抑或以職業教育爲優先，甚或在各類職業教育中，應以那一類職業教育先考慮，亦須作決定。總之，教育計畫者對各級教育發展順序的選擇，宜根據國家發展的需要及財源的分配，分別就短、中長程計畫決定其各級教育間的優先。

其三、質與量之間的選擇。 在教育發展的目標上， 應該是質量並重，但在過程上，由於國家教育經費與教育發展需要之間有若干的差距存在，因此就涉及到各級教育間質與量的平衡問題與二者間優先順序之選擇問題。例如，在一個低度開發國家中，由於資源有限，經濟落後，爲加速經濟發展，需要大量的技術工人，因此在教育上其策略可能就要重視量的擴充而忽視質的改善了。所謂教育的質，由於各方界說不一，很難確定其範圍，亦難以量化，概言之，舉凡受教育者智能的提高，營養衞生習慣的培養，文化道德水準的增進，民族意識觀念的加強，社會活動領域的擴大，服務態度的熱忱及對本身職務之適任等均可謂質的改善。

其四、文法與科技之間的選擇。在教育規畫的過程中，究應以文法教育爲重，抑或以科技教育爲重，並沒有一個絕對的標準，因爲文法教育與科技教育均有其不同的教育功能與價值。不管是在已開發 (Developed Countries)或開發中的 (Developing Countries) 國家，對科學及工程人員都極感缺乏，但是他們也同樣缺乏優良的教師、行政管理及社會科學方面的人才。卽以今日經濟之發達、科學之昌明，一個國家仍應具有足夠的藝術家、作家、音樂家、法律家、歷史家及文化的保護者 ⑮。

---

⑮　Frederick Harbison & Charles Myers: "Education, Manpower, and Economic Growth", Mcgrow-Hill Company, New York, 1964, p. 174.

因爲此類人員與一個現代國家的價值標準及理想有關。 就社會政治立場，當然應該強調自由式的通才及非科學性的教育，但若就經濟與軍事的觀點言， 又必須加強科學與應用技術的教育了 ⓰。 故二者之間的選擇， 主要是依據國家現階段及未來發展的需要而定， 同時亦需考慮到國家財力的狀況及社會對教育的需求情況等因素。這種選擇的結果，直接關係到一國高級人才的供需， 所以在高等教育階段表現最爲迫切。

本節綜上所述， 得悉在教育發展的策略上， 對於上述四項問題， 宜有一優先的選擇， 惟須應注意者， 這些選擇首應考慮國家發展的需要， 以及財力的狀況與社會對教育的需求等因素， 作一綜合的研判， 才作決定。

第五、研訂發展的方案。 丁柏根 (Tingbergen) 曾說， 各種發展計畫作業之中心工作， 包括對各個方案的研訂， 加以合理選擇後併入一個總體計畫中， 要計算各種投入 (Input) 與產出(Output) 的數字 ⓱。當教育發展的策略建立以後， 下一步作業的程序即需研擬達成此項策略的發展方案 (Programs)。 亦即是對上述四種問題的處理方法。

研訂發展方案所採用的方法一般來講可以分爲三種: 第一種是人力需求法 (Manpower Requirements Approach)； 第二種是社會需求法 (Social Demand Approach)； 第三種是收益率法 (The Rate-of-return Approach)⓲。 除此三種較爲普遍的方法外， 另外還有布勞格 (Blaug) 氏所研訂的上述三種方法的綜合法 (Blaug's Synthesis of the Three Approaches)及哈必遜與梅耶氏所用的人力資源發展策略法 (Harbison & Myers-Strategies of Human Resource Development)

⓰　同⓯。

⓱　同⓯, p. 215.

⓲　Cohn: "The Economics of Education", Ballinger Publishing Company, Cambridge, Mass. 1975, p. 350-357.

⑲，與系統分析法 (System Analysis Approach) ⑳。本文限於篇幅，僅對上項三種主要方法，作一簡單的探討與說明。

㈠人力需求法 (Manpower Requirements Approach)。此法在強調各級教育的產出應與人力市場所需的人力相調適，亦卽謀求教育與就業的密切配合。在量的配合方面，各級教育的畢業生不宜超過計畫期間人力市場所能吸收的人力需求量，否則便會造成了所謂「教育性的失業」(The educated unemployed) 現象。顯示出對人力投資的浪費，從經濟的觀點來看，也就是教育的浪費。其次，在質的配合方面，是希望經由教育的歷程以改善人力的素質，期以提高其生產效率，要是教育機構能夠爲經濟方面訓練適當的人才，那麼教育卽不是一種消耗，而是一種有利的投資。準此而言，人力需求法是從經濟的效益與法則，論及教育的生產功能，因此，教育對文化、政治和社會需求所能提供的導向，卽不顯著。

人力需求法還可以根據投入若干資本在生產結構上，估算出各生產機構所需要的人力。不過這種預測方法必須在一定的產量上，需要多少人力，事先作出一個假定。同時對生產是採用勞力集中 (Labour intensive) 或資本集中 (Capital intensive) 還是採用怎樣的生產技術，均應計算出一個正確的數字。這在作業過程上還是有許多困難的。

人力需求法既然是要求教育配合經濟成長，因此教育計畫方案的擬訂自應以人力市場所需不同教育的水準的人力爲目標，但是人力市場有時也會受到人力供應遲滯及用人習慣的影響㉑，那麼由人力需求的觀點出發來研訂教育計畫的發展方案自然亦會不準確的。

---

⑲　同⑯。

⑳　同⑬, p. 59.

㉑　同⑫, p.p. 205-206

㈡社會需求法 (Social Demand Approach) 。這種方法的選用是以人口的增加，年齡的組合，教育狀況以及國家的長期性的目標為基礎，對各級教育的措施與供應，應以符合社會大眾對各種教育的需求為目的 ⊗。社會需求的內涵除考慮社會中個人的因素外，尚須兼及文化及政治的需求 ⊗，所謂文化的需求，是人民經由接受教育的結果，對於一國之文化可以負起承先啓後，發揚光大的責任與義務；所謂政治的需求，是政府為鞏固國策，實現政治上的理想，必須人民接受教育以便有能力參與並維護政治的活動與體制。因此，社會需求法是兼及社會、文化及政治三方面的需要，故在教育計畫發展方案研訂時，在資源有限的情況下，如何考慮三者間的需要及優先順序，或採何種方式以調適三者之間的關係，是十分困難的。

㈢收益率法 (The Rate-of-return approach) 。由教育的收益率觀點出發，作為研訂教育計畫發展方案的依據，主要是根據個人及社會收益率的大小，可以反映出目前及未來一國社會經濟對各種教育人力的需求情形。換言之，收益率亦表示某一階段社會經濟對教育之需求程度，當社會經濟結構有變動時，教育的收益率亦將隨之變動，故由教育收益率之變動趨勢，當能窺識出來社會、經濟之趨向若何。

教育的收益可從教育的直接利益（ Direct Benefit ）及間接利益 (Indirect Benefit) 兩方面而論。在直接利益方面，顯示不同教育背景的人其一生的收入淨額上頗有差異，由此可見教育投資的結果對個人所得利益之多寡當具相當的影響力，且此一淨額收入的差異，亦能反映出當時生產結構的不同，為提高國家經濟生產力，據此可以評量對各級教育投資是否適當，而有助於教育計畫發展方案的選用與國家教育經費

⊗　同⊕，p.p. 354-355
⊗　同⊕，p. 203.

政策之訂定。在間接利益方面，因為教育投資的結果，不僅是增加了國民的所得與國民的生產力，且由於其促進國家經濟快速的成長而導致社會的繁榮。因此，對教育收益率的看法，是可以從個人的利益與國家社會的利益兩方面加以評估的。

採用教育收益率法來作為研訂教育計畫發展方案的依據，亦有其缺點，教育的利益除在個人所得的差距上可以估算與量化外，其非所得的利益即難以提出具體的數字，但其非所得的利益並不低於所得上的利益，甚或還高於所得上的利益，若僅以其所得利益來衡量對各級教育投資是否適當，是有所偏失的，此其一。教育的直接利益，在理想上應採取縱的羣體研究，利用羣體收入與教育成就之時間系列進行分析。換言之，應就兩個代表性樣本，比較其所受不同階段教育及其相應的收入淨額。惟實際上，除極少數的有關研究正在進行外，幾乎沒有任何研究結果可以支持此種看法 ㉔，此其二。教育的利益涉及範圍極廣，除經濟外，尚應包括社會、政治、及文化方面的利益，言及教育利益，僅以經濟為代表，難免為人所垢病。

綜觀上面三種方法：人力需求法、社會需求法及收益率法，雖然各有其特質，但在研訂教育計畫發展的方案上，卻可以相互依存與相互併用的。換句話說，教育計畫者在選用其中某一方法為發展方案時，亦不能不顧及到其他二種方法的特質。總之，教育計畫發展方案的選用，是以達成國家整體發展與建設為鵠的。

第六、經費來源的估算與有效運用。教育發展計畫能否順利推展，達到預期目標，除計畫本身的因素及其他人為因素外，還有賴於經費的有力支援。因此，在教育計畫作業的程序中，當上述諸項作業逐一完成之後，對計畫所需的經費如何籌措並確實估算所需數額，同時謀求經費

㉔ 同⑬, p. 53.

的合理分配與有效運用，至關重要。

　　教育發展計畫為配合國家整體建設之需要，其所涉及的範圍頗廣，卽就教育本身的系統而言，各級教育的發展與改進，亦需要可靠的財源來支持計畫的實現與完成。教育經費來源，通常為政府每年預算中固定支出的一部份，但若計畫所需數額龐大，固定支出不敷支應，對其他可能籌得的經費來源應予詳列，俾供決策者參考採行。惟須注意者，政府財力究竟有限，在教育發展方面，不可能大量的增加支出，故對教育發展計畫經費之分配，卽須依據「需要」與「優先」二項原則來訂定。

　　所謂需要，是依據國家現階段及未來發展的需要，按其輕重緩急分配各級教育經費的數額，由於需要有輕重緩急的分別，因此就涉及到「優先」層次的問題，所謂優先，其一是指實施時間的先後，依國家的需要何者最為急需，何者可以稍慢，訂定經費的分配次序；其二是指經費分配的多寡，依國家發展需要，何者需要經費較多，何者需要經費較少；其三是指教育實施本身的邏輯順序，為達成某一目標，何者應該先辦，何者應該後辦，須有一個辦理的順序㉕。事實上，按「需要」與「優先」的原則來分配教育經費，卽是對教育經費作有效的運用，使經費在合理的分配下達成教育的目標。

　　第七、將計畫變為行動，逐項付諸實施。教育計畫靜態的活動，根據上項作業程序業已逐一完成，接下去的就是計畫的動態活動，將計畫變為行動，逐項付諸實施。一項計畫的成效如何，除計畫前縝密的作業程序以外，卽看計畫變為行動方案後，實施時所能達成的目標為何。故教育計畫最重要的工作，卽是將計畫轉換為行動，逐一實施，據以檢討全盤作業的得失，作為評估與調整的依據。

　　第八、計畫的評估與調整。教育計畫開始實施以後，卽須由有關人

㉕　同⑬，p. 34.

員組成小組隨時加以評估，並作必要的調適。由於教育計畫者對於各種
影響計畫的有關因素並不能作精確的預估，如不設法及時修正與調適，
影響教育的成效至巨。教育計畫的實施，同時伴隨著計畫的評鑑，而於
每一年結束之前，能夠完成調適的工作，俾利第二年的實施，這樣，才
能順利達到教育發展的預期目標。

第四節　教育計畫與系統分析

壹、系統分析的基本概念

一、系統分析的意義

系統分析（System analysis）是二次世界大戰後一門新興的管理科
學，在沒有說明其基本的概念之前，先討論一下「系統」與「分析」所
包含的意義是什麼。

美國大學字典對系統所下的定義是：「事務或各部份之結合或綜
合，而構成一複雜或一統一之整體」。故系統是指由許多相互依存的個
體所組成的一個整體，以共同完成預定的目的 ㉖。或謂系統是一種各個
交互影響份子之結合，以共同完成一項預定功能，如有生命之機體、動
物、或具有中樞神經系統之人類就是解釋系統的最佳例證 ㉗。 我們對
系統觀念有了清晰的認識後，研究分析時方能對事務的本源及其交互影
響，察微知著。

至於分析，法國哲學家笛卡爾（Rene Descartes）在「方法論」一
書中說，大凡要解決一項難題，應該先把問題分割成為若干小部份，而

㉖　Frank W. Banghart and Albert Trull Jr.: "Educational Planning",
　　The Macmillan Company, New York, 1973, p.p. 106-107.

㉗　同㉖。

後再逐一研究，設法解決。笛氏所說的這個法則，就是分析的要領。王雲五先生對分析一詞的解釋，認為至少含有以下四種意義，即：由繁而簡的化學分析。由淺易而深入的數學分析。由果溯因的理論分析。由部份概全體的文學分析❷。根據上述兩位學者的看法，可以說明分析乃是解決問題的一種方法與步驟，分析的功用在於執簡御繁，期使問題得以獲得至當的解決。

那麼系統分析是指什麼呢？到目前為止，還很難下一個相當的定義，由於學者研究的立場與領域互異，因此就有許多不同的命名，如在數理上、軍事上及管理上的應用，認為系統分析就是「運作研究」（Operation Research），在工程及科學上的應用則認為系統分析是「系統工程」（System Engineeing），在一般行政上把系統分析認為是「決策分析」（Decision Analysis），在財務會計上及經濟效益上的運用則視系統分析為「成本利益分析」或「成本效益分析」（Cost-Benefit Analysis or Cost-Effectiveness Analysis）。實際上，這些命名的內涵均大同小異，祇是在運用範圍上稍有差別而已。

概言之，凡任何有條理的步驟經過不同方案的分析比較，由各種可行的途徑，達到預定目標的過程，皆可稱之為系統分析。其主要作用，在幫助決策者，選擇將來行動之方向，是故系統分析乃是在尋求策略，不是尋求方法。其次系統分析的目的是為決策者提出建議，擬訂政策，設計目標與可行方案。因此系統是以問題為中心，應用科學方法，協助決策者分析問題，設計分析與制度，故系統分析的特色有下列五點：

1.系統分析是以問題為中心，分析困難，發現癥結之所在，俾便提供對策。

---

❷ 見「系統分析在我國行政機關運用可行性之研究」，國家建設研究委員會專題研究報告之十五，民國六十三年六月，頁十三至十四。

2.系統分析是從整體的觀念分析問題,以便尋求最適當的解決方法。

3.系統分析應用計量方法,研擬模型 (Model), 從事成本與效益分析。

4.系統分析重視成本效益之衡量, 提供價值判斷的方法。

5.系統分析在於有效運用資源, 期以最小的成本, 達到最高的效益。

二、系統分析的方法

系統分析在結構上採用下列五種因素, 達到預期目標。

1.設計目標

目標是系統的指南。目標為了作為系統分析的導向,因此目標必須明確具體, 這種目標, 由於適用的領域不同, 故目標就有許多不同的名詞出現, 譬如行為目標 (Behavior Objectctive), 執行目標 (Performance Objective) 或鵠的目標 (Target-Objective) 等。姑無論採用那些名詞, 系統分析的目標必須合於下列各條件 ❷。

(1)可行的 (Feasible) 一種目標的提出必須根據系統中的限制及有利條件, 才能確實可行。

(2)可以度量的 (Measurable) 系統分析最重視正確度的改進及提高, 最好的目標是可以度量的。

(3)有時間限制的 (Time Limited) 在系統分析過程中要求量的精確度, 目標不同, 目標完成的量自然是不一樣, 因此, 時間的限制是必要的。

(4)確定的行動, 目標須表示出分析前後情況的改變, 並且改變是確

---

❷ 見林文達: 「教育計畫與系統分析」, 教育計畫叢書之六, 教育部教育計畫小組編印, 民國六十四年八月, 頁30。

定的，不是意願的。

　2.研擬方案

　爲了達成目標，研究若干不同的可行方案，從事優劣比較，選擇最佳方案。

　3.成本效益分析

　研究各可行方案的資源需求與達成目標所產生的效果，比較投入與產出的效益。作爲解決各種問題上的一種選擇方法，成本效益分析可使作決定的人在最少成本和最大效益的原則下，在可行的方案中作一選擇。

　4.設計模型

　將分析問題的各因素間的關係及運作程序，以符號、流程圖（Flow Chart）、方程式或程式（Program）表示，並研究它們的邏輯，形成系統模型。

　5.訂定準則

　根據有關因素間的運用原理或系統模型的邏輯，訂定標準與規畫以判定成本效益的高低，從而決定方案的優先次序。

　由上面五種因素的運作系統分析作業，通常包括下列五個步驟進行：

　1.構成問題

　系統分析最主要的一個作業程序，卽是提出問題，然後將問題加以明確扼要的陳述。換句話說，構成問題是說明問題的重點，界定問題的範圍和確立分析的目標。

　2.搜集資料

　所謂資料，是指與問題有關的一切數據或文獻而言。如情況許可，對同一性質的資料應從不同的來源搜集，俾利分析比較。資料是系統分

析作業的依據，故資料的完整性與可靠如何，關係著分析的成效。當問題提出以後，卽應擬訂研究大綱，決定分析方法，進而對分析問題所需要的資料多方搜集，從而設計出解答問題的可行方案。

3.評估方案

在系統分析中，對於提出的各項備選方案，應用成本效益的方法評估各方案的優劣點，期以求出一個至佳的方案。爲使各個不同的方案能夠相互比較，儘量以計量方法建立各種模式，用來預測每一個備選方案可能產生的結果，根據這些結果，對各項方案加以抉擇。

4.研判結果

對於問題已經構成，資料亦已搜集齊全，並已擬妥多項備選方案，同時所獲得的推理和結論也合乎邏輯順序，還不能表示分析工作已告完成。因爲任何一項問題的構成，其所牽涉的範圍極廣，在計量方面，雖可運用許多技術、方法、力求預測的準確，但在非計量方面，仍有許多無形因素，會對問題產生直接的影響。故應將上述所有其他因素，以及設定的準則等應予合併考慮，加以比較提出研判結果，提供決策參考。

5.求得驗證

決策者依據研判結果，選取方案後，我們要看上面的作業內容是否正確，如果驗證的事實與結果是滿意的，足證決策者所選取的是一個最佳的方案，否則的話，應該再循上述步驟循環進行，直到獲得最佳方案時爲止。此一作業程序，由構成問題→搜集資料→評估方案→研判結果→求得驗證 $\genfrac{}{}{0pt}{}{\rightarrow 是 \rightarrow 最佳方案}{\rightarrow 否 \rightarrow 構成問題}$，卽稱之爲系統分析的折流序程。

貳、系統分析在教育上的應用

1.系統分析在社會科學各領域中的相互應用

　　介紹了系統分析的一般概念以後，　擬再就系統分析在教育上的應用，略作說明與探討。論及系統分析觀念的起源，應追溯至十九世紀末葉在法國所起用的成本利益分析（Cost-Benefit Analysis）⑳。至二次世界大戰期間，英國在布萊克博士（Dr. P.M.S. Blacketl）的領導下，組成「作業研究小組」（Operational Research Team），參與許多繁雜的軍事研究工作，爲英國解決了不少重大的軍事問題。至一九五〇年美國蘭德公司（Rand Corp.）首先倡導應用系統分析，　經一九五八年美國國防部推廣以來，　系統分析遂成爲思維邏輯、　行動哲學及研究方法。其後系統分析卽被其他學術領域廣爲應用，如伊斯頓（Easton）及阿爾蒙（Almond）所運用的政治系統分析，　卽在分析複雜政治系統作爲行爲系統適應的過程，他建立一種政治系統的反應模式，將社會內在與外在的需求和支持作爲一種投入，權責單位的資料反饋使需求變爲產出，並回復到政治系統本身或此一循環中的其他系統㉛。系統的觀念在經濟領域中最爲突出，　如李昂特夫（Leontief）所創立的投入、產出分析（Input-Output Analysis）、布魯金斯研究所（Brookings Institute）所建立的經濟計量模式（Econometric Model）及普瑞斯特（Prest）、圖爾菲（Turvey）所應用的成本利益分析（Cost-Benefit Analysis）均以系統理論爲其基礎㉜。社會系統分析在派爾森(Talcott Parsons)、蘇魯金（Pitirim Sorokin）、　梅爾頓（Rabert Merton）及何曼斯（George Homans）等人在社會行爲觀念模式上貢獻頗大，　爲社會系統研究奠下深厚的基石㉝。

---

⑳　同㉙，頁21。

㉛　Harry J. Hartley: "Educational Planning-Programming-Budgeting-A System Approach" Prentice-Hall, Inc, 1968, p.p. 28-30.

㉜　同㉛ p. 30 - p. 32.

㉝　同㉛ p. 33 - p. 34.

2.系統分析在教育上的應用

系統方法用於教育上的檢討始於一九五〇年代後期蘭德公司 (Rand Corporation) 專業人員的研究。 首先對教育系統分析的探討性研究之一是於一九五九年由福特基金會 (Ford Foundation) 支助蘭德公司所進行的研究。其目的在確定數量分析對教育決策所具有的貢獻 ❸。一般系統方法用於教育上是由伊密格特 (Glenn. L. Immegart) 所提供,他發展一個研究組織成果或產出的計畫, 其為對教育中組織行為詳細分類研究的一部份。伊氏揭示四種研究觀念化系統的不同方法, 並將其應用於他的研究中, 這四種方法是: (1)綜合系統理論或整體理論 (Comprehensive System Theories, or "Theories of The Whole") ; (2)過程或分系統理論 (Process, or Subsystem Theories) ; (3)系統特質理論 (Theories of System Properties) ; (4)產出理論或產出分析 (Output theories or Output Analysis)❸。湯瑪斯(J. Alan Thomas) 曾將數種系統分析方法應用於學校, 並認為學校是提供服務的多目標生產單位。教育具有歸屬除直接受教育以外的社會收益和社會成本。湯氏認為教育的社會收益是教育產出的重要部份, 但其價值幾乎不可能用數量來表示 ❸。以一般的系統理論用在教育政策上的首推吉普森 (Oliver R. Gibson), 他認為決策過程可以分為五個分系統: 卽資料搜集 (Data Collection) ; 診斷 (Diagnosis) ; 選擇 (Selection); 轉換 (Transformation) 和干預 (Intervention) 。 一個人作選擇時是根據其個人

---

❸ 同❸, p. 55.

❸ Glenn L. Immegart: "System Theory and Taxonomic Inquiry into Organization Behavior in Education." Rand Mcnally Press, Chicago, 1968. p. 7.

❸ Alan J. Thomas: "Efficiency Criteria in Urban School System" paper presented to the American Educational Association, New York City, 1967, Mimeograph, p. 4.

的知識系統和價值系統。前者是受實證和科學發現的影響，後者則是由主觀的愛好所構成❸。斑格赫（Frank W. Banghart）則試圖運用各種作業研究技術，以協助教育政策的達成。在他所著的教育的系統分析（Educational System Analysis）一書中，列舉許多例證說明作業研究技術在教育方面運用的可能性❸。以上所舉犖犖大者，說明了系統分析在教育上的應用，至今已極為廣泛。

3.系統分析是教育計畫的一種方法

計畫與系統分析間的相互關係，可以引用格蘭傑（Robert L. Granger）的一段話加以說明；他說：「系統分析根本是計畫的一種普通方法；此法在於有效與實際地解決人類所遭遇的問題；尤其是對於極複雜和最費錢的難題的解決，它的用途特大」❸。本文為了進一步說明二者之間的關係，擬從下列各點加以分析。

其一、從系統分析與教育計畫目標的導向來看

系統分析與教育計畫都重視目標的導向。系統分析的目的，在幫助決策者選擇一項政策或行動方案，系統分析即在發現決策者企圖達成的目標是什麼，以及如何測定對目標達成的程度。一個問題可能僅有一項目標，也可能有多項目標同時存在。其間的關係可能是相互衝突的，也可能是一致的。所以進行系統分析時，首重目標之確定。

教育計畫亦以教育目標為導向，根據目標，設計達成目標的策略，故教育計畫作業的程序，特別重視目標的確定。因此，我們可以說系統

❸　Oliver R. Gibson: "A General System Approach to Decision Making" paper presented as part of the series General System Theory and Education at the Eleventh Annual General Meeting of the Society for General System Research, 1965, Mimeograph, p. 13.

❸　Frank W. Banghart: "Educational System Analysis", New York, The Macmillan Company, 1969.

❸　同❸，頁39。

分析與教育計畫都強調目標的重要，由目標分析開始著手到其他活動的進行。

其二、從教育計畫的系統分析方法來看

教育計畫的系統分析由目標的導向出發，經由資料的搜集與剖析，各種可行辦法的評價，策略的選擇與決定，發展方案的研訂，經費來源之預估及有效運用，到計畫的付諸行動及評估等構成一種繼續的活動歷程。而系統分析則是一種配合縝密的、用以完成有關設計與達成目標的作業程序，故系統分析為達成目標，在計畫策訂過程中，對各項代替方案予以分析、評估、研判與求證等步驟，亦是教育計畫運作的必要因素。其次，系統分析方法主要作用在幫助教育計畫人員或決策者，選擇或決定未來行動的方向，是故系統分析在為教育計畫尋求策略最有效的方法之一。

其三、從教育計畫系統分析的特性來看

教育計畫採用系統分析的方法以後，教育計畫逐變為一個相互關聯的系統。在系統方法 (System Approach) 內涵中，對於管理資料系統 (Management Information System) ，計畫評核技術 (Program Evaluation and Review Techniques PERT) 及成本效益分析 (Cost -Effectiveness Analysis) 特別予以重視，探討系統分析的特質，不能不對這三種加以闡述。

在作任何規畫和作決定的管理過程中，為提供有用的符號所建立的正式方法系統，皆可稱之為管理資料系統。教育計畫需要從若干可以選擇的方案中選擇一項可行的方案，那麼經由資料系統所準備的選擇方案愈多，改善被選方案素質的可能性愈大。管理資料系統是將各方面搜集到的資料轉送到一個中心點，加以處理，使其變為一種有用的資料，然後將其分送，以納入系統的環節中。所以管理資料系統不是一種特別而

單獨的過程，它祇是對計畫作業者提供資料協助的控制系統。在教育計畫的系統分析中，最重要的因素之一便是各項資料的分析，對未來作業程序的成效影響至巨。

其次，計畫評核術（PERT）是對系統的各部份，以及時間因素和成本因素，控制、監督和考核的一種方法。當對一個計畫提供各種活動方案時，計畫評核術可對每一活動方案提出數種可選擇的預估。在教育計畫的系統分析中，對於資料的偵測、評量與修正極為嚴謹，對於策略的選擇與方案的研擬亦極慎重，而計畫評核術卻可使計畫的作業能夠保持高度的正確性與可行性。

至於成本效益分析，它的特點可以使作決定的人在最少成本與最大效益的原則下於可行的方案中作一選擇。此一方法主要在使完成任務所需的貨幣成本減至最少，使受預算限制的工作能獲最大量的成果。在教育計畫的系統分析中，成本效益的分析，當能對各項方案的優先順序作最有利的選擇。

此外，還有人認為運作研究（Operations Research）是系統法的方法或特質之一，這實在是對運作研究的誤解。從某種程度來說，系統分析是由運作研究衍生的，特別是在系統分析僅被視為一種經濟觀念時。雖然在運作研究和系統分析間存有名稱重叠和缺乏明確區分的問題，但後者卻在各種變數不能以數量表示的情境中更為普遍適用。在目標最不確定時，在目標最多衝突時，在環境最不明確時，或需要考慮的因素最多時，則更可能稱為一種系統分析。魏德維斯基(Wilduvsky)對於它們的區別認為：「系統分析較運作研究應用更多的判斷和直覺，而少依賴數量化方法」[40]。我們可以這樣說，系統分析在做法上是更為啟

---

[40] Aaron Wildavsky: "The Political Economy of Efficiency", Public Administration Review, XXVI, No, 4. 1966, p.299.

發式的，而運作研究則是數字化的。不過，除此之外，其他如由計畫目標作導向，強調模式（Model）的重要角色，對作業過程的機動性與控制，以及對計畫的修正與再設計，卻是系統分析的有關特性❹。在前文略有述及，限於篇幅，於此不再贅述。

第五節　教育計畫與國家發展

當今世界各國，莫不汲汲於謀求發展，故發展（Development）一詞，卽成爲全球革命性的口號與共同一致努力的目標❷。特別是對未開發國家（Underdeveloped Countries）與開發中國家（Developing Countries）言，倍感需要與迫切。以未開發國家言，他們經過長時期的貧病愚弱，急思振作自立，免除強國的侵凌，不再受人的擺佈與聽天由命；而開發中國家，亦希望經由發展的結果，達成經濟的繁榮、政治的開明，社會的安定和諧與教育的普及等目標，期以早日邁入已開發國家（Developed Countries）之列；至於已開發國家，他們亦不以既有的成果爲滿足，仍希望百尺竿頭更進一步，以早日征服太空爲職志。這種空前未有普遍追求進步的現象，實由於力求經濟、社會及政治進步的願望所引起。同時亦由於本世紀科學的昌明，而增強人類的信心，認爲發展還可以加速進展。

言及國家發展的內涵，實包括了經濟、社會、政治、文化及教育等多方面的發展而言，而在國家發展的過程中，教育發展實擔負有重要的任務，因爲教育發展是各種發展，如經濟、社會、政治、文化等進步的

---

❹　同❷，頁65。

❷　Frederick Harbison and Charles A. Myers: "Education, Manpower and Economic Growth", Mcgraw-Hill Book Company, New York, 1964, p. 1.

必需條件，亦可能是一個較具體而可靠的指標，故如何研訂一套完善可行的教育發展計畫，使國家發展更加迅速而有效，至關重要。

壹、國家發展的意義與特徵

由於發展一詞是一個綜合的觀念，因此卽因地因人有許多不同的解釋，在有些國家認爲發展卽是工業化（Industrialization）的意思，或者是意味着政治與經濟的獨立自主。在另外一些國家發展又意指着大工廠、大水壩及公路的興建與教育的普及等而言。若就人而論，社會學家與政治學家多認爲發展是一種現代化（Modernization）的過程，故較重視社會與政治制度的轉型。經濟學家則喜歡將國家的現代化和發展與經濟成長等量齊觀，他們從資本的儲蓄與投資量，國民所得的增長及生產方式的改進與生產力的提高等方面作爲衡量發展的事實與標準。美國學者漢森（J. W. Hanson）、柏勒麥克（C. S. Bremack）、史列威克（J. S. Szyliowicz）及前述聯教組織專家柯柏氏（P. H. Coombs）對教育與國家發展有其獨特的見解與研究，譬如漢森與柏勒麥克認爲國家發展是指人類能夠增加對環境的控制能力，並對有效資源能作最大經濟的利用，期以滿足人類的需要，而且能自由發揮個人的潛能，以參與社會的活動與目的的決定❸。而史列威克則將發展視爲一種能轉變社會、文化及個人的歷程，這種歷程的轉變是將靜態的、傳統的社會轉變爲動態的、更新的社會❹。綜合上述各學者的觀點，我們認爲國家發展的特徵有如下幾點：

---

❸　John W. Hanson and Cole S. Bremack: "Education and the Development of Nations", New York: Holt, Rinehart and Winston, Inc., 1966, p.p. 70-71.

❹　Joseph S. Szyliowicz: "Education and Modernization in the Middle East", Cornell University Press, 1973, p. 4.

一、國家發展是指國家整體的成長與改變， 改變則是指經濟 、 政治、社會與文化等方面質與量的改變而言。

二、國家發展旨在提高人民生活的素質，所謂生活素質，是指促進人民生活的安定與和諧、社會風氣的敦厚與淳樸、育樂設備的提倡與普及、自然環境的淨化與美化、公害的減少與防止等項而言。

三、國家發展是使傳統的、靜態的，未開發或開發中的國家轉變為進步的、動態的與開發的國家，在此種轉變的歷程中，任何個體的發展目標，應以配合國家的意志為鵠的。

四、國家發展的歷程是包括了經濟、社會、政治、科學、文化與教育等各方面的發展，故教育發展是其中重要因素之一，各種發展之歷程概以國家為中心。

五、國家發展是運用人類的智慧，更有效的利用各種資源，增加對環境的控制能力，以滿足人類的需要。故國家發展也是人力資源與自然資源有效的結合與運用的結果。

貳、國家發展中的教育問題

國家發展過程中所面臨的教育問題，除本章第二節所述由於經濟、社會結構急遽變化的結果所產生的㈠教育制度與措施未能配合社會之快速發展；㈡教育結構不能適應經濟發展之需要；及㈢教育經費的增加所產生的經濟壓力三項問題外，柯柏氏於一九六八年在其所著的「世界教育的危機」（The World Educational Crisis）一書中，認為當今世界各國在國家發展中普遍面臨的教育問題有下列五項 ㊺：

一、由於社會上對於教育需求之與日俱增， 青少年接受教育的人數

㊺ Philip H. Coombs: "The World Educational Crisis: A System Analysis", London, Oxford University Press, 1968, p.p. 164-165.

比例每年仍將繼續增加。

二、由於受教人數的增加，教育資源的擴張率可能會逐漸下降，而單位成本（Unit Cost）將逐漸上昇。

三、由於一國的經濟未能充分發揮其效率，教育未能配合實際需要提供社會所需的各級人力，致使受過教育之失業者逐漸增加。

四、由於教育措施固守成規，缺乏適應新需要的改革，如非及時調整，教育系統將逐漸與環境脫節，教育效率趨於緩慢。

五、由於教育結構、計畫及方法因與時代不符，青年不滿的情緒日益顯著。

綜上分析，可知世界各國在國家發展過程中所面臨的教育問題頗多，如就我國目前教育問題而言，似可歸納成下列四項:

其一、是學生數量擴充的結果，質量之間應如何平衡發展的問題。

其二、是各級教育之產出如何與國家發展所需人力密切配合的問題。

其三、是教育資源的短絀如何加強教育之財政力量與效率問題。

其四、是革新教育管理如何提高教育效能的問題。

下文試就此四點略述其梗概。

先就學生數量擴充的問題言。普及國民教育，並提高各級教育之素質，向為國家發展所重視。但是由於人口的膨脹，學生人數的驟增及教育的社會需求（Social demand for education）不斷提高，致使學校所能容納的學生數量亦日益擴大，政府為滿足社會的需求，又不得不再擴建學校，增加入學機會，學生數量擴充的結果若國家資源不足，必會影響到學生的素質。就教育發展的觀點言，教育量的迅速擴展是教育進步的現象，因為教育水準提高，不但使受教者增加其享受人生與適應環境的能力，同時亦增加國家發展中所需的各級各類人力；但是另一方

面，如果教育量的過速膨脹，如若國家資源無法負擔，即會降低教育的素質。我國各級教育的發展，因於義務教育年限之延長，中等教育之普及，技術職業教育之加強，高等教育之擴增，因此一如其他許多國家面臨着學生數量擴充及質量不能平衡的問題，加之我國教育發展的速度超過了經濟成長的速率，但勞動市場需才有限，就業機會不足，致造成有些類科畢業生就業的困難，因此今後如何配合國家發展的需要並顧及到教育資源的分配，對質量之間作一適當的決策，乃為當前教育規畫中重要的課題。

次就各級教育之產出與國家發展所需人力之配合言。設若一個國家的教育制度與結構不能適應經濟及國家發展的需要，就會導致教育產出的不平衡與各級人力供需之失調，其結果即造成所謂「教育性的失業」(The educated unemployed) 與「結構性的失業」(The structural unemployed) 二種現象，前者是指此種失業機會的造成是由於教育過多或不當所致，而非指教育機會的不夠或不足；後者則是指學識技能專長之供需雙方失去了平衡，譬如，因為教育產出的不當，造就了太多文法科的畢業生，但是工廠裏卻找不到一個最基本的技術工人，即是最常見的一個例子。教育經濟學家費傑（John Vaizey）根據研究指出，下面四種教育產出的不當，影響到國家發展所需人力之配合，其一為許多國家高中畢業生過多，亦即準備升大學的人數過多；其二為大學文法系科的畢業生過多；其三為技術人員的缺乏與人數比例的不適當；其四為缺乏衞生、農業及其他特別技術的人力 ⓐ。費氏所述，與我國目前教育

ⓐ　John Vaizey: "Some of the Main Issue in the Strategy of Educational Supply" In Policy Conference on Economic Growth and Investment in Education, Washington 16-20th October 1961. VOL. 3, Organization for Economic Cooperation and Development, 1962, p.p. 51-59.

發展的情形頗多類似，對國家發展將產生阻滯與困擾作用。

復就教育資源的短絀言。學齡人口的快速增加以及社會對教育之迫切需求，因此各國教育經費都趨向於提高，在已開發國家教育經費佔國民生產毛額(GNP)的比例約在6.7％左右，如美國一九七五年教育經費佔國民生產毛額的比例為7.9％，英國近年來由於經濟成長趨於遲緩，教育經費佔國民生產毛額的比例為6.8％，加拿大為6.3％，然仍感投資不足，需要繼續增加。在開發中國家因於國家資源之有限，教育經費的增長雖已較政府其他經費支出為快速，但已成為政府財政困難主要原因之一，教育經費的短絀，影響到教育的改革與進步。分析我國近年來教育經費總支出佔國民生產毛額之比重，均約在4％左右，但各級教育仍有待經費的支應以改進其素質，其佔國民生產毛額之比例勢將加重，今後為謀求各級教育不因經費之短絀而得以均衡發展，對目前教育資源必需重行適當分配並有效運用，期以發揮資源使用之最大效益。

再就革新教育管理提高教育效率言。目前在許多未開發與開發中國家，由於缺乏現代化教育管理制度，因此即難以處理國家發展中所面臨的各種複雜的教育問題，諸如各級學校學生離校率的增高，學校建築設備未能充分而有效的使用，教育經費分配的不合理，行政效率的低落及行政人員觀念不能溝通等，凡此種種均為管理不當所致，影響教育效率的提高。一項現代化的管理制度是具有分析、調整、改進、創新等多項的功能，所以不論是在教育領導者中或各級教育行政人員，甚至教師等，如具有現代化教育管理的觀念，當能提高教育效率，帶動教育的發展。

叁、教育計畫與國家發展

國家發展所涉及的領域既是經濟、政治、社會、文化及教育等整體

的革新，故教育發展計畫僅為國家整體發展中的一部份，基於此，一切教育計畫之目標及理想，皆需以國家發展為出發點。

先就經濟發展言。美國學者溫斯勒 (Jerome B. Wiesner) 曾言：「一種好的教育制度，可能是經濟發展的花朵，但也是經濟建設的種子」[47]。因此在國家整體的發展中，教育制度對於經濟發展即具有深遠的影響。經濟發展計畫，就其狹義的目的言，在促進經濟的穩定與成長，增加國家與每個國民之間生產能量及提高國民的所得與生活水準；在廣義方面，即是指國民生活品質的改善而言，前者是經濟發展的過程，也是經濟發展的手段，後者才是我們經濟發展的目的，這個目的的達成，從教育的立場來看，是經由教育制度外在生產力 (External productivity) 的增進，期以提高每一國民之經濟效率 (Economic efficiency)，此種經濟效率的提高，即視教育發展上有無一套完整可行的教育計畫。

其次，就政治發展言。現代化的社會政治結構及國家統一的意志為政治發展所必需，然此種目標的達成，則有賴於優秀人才之善於組織與精明領導，如開明的知識份子、政治領袖或一些朝氣蓬勃的中層社會人物共同效力。柯門 (J. S. Coleman) 認為政治發展是依賴於受過教育的領導人才，故教育對於政治發展的主要功能有三，其一為將政治上的理想、觀念及系統讓其社會化，與現實社會相結合，其二為培養或訓練政治上的領導人才，其三為統整政治上的意識[48]。

復次，就社會發展言。社會發展之目的，亦有廣狹兩種意義，狹義的社會發展，在維持或改善人民的生活水準，此往往是經濟發展的結

---

[47] 同[42]，p. 182.

[48] James S. Coleman: "Education and Political Development" New Jersey, Princeton University Press, 1965, p. 1.

果；廣義的社會發展，則是指社會結構與價值體系的變更，這種變更的目的，係將傳統性的社會邁向一個開放性的社會，在此一開放性的社會中，人民知識與道德水準普遍增進與提高，並能積極的、有意義的參與各項社會活動，達到「人盡其才、地盡其利、物盡其用、貨暢其流」之理想，期使安和樂利之均富社會得以早日實現。在此一目標下，社會發展之基礎，端在每一個國民經由接受教育的結果皆具有生產的能力與工作熱忱及服務的人生觀，是以教育對社會發展的貢獻，是培養一個現代化國民所應具有的態度、觀念與行為，而此則又與經濟成長及政治發展息息相關，相為影響。

再次，就文化發展言。國家發展之潛能，姑無論有無現代化政治社會結構，國家統一的意志，或高度的物質享受，若無深厚之文化背景作基礎，則其以後的發展亦極有限。然文化的滋長，非一蹴可致，它必須經過不斷的進展，不斷的蛻變與更新，才能導致整個發展過程中各階段的相輔相成，協力共進。教育的目標與功能，不僅在保存、傳遞與繁衍文化，更重要的在能更新與創造文化，達成社會的文明，因此，教育即不僅為文化遺產的保存與傳遞者，亦是文化更新的工具與個人發展所需的歷程。

綜上所述，我們可以確認在國家整體的發展中，教育制度對於經濟、政治、社會及文化等發展，都具有深遠的影響力。據此，則一國之教育制度與措施即需與現行社會結構及大眾文化之目標，各級人力之需要，國家預算與財力，以及政治與行政制度相配合。若上述目標無法達成，就必須改革教育制度並研訂一套具體可行的教育計畫，以促其實現。其所以然者，是因為「教育計畫是一項持續性的過程，對於未來教育上的需要與問題，具有前瞻的作用，且能形成教育上新的發展趨勢，

以適應需要並解決問題」**㊾**。是以健全的教育計畫，應以兼及「經濟的」與「文化的」兩種需求與價值，國家發展乃得以順利達成。

本章摘要

本章除就一般有關教育計畫的問題予以論述外，主要重點在教育計畫的作業程序與教育計畫與國家發展二節，期使吾人瞭解到教育計畫在當前教育發展上的地位與重要性為何。

有關教育計畫的作業程序，按其順序為：一、研訂明確的教育目標。二、現況及近期趨勢之剖析。三、各種可行辦法的評估。四、選擇教育發展的策略。五、研訂發展的方案。六、經費來源的估算與有效運用。七、將計畫變為行動。八、計畫的評估與調整。

有關教育計畫與國家發展的關係，我們可以確認在國家整體的發展中，教育制度對於經濟、政治、社會及文化等發展，都具有深遠的影響力。據此，則一國之教育制度與措施即需與現行社會結構及大眾文化之目標，各級人力之需要，國家預算與財力，以及政治與行政制度相配合。若上述目標無法達成，就必須改革教育制度並研訂一套具體可行的教育計畫，以促其實現。其所以然者，是因為「教育計畫是一項持續性的過程，對於未來教育上的需要與問題，具有前瞻的作用，且能形成教育上新的發展趨勢。以適應需要並解決問題」。是以健全的教育計畫，應以兼及「經濟的」與「文化的」兩種需求與價值，國家發展乃得以順利達成。

㊾　Robert F. Simpson: "The Methodology of Educational Planning" The Hong-Kong Council for Educational Research, Department of Education, University of Hong-Kong, 1966, p. 1.

第十一章　教育經費

　　教育經費（Educational Expenditure），意指國家為發展教育事業所應支付的金額而言。各國對於教育發展所支付的經費數額，有採於憲法中作明文規定者，如德、意等國，有視實際需要而經立法機關通過即行支付者，如美、加等國。我國為保障教育事業的正當發展，乃採前種方式在憲法一六四條中對於各級政府教育、科學、文化事業的發展作如下之規定：「教育科學文化經費，在中央不得少於其預算總額百分之十五，在省不得少於其預算總額百分之二十五，在縣市不得少於其預算百分之三十五。其依法設置之教育文化基金及產業，應予以保障」。根據本條文之規定，我國係將教育科學文化三者之支出融為一體，在範疇上當較其它各國僅指各級學校教育之經費支出為廣泛，本文為便於與有關國家比較分析起見，此處所指之教育經費乃以三級教育為主體，至於因科學文化發展而支付的費用，因其用途與劃分上之困難，則略予討論。

第一節 教育經費與教育發展

　　教育經費爲教育發展的原動力，欲謀教育之發展，則須有適量的經費予以支應。二者之間的關係，誠如美國教育行政專家羅森庭格（W. E. Rosentengel）所言：「學校經費如同教育活動的脊椎」❶。故欲謀教育事業之發展，需要有充裕的經費，已爲一項不爭的事實。

　　教育的發展，自本世紀以來，特別受到各國的重視，窺其原因，是由於教育的功能重新被人所評估，它由文化的、倫理的價值途徑，又導出經濟的價值。教育的意義，已不再單純地僅爲傳遞文化遺產，陶融品格，而兼具了社會的、政治的、及經濟的多方面的意義與功能。在社會方面，教育已普遍被視爲參與社會發展工作及改善個人生活水準所必需。因爲接受教育可以促進就業，安定社會，並短縮貧富之間的差距，而獲致若干社會利益。在政治方面，它訓練人民能夠有效的參加各項政治活動，使民主政治易於推展與實現。尤有進者，在經濟方面，經由教育的結果，可以加速人力資本的形成，提高人力的素質，進而促進經濟快速的發展。因此，經濟學家僉認爲學校與其它企業經營一樣，具有投資的性質，且這種投資的利潤，較之其他資本的投資，實有過之而無不及 ❷。

　　除上述教育本身的功能擴大外，人口的膨脹，民主思潮的激盪，及科技的發展，亦是導致教育快速擴張的原因。

　　就第一項因素而言，二次大戰以後，由於社會安定，經濟繁榮，人民生活富裕，因此人口增加率顯著提高，所謂「人口爆炸」（population

---

❶　轉引自蔡保田：「當前我國國民小學教育經費的實際問題」，載於國立政治大學學報，第二十二期，民國五十九年十二月，頁一四七。
❷　"Education is Good Business" published by American Association of School Administrators, Washington, D.C, 1966, p.p. 1–6.

explosion) 便是在這種態勢下產生的。根據聯合國的調查，一九七〇年時，十五歲以下人口所佔的比率，在已開發國家爲27％；在開發中國家則爲41％❸，從此項數字可以明瞭人口增長對於教育發展所造成的壓力。

其次，就民主思潮的激盪而論，此一因素導致了教育制度的民主化，教育不再是特權階級的奢侈品，每個國民皆有均等之教育機會，因而促使了教育的普及與延伸。

至於科技的發展，更是各國一致努力的目標。因於國際間高度的競爭，及冀求國家現代化的早日實現，無不積極發展教育，期以培養出國家所需的各級各類人才。此一情事，新興國家及開發中國家固如是，先進國家亦復如此。

基於上述各種因素的影響，乃促使各級教育就學人數的大量增加，這種趨勢，不僅發生在開發中國家，也發生在已開發國家中，平均而言，近十年來世界各國初等教育就學人數增加率爲30％；中等教育爲58％；高等教育爲83％（請見表卅八）。

表卅八　世界各級教育就學人數增加比率（1966—1973年）

地區別＼教育別	初等教育 %	中等教育 %	高等教育 %
非　　　　洲	48	70	79
拉　丁　美　洲	40	76	87
亞　　　　洲	51	78	108
歐　　　　洲	43	81	84
世　　　　界	30	58	83

資料來源: Statistical Yearbook, UNESCO, 1975.

就學人數的激增，促使教育經費的需求量大量增加，而較高階層敎

---

❸　UNESCO: Statistical Yearbook, 1975.

育的發展，更使之盆趨膨脹，故近年來此項鉅額的教育經費需求，逐漸在國家總資源之利用及政府財政支出與民間投資中佔據重要的地位。以美國爲例，一九六七年教育經費支出總額佔國民生產毛額（GNP）的比率爲6.8%（其中政府所佔比率爲5.6%，民間爲1.2%），至一九七四年，此一比率已升高至7.9%（政府爲6.3%，民間爲1.6%），其它國家亦復如是（請見表卅九）。

表卅九 世界主要國家政府與民間教育經費支出佔國民生產毛額百分率（%）

國　　別	教　育　經　費　支　出　佔　GNP　之　百　分　率			
	年　　度	計	政　　府	民　　間
美　　國	1967 1974	6.8 7.9	5.6 6.3	1.2 1.6
加 拿 大	1967 1973	8.2 8.9	8.1 8.4	0.1 0.5
日　　本	1967 1972	5.3 6.1	4.2 4.7	1.1 1.4
韓　　國	1967 1973	3.3 3.8	2.4 2.7	0.9 1.1
菲 律 賓	1967 1973	3.6 4.0	2.8 3.0	0.8 1.0
芬　　蘭	1967 1973	7.0 7.4	6.7 6.9	0.3 0.5
希　　臘	1967 1973	3.4 4.1	2.3 2.7	1.1 1.4
澳大利亞	1967 1973	5.1 5.7	4.0 4.3	1.1 1.4

資料來源：Statistical Yearbook, UNESCO, 1975.

教育經費支出的遞增，固然使教育發展在「量」的方面有着顯著的擴展，但在另一方面卻無法同時兼及「質」的提高，致使教育素質與學生素質有日趨降低的趨勢。譬如，教育設施如教室、設備及教材等未能配合學生人數而增加，教師之資格與經驗的不足，以及教育行政管理專才的缺乏，均表示出教育素質的低落，此等因素影響所及，可以從學生中途離校及留級生之比率而得以概見。此一情事，在開發中國家特別嚴重，根據世界銀行教育評估報告顯示，在一九七〇年時，約有三分之一以上的開發中國家，其進入小學之學生完成此一級教育者不及二分之一。在非洲地區，如象牙海岸、肯亞等國，平均需要十年的時間去培養一名小學（六年）畢業生，約有24％初等教育的預算均用於一至三年級之中途離校學生；在亞洲地區，如馬來西亞、印尼、錫蘭等國，也需要多增加幾乎二年的時間學童才能完成小學（六年或七年）的教育，同樣地，初等教育經費用於一至三年級中途離校學生約佔6.4％❹。

至於學生素質的降低，此與教育制度本身效率的高低有關，並可從下面二項事實的結果而得以佐證，其一是學生成就水準（level of achievement）的降低，其二是增加價值（Value-Added）的降低。就前者言，根據許多研究的事實發現，若將目前三年級至六年級學生在此三學年之間所學到的及所增加的學業成就，與過去三年級至六年級三學年之間所能學得的二者相比較的話，發現目前三學年間所學的成就較過去為少。而後者，所謂增加價值的降低，則是指學生成就水準以外，如道德價值，國家民族的觀念，負責處世的態度等方面價值的增加，已不若往常。部份學者認為學生成就水準降低還不是一個十分嚴重的問題，

❹ World Bank: Educational Evaluation Report In Developing Countries, 1974.

其值得深慮者應該是後者，有待卽時加強 ❺。

　　如前所述，本世紀以來學齡人口的快速增加及對教育的迫切需求，今後就學人數勢將大量增加。另一方面，學生單位費用亦在不斷提高，此種單位費用大部份係用於教職員的薪金，此項費用已超過教育經常總費用的四分之三。教師薪金在工商企業界高薪資的競爭下，不論其生產性如何，均有增加之趨勢。教師素質的提高，及教師與學生比例之改善，將為今後教育單位成本增加的重要因素。

　　根據聯教組織（UNESCO）資料顯示：世界各國教育經費占政府支出總額的百分率，較稅收或國民所得增加為快。一九六〇至一九六五年間，教育經費占政府總預算比率，平均自13％增至15％；政府教育經費占國民所得比率，自3％增至4％。一九六五至一九七〇年間，此種趨勢至今迄無改變（請見表四十）。今後就學人數與單位成本如果繼續提高的話，則教育經費的增加，自然勢所難免。

表四十 世界主要國家教育經費促政府支出總額百分率

國　　　別	年　別	教育經費占政府支出總額％	國　別	年　　別	教育經費占政府支出總額％
美　　　國	1973	17.9	日　本	1972	19.5
法　　　國	1973	27.4	新加坡	1974	9.2
西　　　德	1973	14.0	菲律賓	1972	12.9
英　　　國	1972	20.7	泰　國	1974	18.4
加　拿　大	1972	23.3	南　韓	1973	19.7
以　色　列	1973	7.4			

資料來源: UNESCO: Statistical Yearbook 1975

❺　此為美國芝加哥大學比較教育中心主任溫德漢（Douglos M. Windham）博士於本（六七）年六月份在教育部所舉辦之「教育計畫與統計」研習會中，講稿所提及的一部份，已由作者譯為中文，現已編入教育計畫叢書之卅二，頁九。

教育支出的驟增，使各國政府在財政負擔上，均感到不勝負荷。但是教育經費的增加自不可能毫無限制，因此，在資源有限，需求激增的情況下，經費的籌措，分配與支用實效問題乃益形重要。如何促使教育部門及教育內部財源有效分配，並在所面臨的不斷變遷的經濟結構與迅速成長的教育制度中有所選擇，並如何寬籌經費以應所需而不加重政府的財政負擔，實為當務之急，且已成為各國共同一致努力的目標。

第二節 教育經費支出的特性

教育經費支出，與一般經濟投資或費用的支出性質不同。其一，是二者對象的不同，教育經費支出的對象就廣義而言，是人類全體，就狹義而言，是各級教育中受教的學生，它是以「人」為對象，此與其它經費支出重視財貨並以物質或金錢為對象的觀點自有所差別。其二，是範圍上的不同，教育經費支出，雖然大部份係由政府負擔，但仍包括了私人教育經費支出在內，此與其它經費支出以一項為主體的範圍較廣泛。其三，是效果上的不同，教育經費的支出含有經濟的利益與非經濟的利益兩項效果，但其它經費的支出，則僅重視經濟的利益，並據此以決定投資的準則。

教育經費支出的性質既與其它經費支出不盡相同，故二者即不能等觀而論，下面是教育經費支出所具有的幾項特性：

一、教育經費支出的投資性

在經濟理論上，按傳統的想法，都認為公共（政府）的教育經費支出，乃是公共消費的性質；私人教育經費的支出，乃是民間消費的性質。因此，一向沒有把教育經費支出視作生產性的投資。事實上，教育經費支出，一旦轉化為教育活動並經由受教者接受以後，其教育效果即

具有生產的意義與價值。 個人增受教育的結果， 其知識技能乃得以增進，不但可以提高個人的所得，改善個人及家庭的生活，政府還可以從國民增加的所得中徵收較高的稅收，因而促進了經濟的繁榮與社會的安定。準此而言，教育經費的支出，姑無論就個人與社會二方面來看，都是一種極具經濟利益的投資。

二、教育經費支出的非營利性

一般經濟支出的目的，乃在供給經濟財貨，滿足經濟慾望，經營生產維持生活，並以最少費用獲得最大的利潤為目的，而且還可以用貨幣去衡量其價值。教育經費支出則不然，國家辦理教育，個人接受教育，雖然其結果會給個人與社會帶來了許多直接的與間接的利益，但根本上並不以謀取利益為目的。質言之，它所獲取到的文化上、倫理上、及社會上的價值，這都是不能以貨幣價值來表示的。

三、教育經費支出的固定性

一般經濟的收支，經濟主體可以作自由的決定，並且可以適應臨時機動的必要，予以變更或增減。惟教育乃一長遠之事業，所需投資數額龐大，其成效與收益，又非立時可見。因之，各國對於教育經費支出，多能在國家總資源中給予固定的經費，以確保其發展。同時，此一經費支出，為適應教育擴展的需要，不僅無減，且有日益增加的趨勢。

預算（budgeting）是確立經費支出的有力保證，一經立法機關通過，不得任意刪減，故預算不僅具有法律的效力，還可以決定經費支出實際的運用情況。國家各項活動之推展，必須以預算為準，並且受預算的約束，不得自由變更。我國各級政府教育經費支出占預算總額的百分比，此一最低標準的訂定，誠如前文所述旨在確保教育事業不因其他建設或經費的支出而影響其正常發展。亦足以說明教育經費的支出在性質上實較其它經費支出有所差別。

四、教育經費支出的整體性

　　教育經費之來源有二：一為政府撥付，一為學生繳交，二者之中，尤以前者占絕大部份的比率。然因政府之財源係出自於一般國民，是向人民課稅而得，因此，經費支用應以全體學生為對象，特別是對偏遠與貧窮地區的學童，應給予較高額的補助。俾使各級各類之教育及各地方之教育得以均衡發展。若以學校經費而論，在此一經費支出的特性下，經費之支出，該普遍分配於各項教育活動與每一位學生。譬如，學校經費支出中的資本支出與經常支出，即應求其合理的比例，不因學校資本門的增加（如建築的擴充），而影響到經常門（如事務費、設備費等項目）的不足。職是之故，教育經費支出應顧及到整體的特性，才符合經費運用均等的原則。

五、教育經費支出的計畫性

　　教育發展原是全面性的，不宜有所偏廢，然因教育事業經緯萬端，百事待舉，而國家所能分配於教育上之資源究竟有限，在此種情況下，教育經費之支出，即應擬定計畫，在整體發展之中，又能兼及國家當前需要之緩急，然後決定經費支用於各級各類學校的數額與先後順序，使經費能作最合理的分配與運用。

第三節　教育經費的提供

　　前文述及各國教育經費的需求不斷的增加，但在教育財源的提供上卻永遠不出二種途徑，一是由政府提供，一是由私人提供。但面對節節增加的教育經費需求，私人有限的財力，即漸呈不足支應之勢。故未來教育財源的提供，自以逐漸增加公共經費支出，由政府提供為主體，探其原因，不外乎下列二點：其一，隨著社會、經濟、政治、文化等多方

面的需要，　國民的教育素質亟待提高，　政府爲了要維持一定的國民素質，屬於全體民衆的國民教育卽應由政府來辦理，以避免因私人辦理而妨礙了國家全面的進步與發展。其二，至於國民教育以上階段的選擇性教育所需投資數額龐大，　時代愈進步，　科技愈發達，　爲了配合教學需要，　其經費支出亦日鉅，　由私人力量經營漸有力不從心之勢，　由公共經費支出加強支應及補助私人興學遂成爲今後辦理選擇性教育的共同趨勢。

爲了配合教育發展需要，一方面要提供大量資金辦理國民教育，一方面又要鼓勵選擇性教育的發展，因此，經濟及社會發展的結果，不僅使教育支出在整個國民生產毛額中的比率逐漸增高；隨著教育支出在生產毛額中比率的增加，公共教育支出在全部公共支出中的比率亦相與產生遞增的態勢。此一事實可以從各國公共教育支出占國民生產毛額的比率及占政府總預算的比率而得知其梗概。故有關教育經費的提供——如何籌措及分配教育的財源就成爲國家整體資源配置的重要課題。

壹、教育經費的籌措

教育經費的籌措可分別由經費籌措的來源及經費籌措的方式二方面來說明。

一、經費籌措的來源

教育經費籌措的來源主要有六種方式，各爲稅收、學費收入、經營收入、借貸款項、捐贈款項及發行教育公債等。下文卽就此六種方式逐一的說明。

1.稅收

公共行政或公共事業的經費，均係依賴租稅以維持，這是衆所周知

的，教育事業既爲公共事業之一，教育經費的來源自亦無法脫離租稅的
支應。我國稅入有國稅、省稅及縣市稅，教育事業有國辦、省辦、縣市
辦，卽分別由中央、省及縣市政府稅源中支應。究竟在國稅、省稅、縣
市稅收入來源中，應抽取多少用於教育事業，依據我國憲法第一六四條
規定：「教育科學文化之經費，在中央不得少於其預算總額百分之十
五，在省不得少於其預算總額百分之二十五，在縣市不得少於其預算總
額百分之三十五。」

　　上述三種稅目若就其性質來區分，可以分爲直接稅及間接稅兩種。
直接稅多依據個人的所得及財富而徵收，從租稅理論上來看，直接稅比
較能夠反應個人的財力，根據負擔稅租能力收稅的原則，所得及財富多
者，其稅負（Tax severity）能力亦較高，負稅數額也較大；反之，亦
然。至於間接稅的徵收，因係決定於財貨或勞務在市場上交易的數量及
價值，忽視根據稅負能力取稅的原則，同時又可能流入重複課稅的弊
端。史派克曼（William E. Sparkman）認爲用於教育上的征稅，姑無
論是何種性質的租稅，都應該具有下列雙重的基本目標 ❻：

　　⑴應給予學生有接受平等的教育機會。教育機會平等並不意味著每
一個學生都有相同的教育項目，而是意指每一個人都有最能適合他自己
及社會需要的教育類型及內容。

　　⑵所有納稅人應平等地分擔稅的負擔。有關平等征稅的討論，常見的
有二種主張，卽利益主義（Benefit principle）和能力征稅主義（Ability
-to-pay principle）。利益主義主張只有直接享受由稅收所發生的福祉的
那些人，才有納稅的義務。這種說法，只有在受惠者可以明確認定的情

---

❻　K. Alexander and K. F. Jordan: "Educational Need in the public
　　Economy"──Final publication of the National Educational proj-
　　ect,University of Florida, Gainesville, 1976, p.p. 299-300.

況下，才可適用；對於大部份公共支出（包括教育在內），因其受惠者的對象難以確定，所以並不十分適當。能力征稅主義，則主張用於教育目的上的捐稅，應該對富有者加多其稅負；財力相同者應課以相同的稅負。

課征稅收來支應教育，是公共財政策略運用的重點，以美國稅制為例，三級政府稅源計有財產稅（Property tax）、銷售稅（Sales and Grass Receipts tax）、消費稅(excise taxes)、個人所得稅(Individual Income tax）及公司稅(Cooperation Income tax)等項目。財產稅係由地方政府課征，為教育經費最重要的來源，儘管近年來，地方非財產稅的課征大大擴展；但一九七三會計年度，美國地方政府征稅總額中，約有四百四十億美元（相當總收入之88％），來自財產稅。若就學區言，約佔99％之教育經費來自財產稅 ❼。若以財產稅佔國民生產毛額的百分比表示，一九六二年為3.4％，一九七三年為4％，顯見近十年來財產稅征收額上升甚緩，已難以支應日益增多之教育費用。

銷售稅雖然並不直接地劃歸學校行政區使用，但卻透過州撥款方式成為教育基金的一項重要財源。且這種方式的財務支助，更有繼續擴大的趨勢。銷售稅的課征，原為應付在其他各項稅收短絀無法支應政府必需費用而建立的一項緊急財政措施，部份立法者與納稅者雖不表贊同，但一旦開征後，就繼續課征下去。近年來，有許多研究政府的財稅學者，都認為應該再增加銷售稅的收入，以供日益增多的教育費用之所需。

美國各州課征的消費稅限於車輛燃料、酒類及煙草三類。除了車輛燃料的消費稅，係專為因應道路的闢建和保養的目的而開征，並不適用於教育經費之外；酒類及煙草兩項消費稅均可撥充教育費用。

❼　Ibid., p. 259.

至於個人所得稅的課征占政府歲入中極大的比率， 約占 42—45 ％ ❽，其優點亦早爲大衆所周知，在所有各種稅制中，只有個人所得稅一種， 直接地考慮到納稅者的納稅能力， 使納稅者的負擔與其能力相適合，認爲是最公平的良稅。同時個人所得稅又按納稅人收入，負擔生活費用之家庭人數，醫藥費用等狀況加以調整，旣可實際減輕低所得階層的稅負，又使政府收入獲得更大的保證。個人所得稅雖大部份由聯邦政府課征，但已有若干州(如阿拉巴馬等十州)已賦予部份地方政府對薪資所得課征相當程度個人所得稅之權力，以供作地方學區之教育費用。

公司稅的課征，以一九七三會計年度爲例，占各州稅收總額之 8 ％ ❾， 此一稅源雖未被直接的用於教育費用， 但在州教育經費短絀的情況下，財政專家建議在未課征公司稅及課征公司總收入稅與法人特許稅的各州， 普遍建立徵收公司稅的體系， 則各州可增加歲收達十七億美元，亦有助於整個稅源的增加。

2.學費收入

學費係指個人或其家庭爲投資於教育所必需支付的一筆直接費用。當然， 個人爲投資於教育所必須支付的固不止僅限於直接費用，它還包括爲數可觀的其他支出如捨棄所得 (earning foregone) 及一些隱而不見的支出等。

根據政府公共支出性質的劃分，教育是一種準公共財(Ovasi public Goods)，而且屬於特價財 (Merit Goods) 的性質， 此一滿足公共求知慾望的財貨，可由政府供應，亦可由私人辦理，但若由私人辦理，爲維持教育的品質，政府仍需給予適當的監督與輔助。至於何種類別的教育係由政府辦理抑或由私人興辦，端視一國之教育政策或財力而定。一

❽　Ibid., p. 283.

❾　Idid., p.p. 290-293.

般言之，除國民義務教育多由政府辦理並提供全部的經費外，其餘各階段之教育，政府與民間均可依據教育的需要量共同來辦理，其不足之經費由學費收入予以補足。

對於學費的徵收與調整，除考慮教育成本與物價等因素外，尚有其他因素，如私人收益與社會收益，教育之外部效果（external effect）或外溢效果（spill-over effect）及人民生活水準的內涵與標準等亦應列入考慮範圍。就收益的觀點而言，統計資料多顯示受教者的私人收益均較社會收益為多，所以個人受較高的教育多負擔一點學費是合理的。但是，若就教育之外部效果或外溢效果來看，個人受教育之後，受益者不僅是本人，其知識技能尚可惠及他人，甚至整個社會，準此，則政府應給予受教者補貼，學費的負擔就不應該太重或完全由其承擔。故如何研訂合理的學費政策，兼及各方面的利益與教育效果誠非易事。

3.營運收入

教育非營利事業，故營運收入即非教育所依賴的重要財源。不過，教育的附屬業務均可增加不少收入；因此，將它列為教育收入的來源之一，仍是恰當的。如美國許多私立大學，營運收入是學校經費的重要來源之一，且設有專門管理校產的行政部門即可見其一斑。

4.借貸收入

借貸收入必須要有償還能力的保證，並須於事前妥作償還準備。因此，此項教育經費也不是教育事業所賴以維持的重要財源。不過，在一些資源不足而教育又急需發展的國家常舉外債以應所需，如非洲的肯亞、甘比亞、賴索托等國家為掃除文盲，擴展其基礎教育，即以借貸的方式作為其經費的主要來源 ❿。由債務發生而收取教育經費財源，除了

---

❿ J. D. Montgomery: "Alternatives and decisions in educational planning IIEP" No. 22. p.p. 56–60.

應付特殊需要，並對償還能力有十足把握外，是不宜應用的。

5.捐贈款項

捐贈是由國外政府、團體或者是私人，對於教育事業的協助。它是無條件的給予，因此不必要考慮償還的問題。許多外國政府（特別是已開發國家），爲協助落後地區國家或開發中國家發展其文化教育事業，即以捐贈款項的方式予以補助；某些社會團體（如基金會等）及私人，基於文教及社會福利的重視亦無償贈予教育發展經費。捐贈款項雖可視爲教育經費的一種來源，但卻是不固定的，因此，僅能視爲一種補助款項，而非其主要的經費來源。

6.發行教育公債

發行教育公債雖亦需考慮償還能力，但不必如借貸款項需有信用保證。如果經濟能夠穩定成長，國民生產毛額增加必較以往爲速，佔同一百分率之金額，將較現在增加甚多，將來債務償還能力當可日益增加，倘若教育發展確能配合國家建設需要及青年擇學就業的願望，自亦不妨採用。美國爲解決當前校舍設備資本支出經費的短絀即發行公債，以資通融。析言之，美國有四十一州利用建築準備基金發行公債興建校舍而不採付現方式，州政府認爲採取這種措施可以有以下幾點優點 ⓫：⑴可以減少當地社會因一次課征高度稅捐而引起的衝擊，把應付之建築費用分爲若干年攤還，可以維持穩定的稅率。⑵可使享受校舍設備的人，也有承擔此項設備經費的義務。⑶在通貨膨脹時期，地方學區可按借入資產金當時的物價水準，完成設備而不受物價上漲的影響。

二、經費籌措的方式

教育經費籌措的方式，大體言之，可以分爲二種，其一爲統一徵收，其二爲獨立徵收。

⓫　K. Alexander and K. F. Jordan: op. cit., p. 248.

1.統一徵收

統一徵收係將教育及其他行政收入，合併由徵稅機關徵收或交由國家金融機關統一收取，亦即我國財政收支上所謂之統籌統支方式。此法固能增加整個的稅入，且統籌的結果會使分配效果極佳，但卻容易使教育經費與其他行政經費收入涇渭不明，將使教育財源失去保障。

2.獨立徵收

獨立徵收係將教育經費收入項目與其他行政項目分開並由教育機關及人員分別徵收。部份學者認為教育經費與教育行政制度一樣，越是獨立，其效率愈高，經營愈有效 ⑫。教育經費獨立徵收，雖可保障教育的既得財源而有助於教育事業的發展，但徵收程序繁瑣，對於不諳稅務的教育人員來講，可能影響到徵收的效果。

貳、教育經費的分配

教育經費的分配，應以提高資源使用的效率為目標，準此而言，則在分配時應該達到下列幾項原則。

1.經費分配的原則

(1)均等原則

教育經費從用途上大約可分為幼稚教育費、國民教育費、中等教育費、技職教育費、高等教育費、社會教育費、及國際文化教育費等項目；若從性質上劃分，又可分為投資性經費、消費性經費、研究發展經費、及獎助經費等。為了實施教育機會均等的目標，在教育經費的支用上，首先要顧及到均等原則。質言之，教育經費之分配，乃在於基數上之平等；同時為使國民有均等的教育機會，尤其要注意偏遠及貧困地區

---

⑫ 見李聰明：「教育事業的經營管理」，幼獅文化事業公司印行，民國六十四年，頁一七一。

之教育, 對於特殊兒童亦不容忽視。 其所以要達到經費分配的均等原則, 係因財源出自於一般民眾所納的稅, 則經費支出不僅要顧及各級教育之均衡發展, 還需注意各地區之普遍性, 尤須協助貧困地區, 俾各地方之教育得有均衡之發展。

(2)民主原則

在政治體制中, 民主最重要之意義, 乃是使每個人覺得在國家事務中有其重要性。將此原則應用於教育之內, 卽在企求教育專業人員能參與學校事務之決定。 美國教育學者麥克肯 (L. E. Mccan) 與狄龍 (F. G. Deloh) 二氏認爲: 在現行美國社會的傳統習俗下, 所有教育行政與財政事務之決定, 是大眾意志的功能。但大眾的同意並非必然的, 其他力量也能夠影響決定, 如理論上的考慮、研究的發現和技術專家的意見與結論等 ❸。可謂一語道破民主原則之精義乃在大眾意志之上, 再加上專家的意見。亦卽所謂多元參與, 一元決定。據此以論, 教育經費的編製、分配、支出、管理或稽核等, 爲配合各項教育活動的需要, 亦應採多元參與, 一元決定的方式, 由教育專業人員參與提供意見, 或組織委員會研商, 而不由主管擅專。

(3)績效原則

「績效」 (Accountability) 二字最簡單的意義是指一件事情的效果 (effect) 或目標 (target) 的達成, 以及所謂的成就水準 (Levels of Achievement) 而言。 「績效」 的運用, 最早見諸於美國的工商企業界, 主要在於提高工人的生產效率。後來引用至政府機關的計劃、執行、考核上面去。將「績效」施之於教育, 其基本觀念是教育專業工作者, 應對教育結果負責, 進而提高教育的品質。按照此績效原則, 則必

---

❸ 見「我國地方教育經費問題之調查分析」, 教育計劃研究報告之三, 教育部教育計劃小組編印, 民國六十四年, 頁一八。

須以有限的資源，發揮最大的功效。惟有如此，才是以最少量的人力、物力、財力達成其既定的目標。

美國教育財政專家邊沁（C. S. Benson）認爲教育經費的分配，旣非過於儉約，亦非徒事浪費，而在求其分配方式至爲有效，以獲得最大的利益爲原則 ❹。

(4)優先原則

蓋以教育事業日趨浩繁，而財力有限，欲求百廢俱舉，必致一事無成。故宜就其輕重，視其緩急，訂定優先順序 （priorities），逐年逐項加以完成。

教育經費的分配，在優先順序上可以依據三項原則，其一所謂的時間的優先，亦卽教育經費的分配，在時間上何者應該先分配，何者應該後分配；其二所謂的經費的優先，各級各類教育的發展，何者應該多分配；何者應該少分配；其三是邏輯的優先，在教育發展的邏輯上是初等教育發展在前，中等教育及高等教育發展在後，那麼，教育經費的分配竟應以初等教育爲優先，抑或以中等、高等教育爲優先，卽應依據邏輯順序審愼訂定。

(5)彈性原則

所謂彈性原則係指教育經費的分配與支用，應因應實際需要而作必要的改變，同時亦須調適得宜。

由於社會經濟情況變化迅速且錯綜複雜，故教育費用之支用，應有適度的彈性，以符實際需要，而作妥善有效之運用。

前述美國學者麥克肯及狄龍對於教育財政管理，提出適應標準 （The criterion of Adaptability）。二氏認爲：任何管理教育財政的制

---

❹ C. S. Benson "Education Finance in Coming Decade", published by the phi Delta Kappa Foundation, 1975, p.p. 75-78.

度，應該能夠適應於：(1)改變中的經濟情況；(2)修正社會的要求以待教育的發展；和(3)教育過程中有意義的改變 ⓑ。由於動態社會中，生活型式經常改變，教育財政制度自主，也有必要適應這些改變。

2.經費分配的方式

經費分配的方式，就其性質來區分，有統一分配及獨立分配。

(1)統一分配

統一分配係將教育經費與一般行政經費合併統盤考慮之後，再根據教育需要，而決定分配給教育的比例或數量。此一分配方式雖能兼顧社會多方面發展的需要，但可能影響到教育財源的穩定性，而使教育決策者不能掌握固定的經費，以研訂教育發展計劃。

(2)獨立分配

獨立分配係對於教育經費分配給予一定的比例或數額，而不受其他行政經費分配的影響。獨立分配可以保持教育經費的穩定性，有助於教育決策者根據固定的財源擬定整體性教育發展計劃，教育計劃與預算能夠配合，教育事業才能有效推展，故此一分配方式，較受教育學者所歡迎。

若就經費分配的效果來看，又可以分為直接分配與間接分配二種方式。

(1)直接分配

教育經費直接分配給受教者，起自於美國經濟學家弗利德曼（M. Friedman）所主張應用「教育禮券」(Education Vouchers) 的概念，後來威斯曼（Wiseman）亦引用此一概念作為英國教育經費分配的方式之一 ⓖ。

ⓑ 同ⓘ，頁廿三。
ⓖ Mark Blaug："An Indroduction to the Economics of Education", Penguin Books, 1970, p. 307.

　　弗利德曼認爲經費分配的最佳效果是將經費收入直接分配給家庭中的受教者，由受教者根據自己的能力及意願，運用其所獲分配到的教育禮券選擇所欲進入學校的性質（公立或者私立）及類別。採用教育禮券分配的方式可以達成下列幾項效果 ⑰:

　　其一，學生選擇學校的機會增多，使他較以前更爲滿意自己所受的教育。學生持有教育禮券，可以在公私立學校之間作一選擇，不因過去不滿公立學校而進入私立學校必須支出雙重費用的弊端。

　　其二，教育禮券分配給受教者所持有的數額，係依其家庭經濟、社會背景而定，對於貧困者當能酌量增加分配量，富有者則略減其分配量，因之可以使貧困者與富有者一樣，獲得等量教育的機會。

　　其三，將富有者的所得及財富經由租稅的轉移（Tax Transfer）變成教育禮券分配給貧窮者，讓他們不因貧困而能夠接受更多的教育，可以達成教育、所得與財富重分配的效果。

　　除教育禮券外，直接分配的方式尚有獎學金及貸款(Student Loan)兩種。獎學金因受名額的限制，非受教者均能獲得，並非最佳的分配效果。至於貸款，雖需償還本息，但利率不高，且於學生畢業就業後分數年攤還，故普遍爲學生所採用，有助於清寒者的就學。

　　(2)間接分配

　　間接分配係將收入的經費，由政府辦理各類教育提供給受教者。政府辦理的教育多屬公立學校，問題是如果受教者不能進入公立學校或因公立學校辦理成效不佳而不欲進入公立學校，則間接分配的效果就難以達到。就前一項的因素來說，公立學校校數及名額有限，非人人均能進入，故祇有進入公立學校的學生才享有分配的效果，其他人則否；至於後一項因素，設如公立學校經營不善，成效不佳，富有者可以選擇辦理

⑰　Ibid., p.p. 307–316.

績優的私立學校，而貧困者則祇有進入公立學校一途。所以，間接分配方式，旣不能惠及大衆，也不利於貧困兒童，這個事實以美國的高等教育最爲明顯，美國一些著名的私立大學幾乎皆來自經濟、社會背景較優異的家庭子女，而由公共財力大量津貼的社區學院，才成爲經濟、社會背景較劣家庭子女的集中地，正是此項事實的最佳寫照❸。

如果採用間接分配的方式，最好能以全民均能享受的教育爲佳。例如，國民教育（義務教育）實施的對象是以全體教育年齡內的國民爲主，將教育經費分配給受益人是合理的；但國民教育階段以上的教育，因具有選擇性(包括學校對於個人能力、才智的選擇以及個人對於學業性質的選擇)，非人人均能享有，似乎以採取直接分配的效果較爲有利。

第四節　教育經費的經濟利用

由於任何國家的教育經費，都有政府負擔的部份，而這些公共教育支出，主要是來自稅收，故政府在分配總經費時，自不可能把教育經費作無限制的增加。富裕的先進國家，其財政收入比貧窮的國家多，但是對於教育經費的支出亦感到日益困難與短絀，根據聯合國敎科文組織（UNESCO）在一九七五年的統計資料中顯示，一九七三年全世界已有三十四個國家（包括已開發及開發中之國家）政府用於教育之經費高達20％，而一九六四年時僅有十一個國家達到此一比率。今後教育經費的鉅額遞增，旣爲必然之勢，而所佔國家總資源之比率又無法再予大量提高，則必須對於目前可得之資源在不影響教育效果的原則下作最經濟的利用，各國對於此一課題所採行的途徑，大抵從下列數端着手。

---

❸　見林文達：「教育財政學研究」，教育計劃叢書之三十一，教育部教育計劃小組編印，民國六十七年，頁廿一至廿二。

一、設計計畫預算制度的有效實施

預算是支持政府活動的財務計畫或財政計畫。其功能是由支用的集中控制，進而着重與管理的配合，及現階段的指向與設計計畫一貫作業⑲。為解決國家當前資源分配上的困境，及政事需要的無窮，在實施過程上，由最早的績效預算 (Accountability)，演變至今日的設計計畫預算 (Planning-Programming-Budgeting System, PPBS)，及新近興起的零基預算制度 (Zero-Base Budgeting System)。其目的即在運用系統的方法，管理的技術，期以提高政事的績效，並解決預算籌劃的難題。

所謂設計計畫預算制度，係將目標的設計 (Planning)，計畫的擬訂 (Programming) 與預算的籌編 (Budgeting) 三者相結合而成的一種預算制度。本制度係以設計為中心，以分析為手段，而以提高行政效率為目的，其與以控制為中心的傳統預算制度，以管理為中心的績效預算制度均不相同。

設計計畫預算制度與傳統的預算制度，二者在特質上亦有很大的差異。傳統預算一年一度的編製，其着重點在預算科目經費間「增量」(Increment) 的選擇；而設計計畫預算制度則為目標的抉擇。它在重新設計一套財務管理制度，而使政府擬訂決策時的特質與重點得以改善，並對投入 (Input) 產出 (ouput) 資料予以適當的組合，尤其使資料的組合在與設計、決策及執行三者發生密切的關聯。其功能正如美國預算局長蘇爾滋 (Charles L. Schultz) 所謂：「新的設計計畫預算制度，將可在各種資源分配過程作增加效率的貢獻，由此將可使政府的許多活動增加效益。此一制度將向政府主管人員提供必要的資料與分析，

⑲ 轉引自何玲霞編撰：「績效預算與計畫預算實施問題」，財稅參考資料之卅六，財政部財稅人員訓練所編印，民國六十二年，頁三。

作爲改進行政管理的基礎，以便對各類事物作明智的抉擇。」❿

　　至於另一項以設計計畫爲基礎的預算制度，則爲一九七〇年興起的
所謂零基預算制度。一般言之，本制度仍係承襲設計計畫預算制度之精
神與原則，而在決定預算分配時作不同之方法處理，卽要求每一機構對
所有計畫項目，包括旣有與新的項目，作系統的評估與審查，並以成果
或績效及成本爲基礎，檢查各項工作，排列優先順序，有效分配經費。
此之所謂「零基」卽指一切從「零」的基礎開始，評估全部計畫，也就
是說，我們要從全新的觀點去看所有的活動和它的優先次序，以便下一
年度經費使用方面能夠有一個全新的和更好的分配。故零基預算制度最
基本的精神，就是要求一個機構在與前屆預算完全隔絕的情況下，去爲
自己預算作一辯護 ❹。

　　零基預算的結構或編製過程，可以分爲三個階段：㈠首先對機構單
位個別活動的各種可能「決策組合」，作一個詳細的敍述。㈡利用成本
效益分析方法，對各種「決策組合」的價值加以評估，並排列其優先順
序。㈢按照優先順序，對各項經費作最佳的分配。此處所謂之「決策組
合」是推行零基預算制度最重要的關鍵。因此在「決策組合」的過程
中，必須對計畫的目的、人力的需要、費用的分配、預期的成果、與成
果的評估作詳細的說明，俾便使財政或會計單位在有限經費下，將該計
畫活動與其他活動互相比較、評估，並排列其優先次序，以決定該計畫
是否應該被核准。

　　PPBS 與零基預算其共同的特點是皆以某特定計畫的投入與產出爲
分析重點，並觀察一國經濟的現狀與潛能，以及國家當前所欲達成的目

❿　轉引自李增榮、劉永憲合著：「設計計畫預算制度」，財稅參考資料之十
　　二，財政部財稅人員訓練所編印，民國六十年，頁卅二。
❹　轉引自周玉津：「零基預算制度評介」，新生報，民國六十七年六月廿六
　　日「學人論學」專欄。

標與可運用的資源，利用一切工具，評估各項計畫的成本與效益，協助
決策者擬定最佳決策，以利國家資源的合理分配。

教育既爲一項長遠的投資事業，自應樹立遠程目標，研定長期發展
計畫。然傳統的預算制度，主要在消極地控制支出，並無長期計畫之編
訂，致教育經費每受財政總預算多寡的影響，使教育機構每有心餘力絀
之歎，教育措施遂難圓滿達成。目前將設計計畫預算制度用於教育投資
計畫的領域中，在經費配合計畫執行的原則下，按其輕重緩急，訂定各
項教育發展方案的優先次序，則因經費短絀所產生的各項教育問題才能
夠逐步解決。

二、對學校的經營策略作最佳的選擇

此一措施的推行，主要是源於規模經濟 (Economics of Scale) 的
理論。認爲教育的投入產出與企業界的生產無異，在生產組織上，如果
既有的資本設備不變，則在一定的限度內增加產量的話，將可提高產
出，降低平均成本而不降低其品質，因爲此一平均固定成本在某種限度
內，將隨產量之增加而遞減 [22]。再者，由於設備及其他投入均可以機動
調整，故在一定限度內，經營規模適量，生產之品質愈高，其生產成本
自亦愈低，蓋因適量規模之經營，資金之運用較集中之故。此一理論運
用於教育效果上，研究結果發現不同類別的學校，其資源不論人力、物
力、財力、空間亦有一個最佳的配置模式，而此一最佳的配置模式，唯
有在最佳規模時才能出現。學校經營的規模，過大與過小均屬不當，祇
有在「規模適度成長」與「規模適度穩定」的型態下，最能發揮其經營
的效果 [23]，使教育經費不致浪費，教育的品質得以保持。

[22] A. C. Eurich: Increasing Productivity in Higher Education, in the Review of Economics and Statistics, Aug, 1960, part 2, pp.185-188.
[23] 林文達著：「教育經濟與計畫」，幼獅文化事業公司印行，民國六十六年，頁一三六至一四〇。

三、教育經費數額計量分析之重視

教育經費數額計畫分析之重視，主要是受兩種因素所影響。其一是由於社會人士過去常將教育行政工作視爲無關輕重的工作，因而教育經費問題很少有人專心研究。事實上，教育經費不但與教育學、教育行政學有密切的關係，且與經濟學、財政學、都市發展等學科亦息息相關，故編列教育經費預算不應再是普通主計人員的工作，而應由教育經費專家取而代之。過去教育行政機構爲爭取經費，常無實際客觀資料可資憑據，因此對教育經費之決定，未能發生實質的影響力。其二是由於在一九七〇年代，各國普遍發生了經濟緊縮、通貨膨脹的問題，對於教育經費自不可能再大量增加，不僅如此，就是對現有的經費，亦要求客觀的數據，求其合理、公平的分配。有鑑於此，多數教育事業發達的國家乃積極建立起教育經費數額計量分析制度（Accountability Analysis System），提供具體客觀的資料，作爲教育行政或學校行政作業處理的依據。譬如，美國威斯康辛大學近幾年來即面臨着學生人數沒有減少，而預算卻有相對降低的困擾，爲突破此一困境，該校乃從事學分單位教學成本（ Cost per Credit of Instruction ）及複合資助指數（Composite Support Index）之研究。前者旨在改進該校行政、教學及校內經費之分配，後者雖係由學分單位成本衍化而來，卻在於達成下列三項目標：（一）作相對預算資助能力之代表指數，（二）保持大學預算分配之彈性功能，（三）提供公平合理的方法，處理經濟緊縮多元預算等問題❷。人事與經費可謂行政管理上最棘手的問題，該校不厭其煩的建立這種指數，作爲調整大學校區間學生人數，公平分配經費預算之

---

❷　轉引自李建興譯：「美國威斯康辛大學教學成本之個案研究」，載於「教育成本與人力投資論文專輯」，教育計畫叢書之十八，教育部教育計畫小組編印，民國六十五年，頁一三〇至一五三。

依據，實有其深長之意義與價值。

四、校際間合作計畫的擴大推展

近年來，教育成本的不斷增加，促進各校間合作計畫的擴大推展，此一合作計畫的實施，主要包括教學設備的共同使用及教師的交換教學等項目。特別是在交換教師方面對於某些特殊科目的教師，校際間多能相互安排授課的時間，以節省經費的開支。

五、學生受教時間的彈性適應

在某些資源不足、經費短絀的國家中，希望能將小學至大學之受教時間縮短一至二年，以解決教育經費支出的不足。故所謂學生受教時間的彈性適應，乃指教育期限的濃縮而非教育內容與份量的減少，其目的主要在於對時間與空間的充份利用，使學生在較短的年限內，修完同量的課程，使教室及其他資本設備可免於長期的閒置。如各國在高等教育階段所採用的學分制，即在不影響教育素質的前提下，學生經由嚴格的考試而提早完成其學業，使教育成本降低，個人與社會各得其利。

上述教育經費經濟利用的各項措施，雖在解決財政上的困難，但卻遭到部份教師及教育行政人員的非議，彼等認為，此種改革可能會降低教育的品質，尤其是在開發中的國家，如縮短學生之受課時間及擴大校際間的合作，將使制度式微並危及學生應享之利益，僉認為應從重新規畫並控制各級教育的容量及形式與開闢教育經費的新財源乃為改進之正途。我國目前亦如世界各國一樣，教育經費支出的遞增形成財政上極重的負荷，故如何籌措教育財源並謀求教育經費的合理分配與有效運用，實刻不容緩。

本章摘要

在本章中，除對教育經費與教育發展，及教育經費支出的特性兩節作一概況的敍述外，其討論重點主要着重於教育經費的籌措、教育經費的分配、及教育經費的經濟利用三部份。

有關教育經費的籌措可分別由經費籌措的來源及經費籌措的方式兩方面來說明。

教育經費籌措的來源其方式主要有六種，各爲稅收、學費收入、經營收入、借貸款項、捐贈款項與發行教育公債等。

教育經費籌措的方式，大體言之，可以分爲二種，其一爲統一徵收，其二爲獨立徵收。

有關教育經費的分配可分別由經費分配的原則及經費分配的方式兩方面來述說。

教育經費的分配，應以提高資源使用的效率爲目標，準此而言，則在分配時應該達到下列五項原則，各爲均等原則、民主原則、績效原則、優先原則、及彈性原則。

教育經費分配的方式，就其性質來區分，有統一分配及獨立分配。若就經費分配的效果來看，又可以分爲直接分配與間接分配二種方式。

有關教育經費的經濟利用，各國對於此一課題所採行的途徑，大抵從下列數端着手。

一、設計計畫預算制度的有效實施。

二、對於學校的經營策略作最佳的選擇。

三、對於教育經費數額計量分析之重視。

四、對於校際間合作計畫的擴大推展。

五、對於學生受教時間的彈性適應。

第十二章　教育經濟學的展望

第一節　教育經濟學的研究態度

　　自從教育經濟學的觀念在國內興起以後，部份社會人士似乎對於這門學科持有這種看法，認爲經濟學家在討論教育問題，諸如各級學校學生人數的增減，高等教育的設科置系，學費調整的政策等，均以投資觀念爲依歸，以報酬率定取捨。其實持這種想法的人是誤解了教育經濟學的本質。凡是研究教育經濟學的人，包括了經濟學家在內，雖然重視教育在經濟上的利益與價值，但從來也不敢忽視教育的非經濟功能，甚至還認爲其非經濟的利益若從長遠的觀點來看實較經濟的利益更爲重要，祇是它的重要性還無法像經濟的利益一樣可以用數字表示出來而已。基於此項體認，論及教育經濟學的研究態度，首先卽應對「教育投資」及「報酬率」的諸多觀念，再次作如下的解釋與辨正。

　　有人認爲教育是國家百年樹人的崇高事業，是要培養健全有用的好國民，故不宜講究目前的利害，何況教育的對象是「人」，怎麼可以將人比擬成爲可以獲得經濟利潤的「資本」。基於人格陶冶的觀點，反對

教育商業化或把教育視為投資事業，因為「投資是要賺錢的，而辦教育是為國家社會培養人才」❶。同樣地，也有人認為教育的基本目標是德育、體育與智育，今天如果由經濟學者以純數字的觀點，來高談教育問題，或分析一時的就業情形，據以決定教育的方針，則難免顧此失彼，流於偏失，所以不贊同「算盤主義」的教育❷。

那麼，「教育投資」的真正涵義為何，在沒有談到本題之前，讓我們先看看「教育事業」本身具有什麼特質。教育經濟學家高希均博士認為教育事業的特質有下列四項❸：

1.教育具有多重目的，其中最不重要的目的是教育本身要賺錢，最重要的目的是培植人才，使受教育的人都能夠找到適當的工作，過愉快的生活，能夠納稅，有參與公共事業的熱忱。

2.教育的生產過程漫長，因此必須要有長期的規畫與誘導，避免人力的不足與過剩。其次，正因為教育生產事業較其它生產事業漫長，故教育的主要目的不在營利，而在獲取教育的機會應當均等，教育的利益應為全體國民所共享，教育就像國防一樣，變成了政府的主要職責。

3.教育制度在訓練社會上可用的人才，故不同於其它生產事業一樣，可以大量生產。

4.教育部門的本身產品（畢業生），很多又回到教育部門，擔任教書或行政工作，訓練下一代，所以我們一定要注意教育的品質，否則，讓一批在惡劣教育制度下培植出來的人，再教育下一代，其後果不堪涉

❶　轉引自王鎮庚先生撰：「教育是投資嗎」，載於民國六十五年十一月廿二日中央日報副刊。
❷　轉引自紀東：「教育的基本目標」，載於民國六十五年十二月十二日中央日報副刊。
❸　轉引自高希均：「教育經濟學的基本概念」載於「教育計畫與經濟發展」研習會專輯，教育計畫叢書之十二，教育部教育計畫小組編印，民國六十四年十月，頁十六──廿六。

想。

根據上面所述教育部門的特質，則所謂「教育投資」，應具有下面的意義與內涵：

其一、「教育投資」一詞，兼具多重的意義與目標。教育投資，意指增進全民智識、能力與技藝的過程，用經濟術語來說，是對經濟發展作有效的貢獻；就政治眼光來看，是為國家造就良好的公民，以便參加各項政治活動；就社會及文化的觀點看，是幫助人民擺脫傳統的束縛，以享受富裕而完美的生活。因此，一個國家假如不能對教育作有利的投資，姑無論其有無現代化政治社會結構，國家統一的意志或高度物質享受，以後的發展終有其限度。是以教育投資並不以促進經濟發展為唯一鵠的，其在政治、社會、文化上的意義尤其重要。

其二、教育投資具有教育計畫及增大效益的意義。由於教育是一項龐大的事業，故教育投資乃是對教育事業先加未雨綢繆，而含有教育計畫的意義在內。使投資結果，能用其所當，得其所宜，期以減少浪費，倍增效益。

其三、教育投資雖不以「賺錢」為目的，但卻能為社會與個人創造最大的利益。各級各類教育之發展，雖各有其不同的目標與貢獻，但最終的目的都是為社會培養有用的人才，且為社會與個人帶來最大的利益。此一觀點，經過許多學者多年實際研究的結果，發現教育普及，對社會與個人產生的影響有下列幾項：

先就社會而言。第一、一國社會之經濟發展部份為其成員生產性能量增長之函數，因此，更多的教育將導引成員生產性能量之增長，進而促進更多經濟的成長。

第二、國民教育程度的提高與普及，對於法律與秩序之維持及政治的安定有所貢獻。

第三、可以促進社會階層的移升與職業結構的改變。

第四、可以使所得分配逐漸趨向公平，促使「均富社會」的早日實現。

再就個人而論。第一、不同的教育程度，反映出不同的所得差異，故受教育所得較未受者爲多。

第二、培養個人成爲社會上良好的公民及有用的人才。

第三、增進個人生活上的情趣及社會活動的參與。

其四、在教育上強調投資的觀念，絕對不會貶低教育的價值，更沒有把教育看做商業化的意思。如果我們視教育投資含有商業化的意味，則必須在一定時間內收回成本，甚至還要有利益所得，否則，即不再繼續投資。教育投資則不然，它不一定能在短期內表現成果績效或獲致實利，即使是獲知某類教育投資後在經濟上的利益並不大，國家仍繼續作適量的投資而不予停止，因爲教育投資的目的，不僅是經濟的，亦是社會的，是唯實教育，亦是精神教育。二者非但不衝突，且並行不悖，相輔相成；此於工商業之於投資，迥然有異。

根據以上各點的說明，我們可以確認「教育是一種投資，一種具有高度利潤的投資」，此一觀念與事實，當能爲大家所共認。

其次，是關於教育發展是否以報酬率定取捨的問題，我們可以說，報酬率是教育經濟學家在探討教育投資與收益間的各項關係時，所試圖採行的一種測度方法，但由於此一方法在計算及運用上的諸種限制，因此，到目前爲止，沒有任何一位經濟學家或教育經濟學家建議政府有關部門採用此一方法作爲決定教育決策的依據。在計算及運用上的各項限制沒有求得合理的解決以前，其最大的功能，僅能提供決策者作比較與參考而已。

對於教育投資與報酬率的觀念有了正確的認識以後，我們究應持何

種的態度來研究這門學科。我想，應該首先瞭解教育經濟學沙及到教育上的什麼課題。 近代國家發展的目標是多方面的， 國防建設、醫藥衛生、社會福利、經濟發展等， 均需要充裕的財源與經費，而在此同時，卻又面臨着教育擴張的問題， 因此， 在國家總資源不敷分配的情況下，教育部門就必須利用既定的資源來達成發展的目標。研究教育經濟學，即是向關心教育事業的公衆與個人指出：透過教育經濟學的原理原則，我們可以促使教育部門更有效與更有貢獻， 並可使教育在現代社會中的角色更積極與更重要❹。

　　在這個前題之下，本書認爲研究教育經濟學，不能僅具有經濟知識或教育知識，而需要二種知識的綜合與平衡。因爲教育經濟學是以經濟的觀念來分析教育部門的課題， 所以， 除經濟學家外， 今後教育學家在此一分析的過程中亦應擔任重要的角色，彼此均以一種「持平」的態度及「科際整合」的觀點， 在不偏於理想主義與功利主義的原則下尋求有效的方法，達成國家訂定的教育目標，這是所應持有的研究態度之一。

　　目前， 教育經濟學雖然已成爲世界各國熱切研究的學科之一❺， 且教育在經濟發展中所具有的價值及地位亦再次爲經濟學家所體認，但站在教育整體發展的目標上， 除了要求個人應有熟練的生產技能外， 在舉世重視物質而忽略精神的潮流中， 對於個人人格的培養、人生觀念的建立、生活價值的體驗，尤不能忽視而應予重新提高，否則，人與機器或產品幾乎無所差異。 因此， 教育經濟學所應強調的是教育的非經濟利益，而非教育的經濟利益，這是所應持有的研究態度之二。

---

❹　高希均主編： 「教育經濟學論文集」，聯經出版事業公司，民國六十六年一月，頁十三。

❺　根據沙查波羅 (G. Psacharopoulos) 氏的調查，目前全世界約有七十四國從事教育投資及收益等諸種問題的研究。

　　有人懷疑，如果把經濟的法則運用到百年大計的教育部門，是否會違背了教育的崇高理想。本書對於這個問題的看法是這樣的，在基本態度上如果持以唯實的觀點，可能會有所偏失。苟非如此，則不僅不違背教育的理想，抑且幫助它來發揮教育的功能。高希均教授指陳：今天很多有關教育、就業與人力運用的問題，不是由於運用了經濟法則的結果，而是由於忽略了運用經濟法則的結果[6]。但是對於此經濟法則應如何運用以達成教育整體發展的目標，教育學家或教育經濟學家均宜審慎之，這是所應持有的研究態度之三。

　　最後，我們可以說，姑無論在教育學或經濟學的領域中，教育經濟學還是一門新興的學科。但是部份教育學家對於這門學科至今仍持一種懷疑與排斥的態度，認爲此與傳統教育的理想格格不入，它的興起會引導教育誤入「利」的歧途。事實上，如果我們能以平和的眼光，冷靜的態度去分析一下，教育經濟學並不完全以「實利」爲出發點，像教育經濟學家布勞格（M. Blaug）及費傑（John Vaizey）等均認爲教育的非經濟利益實大於教育的經濟利益[7]，問題是，對於這些非經濟利益是否應該像對於一般經濟現象一樣均須予以數量化才能理解呢。或者是教育學家一定要堅持一一予以數量化才感滿意呢。因此，本書認爲教育學家不妨重視教育經濟的產生，假以時日，經過不斷的研究與改進，或許會讓你發現滿意的答案或它存在的價值，這是所應持有的研究態度之四。

---

[6]　轉引自高希均：「略論教育爲百年大計與經濟法則」，載於民國六十五年七月十三日中國時報。

[7]　John Vaizey: Economics of Education, Faber and Faber London, pp. 46, 150.

Mark Blaug: The Rate of Return on Investment in Education, The Manchester School, Vol. 33, 1965, No. 3. p. 243.

第二節　教育經濟學的展望

晚近以還，由於人類知識領域的擴大及對於學術研究的重視，故喻當今時代爲「知識爆炸」的時代。知識的擴增，不僅意味着許多新的知識與學科的興起，無一不與人類的需要與生活有關，也意味着對於舊有的知識與觀念應該重新予以評估，以免阻礙學術的進展。在此一思潮激盪之下，教育的價值體系，遂由傳統上所謂「認知」的教育，進而爲「求實」的教育。因此乃產生了教育與經濟相互接合的理論，經過各種資料實證的結果，教育經濟學這一門學科終於因應而生，並引起了教育學家與經濟學家共同研究的興趣。不過教育是國家的百年大計，所以教育經濟學在未來的發展上，應該對於下列問題作有系統的研究，期使教育在「認知」與「求實」二方面，二者均得到和諧的發展。

第一、教育經濟學的觀念雖然起源得很早，但是引起經濟學家普遍地重視，並能夠自成一門學科，嚴格地說，卻是一九六〇年以後的事，其發展的歷史至今不過十餘年光景，在此短暫的時間中，經濟學家對於教育與經濟間相互關係的研究，已有相當的成績。諸如，教育對經濟成長貢獻之測度，教育成本與效益的計算方法，教育生產模式的建立，及教育資源的有效運用等，均爲以前所未曾討論的課題，今天能夠有一個比較明確的表達，暫且先不論其表達的方式是否完全正確，站在學術研究的立場上，這顯然是一種進步。

第二、也由於上述各種理論建立的時間爲時甚短，所以在某些方面還不夠成熟，因此，在教育上的運用程度，尚有待進一步的去探討。首先就教育對經濟成長所作貢獻的測度而言，經濟學家爲了探求此一問題，最早有所謂剩餘因素分析法的提出。這不但對於教育在經濟方面所

發揮的功能有一個客觀的依據，而且對於過去以傳統方法所不能解釋的
有關經濟成長的一些問題亦能有所澄清。但這畢竟是對於教育投資效果
一種籠統的總合的估量，這種估量必須與教育投資所需支出的成本加以
比較後，才能看出它的效果，於是，乃有所謂教育成本與效益的計算。

在成本與效益的計算方面，最為大家所爭論的是效益測度所得到的
結果並不令人感到滿意。原因在於它所使用的分析方法尚不十分完備，
同時，對於間接的經濟效益以及非經濟效益亦多予疏忽。為了考慮這
些問題，對成本效益分析的技術及方法，必須要再修正。亦正因為如
此，乃激發許多教育經濟學家不斷地從事這一方面的研究。相信在大家
努力不懈的研究下，對於這一問題能有更進一步的解釋，是可以預卜
的。

第三、教育經濟學是現代經濟學的產物，並不是教育學的產物。由
於經濟學家對於教育學的性質，並不十分熟悉，因此，在還沒有尋求出
合理有效的方法來探測教育的非經濟利益之前，可能較偏重於經濟利益
的測量。要言之，即著重於生產知識的增加與技術的改進，期謀生產量
之提高與質的改善方面。

事實上，有關教育上非經濟利益之探求，殊非易事，它涉及到教育
上哲學的、心理的、文化的、社會的及政治上的背景，此一計算方式之
建立，自較困難。不過，這卻是教育經濟學中很重要而不容忽略的課
題，是故教育經濟學家今後應該設法尋出一個可行的途徑，加強這一方
面的研究，這樣，研究出來的教育經濟學才更有意義，更有價值。

第四、如果僅用經濟學的方法，來分析研究教育的行為或意念，可
能仍會有所偏失。教育經濟學它所運用的經濟分析工具，大部份來自勞
動經濟學、人力經濟學、福利經濟學、個體與總體經濟學、及統計學
等。實際上，這些經濟學的理論與方法——特別在勞動經濟、人力經濟

及福利經濟學方面，　本身並不十分成熟，　焉能用之於處理複雜的人類的行爲或意念問題。因爲人的行爲或意念，本身並不是一成不變的，如果不考慮到這些因素，則教育經濟學研究出來的結果，不是有所偏失，就是不能爲教育上運用。職是之故，今後教育經濟學的研究，首先必須要加強現有的經濟理論，其次要將人類行爲或意念的問題納入在教育經濟學的理論中，因爲個人生產力之增進與提高，除了本身的技術與能力外，還跟他對於工作上所持有的態度、觀念、操守等有着密切的關係，這一些都是在人類行爲或意念上所要探討的課題。

第五、教育經濟學是教育與經濟的橋樑，過去教育學家辦教育甚少考慮到經濟效益的問題，因此，不免會有資源浪費的地方，而經濟學家如果不瞭解教育的本質，在達成目標上亦可能會造成缺失。如果此二類人員兼具經濟與教育的觀念，則易於發揮教育經濟學的功能。是故教育經濟學這一門學科，應列爲大學教育學系與經濟學系共同開設的課題。

第六、我國教育經濟學的興起爲時較晚，而國內這一方面的專家亦不多，加之資料的缺乏，故在觀念推動上頗感困難而成效不大。目前教育部教育計畫小組在作業上尚能兼具教育經濟學諸多觀念的研究，如前後二次所舉辦的「教育計畫與經濟發展研習會」及「教育計畫與教育統計研習會」，旨在溝通教育行政人員、財經人員、及主計人員等的觀念，使大家在工作上更能配合一致。另外，該小組分贈於各級教育行政機關，各級學校等閱讀的教育計畫叢書，部份亦在介紹有關教育經濟學的理論。這一門學科的推展，今後還需要有興趣的人士不斷的研究與努力，希望能在研究中培養出更多的專才，建立起適合於我國國情與需要的教育經濟學。

本章摘要

在本章中，提出二個課題來討論。第一個課題是我們對於教育經濟學的研究態度。第二個課題是教育學未來的展望。對於前一項問題，本文認為對於教育經濟學的研究應持有如下幾種態度：

一、教育學家與經濟學家彼此均應以一種「持平」的態度及「科際整合」的觀點，在不偏於理想主義與功利主義的原則下尋求有效的方法，達成國家訂定的教育目標。

二、教育經濟學今後所應強調的是教育的非經濟利益，而非教育的經濟利益。

三、對於今後如何運用經濟法則來達成教育整體發展的目標，教育學家與經濟學家均宜持審慎的態度，以免造成教育發展的偏失。

四、部份教育學家對於當今教育經濟學所持的理論，多少都有所評議，本文認為教育學家不妨重視教育經濟學的產生，假以時日，經過不斷的研究與改進，或會讓你發現滿意的答案或它存在的價值。

關於教育經濟學今後的展望，有如下幾點：

一、由於教育經濟學各種理論基礎的建立為時甚短，所以在某些方面還不夠成熟，因此，在教育上的運用程度，尚有待進一步的去探討。

二、教育經濟學家今後應該設法尋出一個可行的途徑，加強教育上非經濟利益的研究，並盡量使之客觀化，以與其經濟的利益得以相互比較，這樣，研究出來的教育經濟學才會更有意義、更有價值。

三、今後教育經濟學的研究，首先必須要加強現有的經濟理論，其次要將人類行為或意念的問題納入在教育經濟學的理論中，因為個人生

產力之增進與提高，除了本身的技術與能力外，還跟他對於工作上所持有的態度、觀念、操守等有着密切的關係，這一些都是在人類行爲或意念上所要探討的課題。

四、教育經濟學是教育與經濟的橋樑，過去教育學家辦教育甚少考慮到經濟效益的問題，因此，不免會有資源浪費的地方，而經濟學家如果不瞭解教育的本質，在達成目標上亦可能會造成缺失。如果此二類人員兼具經濟與教育的觀念，則易於發揮教育經濟學的功能。

貳、參考書目

一、中文參考書目

1. 王鎭庚先生撰：「敎育是投資嗎？」，載於民國六十五年十一月廿二日中央日報副刊。

2. 正中書局印行：「敎育計畫與經濟和社會發展」民國五十九年。

3. 史元慶：「經濟發展理論」，三民書局印行，民國五十九年。

4. 伊力・金柏（Eli Gingberg）著：「人力資源─富國論」，協志工業叢書，民國五十五年八月初版。

5. 江文雄：「國民敎育經費問題之研究」彙編於「國民敎育法」資料，敎育部國敎司編印，民國六十六年十二月。

6. 施建生：「敎育功能之經濟分析」，臺大經濟研究所，經濟論文叢刊，民國六十二年十一月。

7. 何玲霞：「績效預算與計畫預算實施問題」，財稅參考資料之卅六，財政部財稅人員訓練所編印，民國六十二年。

8. 李建興譯：「美國威斯康辛大學敎學成本之個案研究」，載於「敎育成本與人力投資論文專輯」，敎育計畫叢書之十八，敎育部敎育計畫小組編印。

9. 余書麟：「敎育經濟學基礎」，華岡出版部印行，民國六十三年三月。

10. 余書麟：「國民敎育與人口問題」，國立臺灣師範大學出版組。

11. 「我國地方敎育經費問題之調查分析」，敎育部敎育計畫小組編印，民國六十四年。

12. 「我國各級政府敎育經費之分配與使用研究」，敎育部敎育計畫小組編印，民國六十八年。

13. 「我國各級學校設施及建築設備使用概況調查報告」，教育部教育計畫小組編印，民國六十四年。

14. 「系統分析在我國行政機關運用可行性之研究」，國家建設研究委員會專題報告之十五，民國六十三年六月。

15. 李增榮、劉永憲合著：「設計計畫預算制度」，財稅參考資料之十二，財政部財稅人員訓練所編印，民國六十年。

16. 周玉津：「零基預算制度評介」，新生報，民國六十七年六月廿六日「學人論壇」專欄。

17. 林文達：「教育經濟與計畫」，幼獅文化事業公司印行，民國六十六年三月。

18. 林文達：「教育計畫與系統分析」，教育計畫叢書之六，教育部教育計畫小組編印，民國六十四年八月。

19. 紀東：「教育的基本目標」載於民國六十五年十二月十二日中央日報副刊。

20. 師大教育研究所：「臺灣省未來六年國小教師需求量之推估研究」，省教育廳委託辦理，民國六十四年六月。

21. 高希均：「生活水準與生活素質－經濟發展的過程與目的」，載於「人力經濟與教育支出研究」第十四篇，行政院經合會人力發展叢書第四八輯。

22. 高希均：「教育、人力與經濟發展」，教育計畫叢書之十二，教育部教育計畫小組編印，民國六十四年十月。

23. 高希均：「教育經濟學的基本概念」載於「教育計畫與經濟發展」研習會專輯，教育計畫叢書之十二，教育部教育計畫小組編印，民國六十四年十月。

24. 高希均主編：「教育經濟學論文集」，聯經出版社，民國六十六年一月。

25. 徐育珠、侯繼明：「臺灣地區人力運用問題之研究」，國立政治大學經濟研究所暨行政院經設會編印，民國六十四年五月。

26. 「教育投資問題之研究」，國家建設研究委員會編印。

27. 教育部教育計畫小組：「我國教育投資及其收益率之調查研究」，教育計畫叢書之廿五，民國六十六年十二月。

28. 黃昆輝：「教育計畫之社會基礎」，師大教育研究所集刊第十五輯。

29. 黃昆輝：「教育計畫的方法」，教育計畫叢書之五，教育部教育計畫小組編印，民國六十四年八月。

30. 葉學哲：「亞洲教育發展的透視」，人力資源叢書第十一輯，行政院經合會人力資源小組編印，民國五十五年十月。

31. 經合會人力發展工作小組：「臺灣教育投資收益率之分析」，民國六十二年。

32. 陳聽安：「臺灣地方財政研究」，財政部財訓所編印，民國六十三年十月。

33. 蓋浙生、陳佩珍合撰：「我國各級教育投資收益率的分析研究」，教育部教育計畫小組，教育計畫研究報告之一，民國六十四年八月。

34. 蔡保田：「當前我國國民小學教育經費的實際問題」，載於國立政治大學學報，第二十二期，民國五十九年十二月。

35. 饒餘慶：「經濟發展史觀」，今日世界出版，民國五十四年再版。

二、西文參考書目

1. A. B. Cavrall: "Costs and Returns for Investment in Technical Schooling by A Group of North Carolina High School Graduates" North Carolina State University Dec. 1967.

2. A. C. Eurich:"Increasing Productivity in Higher Education, in the Review of Econmics and Statistics", Aug. 1960.

3. Alfred Marshall:"Principles of Economics," 8th ed., Macmillan & Co., Ltd., London 1930.

4. Adam Smith: "An Inquiry into the Nature and Causes of the Wealth of Nations," Cannan ed, (reissued by Modern Library,) Random House, Inc., 1937 Book II.

5. Adam Smith: "The Wealth of Nations", reissued by Modern Library, Random House, Inc, 1937.

6. Alan J. Thomas: "Efficiency Criteria in Urban School System" paper presented to the American Educational Association, N.J. city, 1967.

7. Aron Wildavsky: "The Political Economy of Efficiency". public Administration Review XXVI. No. 4, 1966.

8. Burton A. Weisbrod: "External Benefits of public Education." New Jersey Princeton University 1964.

9. B. Hasvat: "The Optimum Rate of investment" Economic Journal Dec. 1958.

10. C. Arnald Anderson: "The Social Context of Educational Planning" UNESCO IIEP 1967.

11. C. Arnald Anderson: "The Theory ot Eaucational Planning in

Educational Planning" Edited by Bereday, George Z. F. and Lauwerys, Joseph 1967.

12. C. A. Anderson: "Access to Higher Education and Economic Development in Education, Economy and Sociality" edited by Halsey, Floud, and Anderson, Freepress 1961.

13. C. A. Anderson and M. J. Bowman: "Theoretical Consideration in Educational Planning" edited by M. Blaug "Economics of education-I", Penguin Books, 1968,

14. Elchanan Cohn: "The Economics of Education" Ballinger Publishing Company Cambridge, Mass.

15. C. Kenneth Tanner:"Designs for Educational Planning A System Approach" Health Lexington Book, D. C. Health and Company Lexington, Mass. 1971.

16. Don Adams and Robert M. Bjork, "Education in Developing Area" New York David Mckay, Co. Inc. 1972.

17. Deal Walfle: "Educational Opportunity, Measured intelligence and social background in Education, Economy and Society" edited by Halsey, Floud, and Anderson, Freepress, 1961.

18. Edward F. Denison: "Measuring Contribution of Education" In the Residual factor and Economic Growth OECD, 1964

19. Edward F. Dension: The Sources of Economic Growth in the U. S. and the Alternatives Before U.S. Supplementary Paper No. 13 Committee for Economic Development, N. J. 1962.

20. "Educational Development in Africa" Vol. Ⅱ Costing and financing by Various authors UNESCO: IIEP, 1969.

21. Elchanan Cohn: The Economics of Education, "Lexington books, D.C. Health Co. 1972.

22. Elchanan Cohn: "The Economic of Education" Ballinger publishing Co. Cambridge Mass. 1975.

23. "Education is Good Business" Published by American Association of school Administrators, Washington D. C. 1966.

24. Edward B. Jakubauskas and Neil A. Palomba: "Manpower Economics" Addison–Wesley publishing Co. 1973.

25. E. F. Renshaw: "Estimating the Returns to Education", Review of Economics and Statistics Vol. 42, No. 3, 1963.

26. Frank W. Banghart and Albert Trull Jr: "Educational Planning" The Macmillan Co. N.J. 1973.

27. Frank W. Banghart: "Educational System Analysis" New York, The Macmillan Co. 1969.

28. F. Harbison & C. A. Myers: "Education, Manpower and Economic Growth" Strategies of Human Resources Development, Mcgraw-Hill Book Co., N. Y. 1964.

29. F. Harbison: "The African University and Human Resource Development" studies in Labor and Industrialization, Reprint No. 33. From the Journal of Modern African studies 1956.

30. Frederick Harbison and C. A. Myers: "Education, Manpower and Economic Growth" Mcgraw-Hill Book Company, N. J. 1964.

31. Fritz Machlup: "Education and Economic Growth", University of Nebraska press. 1970.

32. Fritz Machlup: "The Production and Distribution of knowledge in the U.S. Princeton University press," N.J. 1962.

33. F. Welch: Rates of Return to Investment in Education Journal of political Economy, Jan./Feb. 1970.

34. George B. Baldwin: "Brain drain or overflow" Foreign Affairs,

Jan, 1970.

35. G. F. Kneller: "Education and Economic Thought", John Wiley and Sons, Inc., New York, 1968.

36. Glem L. Immegart: "System Theory and Taxonomic Inquiry into Organization Behavior in Education" Rand Mcanally press, Chicago 1968.

37. G. Psacharopoulos: "Return To Education", Jossey–Bass Inc., Publishers, San Francisco, 1973.

38. G. Psacharopoulos: "Returns to Education–An" International Comparison", "Jossey–Bass Inc., publishers 1973.

39. Gray Becker: "Human Capital" Second Edition, NBER 1975.

40. Harbison & Myers: "Education, Manpower & Economic Growth" Mcgraw–Hill Book Co. N. J. 1964.

41. Harry J. Hartley: "Educational planning-programming—Budgeting—A system Approach" Prentice—Hall Inc. 1968.

42. H. F. Clark: "Potentialities of Education Establishments Outside the Conventional structure of higher Education". Financing Higher Education, 1960–70 D.M. Keezer(ed) N.J. 1959.

   H. P. Miller: "Rich Man and Poor Man", N. Y. Thomas P. Crowell 1964.

44. H. S. Honthakker:"Education and Income", Review of Economics and Statistics, Vol. 41. No. I. 1951.

45. I. Svennilson, F. Edding and L. Eluin: "Target for Education in Europe in 1970." Vol. II. Policy Conference on Economic Growth and Investment in Education OECD. Paris, Jan. 1962.

46. J. Alan Thomas: "Management and Productivity in Education–A Micro Perspective," Preliminary Draft, Depart. of Education,

University of Chicago, Feb. 1976.

47. J. Alan Thomas: "The Productive School"–A system Analysis Approach to Educational Administration University of Chicago press, 1971.

48. J. A. Schumpeter: Capitalism, Socialism and Democracy 3rd. Harper, 1950.

49. J. A. Schumpeter: "The Theory of Economic Development", Harvard University press, 1949.

50. J. A. Schumpeter: "Business Cycles", Mcgrow–Hill Company, 1939.

51. James S. Colemam: "Education and political Development" new Jersey, princeton University Press, 1965

52. John Chesswas: "Tanzania: Factors influencing Change in teacher's basic salaries". UNESCO HEP 1972.

53. John vaizey: "Some of the main Issue in the strategy of Educational Supply" In policy conference on Economic Growth and Investment Economic, Washington 16–20 Oct, 1961.

54. J. K. Galbraith: "Economic Development". Harvard University press, 1964.

55. Jacob Mincer: "Schooling experience, and earnings", Columbia, University press, N. J. 1974.

56. Jacob J. Kaubman: "A Cost-Effectiveness Study of Vocational Education", Pennsylvania State University, 1969.

57. John Sheehan:"The Economics of Education", London, George Allen & Unwin Ltd, 1975.

58. Joseph S. Szyliowicz: "Education and Modernization in the Middle East" Cornell University press, 1973.

59. John Vaizey & J. D. Chesswas: "The Costing of Educational plans" IIEP 1967.

60. John Vaizey: "The Political Economy of Education", John Wiley and Sons Co. N. J. 1972.

61. John Vaizey: "Economics of Education, Faber and Faber", London

62. John W. Hanson and Cole S. Bremack: "Education and the Development of Nations" New York:Holt, Rinehart and Winston Inc. 1966.

63. Mark Blaug: "Approaches to Educational Planning." Economic Journal, Vol. 77. (1967)

64. Mark Blaug: "An Introduction to the Economics of Education", 1972.

65. Mark Blaug: "Economics of Education I" The Rate of Return on Investment in Education Penguin Modern Economics Readings 1968.

66. Mark Blaug:"The Rate of Return on Investment in Education." The Manchester School Vol. 33. 1965.

67. Mary Jean Robinson and C. A. Anderson: "Education and Economic development" Aldine publishing Co. U. S. A. 1963.

68. Martin O'Donogbue: Economic Dimensions in Education, Republic of Ireland, Cohill and Co. Limited Dublin 1971.

69. Maureen Woodhall: "Cost-benefit Analysis in Educational Planning" IIEP, 1970.

70. Lester C. Thurow: "Education and Economic Equality" in Power and Ideology in Education, edited by J. karabel and A. H. Halsey Oxford University press 1977.

71. Oliver R. Gibson: "A General System Approach to Decision

Making" paper presented as part of the series General system Theory and Education at the series General System Theory and Education at the Eleventh Annual general Meeting of the Society for General System Research, 1965.

72. Ozebekhan H. "Foward A. General Theory of Planning" The perspect of planning ed. Erich Jantsch, Paris UNESCO. 1968.

73. Samuel Bowles: Toward An Educational Production Function Harvard University.

74. S. Enke: Economics for Development (Population and Growth)-A general theorem, Quarterly Journal of Economics, 1963.

75. Simon Kuznets: Modern Economic Growth 1966.

76. Stephen Enke: Economics for Development, Prentice-Hall Inc. Englewood Cliffs, N. J. 1963.

77. Theodore W. Schultz: "The Economic Value of Education" Columbia University press, 1963.

78. Frank W. Banghart and Albert Trull: "Educational Planning" the Macmillan Co. N. J. 1973.

79. T. W. Schultz: "Investment in Human Capital", The American Economic Review Vol. 51, No. 4, 1961.

80. T. W. Schultz: "Education and Economic Growth", University of Chicago press, Chicago 1961.

81. T. W. Schultz: "Capital Formation by Education Journal of Political Economy", Vol. 67, No.6, 1960.

82. Philip Coombs & Jacques Hallak: "Managing Educational Costs" N. J. Oxford University press. 1972.

83. Philip H. Coombs: "What is Educational Planning" UNESCO, International Institute for Educational Planning 1970.

84. Philip H. Coombs: "A Report on the International Institute for Educational Planning", 1965

85. Philip H. Coombs: "The World Educational crisis:A System Analysis" London, Oxford University Press. 1968.

86. Robert F. Simpson: "The Methodology of Educational Planning" The Hong-Kong Council for Educational Research, Department of Education, University of Hong-Kong 1966.

87. Robert Solow: Technical Change and the Aggregate Production Function Review of Economics and Statistics. Aug. 1957.

88. Roe L. Johns/Edgar L. Morphet: The Economic and Financing of Education-A System Approach Prentice-Hall, Inc. N. J. 1969.

89. Rostow, W. W. "The Stage of Economic Growth" Cambridge at the University press, 1962.

90. Roy Carr-Hill and Olav Magnussen:Indicators of Performance of Educational System, O. E. C. D. Paris 1973.

91. UNESCO: Statistical Yearbook 1973.

92. UNESCO: Statistical Yearbook 1975.

93. U. N. Industrial development Organization Veinna training for industry Series No. 2. Estimation of Managerial and technical personnel requirement in selected industries, U.N. New York 1968.

94. W. G. Bowen:"Assessing the Economic Contribution of Education" in Economics of Education, edited by Mark Blaug. Penguin Books Ltd.

95. World Bank: Educational Evaluation Report In Developing Countries, 1974.

三民大專用書書目

國父遺教

國父思想	涂子麟	著	中山大學
國父思想	周世輔	著	前政治大學
國父思想新論	周世輔	著	前政治大學
國父思想要義	周世輔	著	前政治大學

法　律

中國憲法新論	薩孟武	著	前臺灣大學
中國憲法論	傅肅良	著	中興大學
中華民國憲法論	管歐	著	東吳大學
中華民國憲法逐條釋義(一)～(四)	林紀東	著	臺灣大學
比較憲法	鄒文海	著	前政治大學
比較憲法	曾繁康	著	臺灣大學
美國憲法與憲政	荊知仁	著	政治大學
國家賠償法	劉春堂	著	輔仁大學
民法概要	鄭玉波	著	臺灣大學
民法概要	董世芳	著	實踐學院
民法總則	鄭玉波	著	臺灣大學
判解民法總則	劉春堂	著	輔仁大學
民法債編總論	鄭玉波	著	臺灣大學
判解民法債篇通則	劉春堂	著	輔仁大學
民法物權	鄭玉波	著	臺灣大學
判解民法物權	劉春堂	著	輔仁大學
民法親屬新論	黃宗樂	等著	臺灣大學
民法繼承新論	黃宗樂	等著	臺灣大學
商事法論	張國鍵	著	臺灣大學
商事法要論	梁宇賢	著	中興大學
公司法	鄭玉枝	著	臺灣大學
公司法論	柯芳枝	著	臺灣大

— 1 —

書名	著者		學校
公司法論	梁宇賢	著	中興大學
票據法	鄭玉波	著	臺灣大學
海商法	鄭玉波	著	臺灣大學
海商法論	梁宇賢	著	中興大學
保險法論	鄭玉波	著	臺灣大學
民事訴訟法釋義	石志泉 原著 楊建華 修訂		輔仁大學
破產法	陳榮宗	著	臺灣大學
破產法論	陳計男	著	行政法院
刑法總整理	曾榮振	著	臺中地院
刑法總論	蔡墩銘	著	臺灣大學
刑法各論	蔡墩銘	著	臺灣大學
刑法特論（上）（下）	林山田	著	政治大學
刑事政策（修訂版）	張甘妹	著	臺灣大學
刑事訴訟法論	黃東熊	著	中興大學
刑事訴訟法論	胡開誠	著	臺灣大學
行政法（改訂版）	林紀東	著	臺灣大學
行政法	張家洋	著	政治大學
行政法之基礎理論	城仲模	著	中興大學
犯罪學	林山田	等著	政治大學等
監獄學	林紀東	著	臺灣大學
土地法釋論	焦祖涵	著	東吳大學
土地登記之理論與實務	焦祖涵	著	東吳大學
引渡之理論與實踐	陳榮傑	著	外交部
國際私法	劉甲一	著	臺灣大學
國際私法新論	梅仲協	著	前臺灣大學
國際私法論叢	劉鐵錚	著	政治大學
現代國際法	丘宏達	等著	馬利蘭大學等
現代國際法基本文件	丘宏達	編著	馬利蘭大學
平時國際法	蘇義雄	著	中興大學
中國法制史	戴炎輝	著	臺灣大學
法學緒論	鄭玉波	著	臺灣大學
法學緒論	孫致中	著	各大專院校

書名	作者		學校
行政管理學	傅良賢	著	中興大學
行政生態學	彭文賢	著	中興大學
各國人事制度	傅肅良	著	中興大學
考詮制度	傅肅良	著	中興大學
交通行政	劉承漢	著	成功大學
組織行為管理	龔平邦	著	前逢甲大學
行為科學概論	龔平邦	著	前逢甲大學
行為科學與管理	徐木蘭	著	臺灣大學
組織行為學	高尚仁	等著	香港大學
組織原理	彭文賢	著	中興大學
實用企業管理學	解宏賓	著	中興大學
企業管理	蔣靜一	著	逢甲大學
企業管理	陳定國	著	臺灣大學
國際企業論	李光華	著	文化大學
企業政策	陳光華	著	交通大學
企業概論	陳定國	著	臺灣大學
管理新論	謝長宏	著	交通大學
管理概論	郭崑謨	著	中興大學
管理個案分析	郭崑謨	著	中興大學
企業組織與管理	郭崑謨	著	中興大學
企業組織與管理（工商管理）	盧宗漢	著	中興大學
現代企業管理	龔平邦	著	前逢甲大學
現代管理學	龔平邦	著	前逢甲大學
事務管理手冊	新聞局	著	
生產管理	劉漢容	著	成功大學
管理心理學	湯淑貞	著	成功大學
管理數學	謝志雄	著	東吳大學
品質管理	戴久永	著	交通大學
可靠度導論	戴久永	著	交通大學
人事管理（修訂版）	傅肅良	著	中興大學
作業研究	林照然	著	輔仁大學
作業研究	楊超忠	著	臺灣大學
作業研究	劉一忠	著	舊金山州立大學

— 5 —

中國現代教育史	鄭世興 著	臺灣師大
中國大學教育發展史	伍振鷟 著	臺灣師大
中國職業教育發展史	周談輝 著	臺灣師大
社會教育新論	李建興 著	臺灣師大
中國社會教育發展史	李建興 著	臺灣師大
中國國民教育發展史	司　琦 著	臺灣政大
中國體育發展史	吳文忠 著	臺灣師大
如何寫學術論文	宋楚瑜 著	臺灣大學
論文寫作研究	段家鋒 等著	政戰學校 等

心理學

心理學	劉安彥 著	傑克遜州立大學
心理學	張春興 等著	臺灣師大 等
人事心理學	黃天中 著	淡江大學
人事心理學	傅肅良 著	中興大學

經濟・財政

西洋經濟思想史	林鐘雄 著	臺灣大學
歐洲經濟發展史	林鐘雄 著	臺灣大學
比較經濟制度	孫殿柏 著	政治大學
經濟學原理（增訂新版）	歐陽勛 著	政治大學
經濟學導論	徐育珠 著	南康涅狄克州立大學
經濟學概要	歐陽勛 等著	政治大學
通俗經濟講話	邢慕寰 著	前香港大學
經濟學（增訂版）	陸民仁 著	政治大學
經濟學概論	陸民仁 著	政治大學
國際經濟學	白俊男 著	東吳大學
國際經濟學	黃智輝 著	東吳大學
個體經濟學	劉盛男 著	臺北商專
總體經濟分析	趙鳳培 著	政治大學
總體經濟學	鐘甦生 著	西雅圖銀行
總體經濟學	張慶輝 著	政治大學
總體經濟理論	孫震 著	臺灣大學

書名	著者	學校	
數理經濟分析	林大侯	臺灣大學	著
計量經濟學導論	林華德	臺灣大學	著
計量經濟學	陳正澄	臺灣大學	著
經濟政策	湯俊湘	中興大學	著
合作經濟概論	尹樹生	中興大學	著
農業經濟學	尹樹生	中興大學	著
工程經濟	陳寬仁	中正理工學院	著
銀行法	金桐林	銀行	著
銀行法釋義	楊承厚	銘傳	著
商業銀行實務	解宏賓	華南銀行	編著
貨幣銀行學	何偉成	中興大學	著
貨幣銀行學	白俊男	東吳大學	著
貨幣銀行學	楊樹森	文化大學	著
貨幣銀行學	李穎吾	臺灣大學	著
貨幣銀行學	趙鳳培	政治大學	著
現代貨幣銀行學	柳復起	新南威爾斯大學	著
現代國際金融	柳復起	新南威爾斯大學	著
國際金融理論與制度（修訂版）	歐陽勛 等	政治大學	編著
金融交換實務	李麗	中央銀行	著
財政學	李厚高	逢甲大學	著
財政學（修訂版）	林華德	臺灣大學	著
財政學原理	魏萼	臺灣大學	著
商用英文	張錦源	政治大學	著
商用英文	程振粵	臺灣大學	著
貿易契約理論與實務	張錦源	政治大學	著
貿易英文實務	張錦源	政治大學	著
信用狀理論與實務	蕭啟賢	輔仁大學	著
信用狀理論與實務	張錦源	政治大學	著
國際貿易	李穎吾	臺灣大學	著
國際貿易實務詳論	張錦源	政治大學	著
國際貿易實務	羅慶龍	逢甲大學	著

國際貿易理論與政策（修訂版）	歐陽勛等編著	政治大學
國際貿易政策概論	余德培著	東吳大學
國際貿易論	李厚高著	逢甲大學
國際商品買賣契約法	鄧越今編著	外貿協會
國際貿易法概要	于政長著	東吳大學
國際貿易法	張錦源著	政治大學
外匯投資理財與風險	李麗著	中央銀行
外匯、貿易辭典	于政長編著 張錦源校訂	東吳大學 政治大學
貿易實務辭典	張錦源編著	政治大學
貿易貨物保險（修訂版）	周詠棠著	中央信託局
貿易慣例	張錦源著	政治大學
國際匯兌	林邦充著	政治大學
國際行銷管理	許士軍著	新加坡大學
國際行銷	郭崑謨著	中興大學
行銷管理	郭崑謨著	中興大學
海關實務（修訂版）	張俊雄著	淡江大學
美國之外匯市場	于政長譯	東吳大學
保險學（增訂版）	湯俊湘著	中興大學
人壽保險學（增訂版）	宋明哲著	德明商專
人壽保險的理論與實務	陳雲中編著	臺灣大學
火災保險及海上保險	吳榮清著	文化大學
市場學	王德馨等著	中興大學
行銷學	江顯新著	中興大學
投資學	龔平邦著	前逢甲大學
投資學	白俊男等著	東吳大學
海外投資的知識	葉雲鎮等譯	
國際投資之技術移轉	鍾瑞江著	東吳大學

會計・統計・審計

銀行會計（上）（下）	李兆萱等著	臺灣大學等
初級會計學（上）（下）	洪國賜著	淡水工商
中級會計學（上）（下）	洪國賜著	淡水工商
中等會計（上）（下）	薛光圻等著	西東大學等

書名	作者		學校
會計辭典	龍毓珊	譯	學
會計學（上）（下）	幸世間	著	臺灣大學大學
會計學題解	幸世間	著	臺灣大大學商
成本會計（上）（下）	洪國賜	著	淡水工商學
成本會計	盛禮約	著	淡水工商
政府會計	李增榮	著	政治大學
政府會計	張鴻春	著	臺灣大學
稅務會計	卓敏枝 等	著	臺灣大學等
財務報表分析	洪國賜 等	著	淡水工商等
財務報表分析	李祖培	著	中興大學
財務管理	張春雄	著	政治大學
財務管理（增訂新版）	黃柱權	著	政治大學
商用統計學（修訂版）	顏月珠	著	臺灣大學
商用統計學	劉一忠	著	舊金山州立大學
統計學（修訂版）	柴松林	著	政治大學
統計學	劉南溟	著	前臺灣大學
統計學	張浩鈞	著	臺灣大學
統計學	楊維哲	著	臺灣大學
統計學	顏月珠	著	臺灣大學
統計學題解	顏月珠	著	臺灣大
推理統計學	張碧波	著	銘傳管理學院
應用數理統計學	顏月珠	著	臺灣大學
統計製圖學	宋汝濬	著	臺中商專
統計概念與方法	戴久永	著	交通大學
審計學	殷文俊 等	著	政治大學
商用數學	薛昭雄	著	政治大學
商用數學（含商用微積分）	楊維哲	著	臺灣大學
線性代數（修訂版）	謝志雄	著	東吳大學
商用微積分	何典恭	著	淡水工商
微積分	楊維哲	著	臺灣大學
微積分（上）（下）	楊維哲	著	臺灣大學
大二微積分	楊維哲	著	臺灣大

新　聞

書名	著者		學校
大眾傳播與社會變遷	陳世敏	著	政治大學
組織傳播	鄭瑞城	著	政治大學
政治傳播學	祝基瀅	著	政治大學
文化與傳播	汪琪	著	政治大學

歷史・地理

書名	著者		學校
中國通史（上）（下）	林瑞翰	著	臺灣大學
中國現代史	李守孔	著	臺灣大學
中國近代史	李守孔	著	臺灣大學
中國近代史	李雲漢	著	政治大學
中國近代史（簡史）	李雲漢	著	政治大學
中國近代史	古鴻廷	著	東海大學
隋唐史	王壽南	著	政治大學
明清史	陳捷先	著	臺灣大學
黃河文明之光	姚大中	著	東吳大學
古代北西中國	姚大中	著	東吳大學
南方的奮起	姚大中	著	東吳大學
中國世界的全盛	姚大中	著	東吳大學
近代中國的成立	姚大中	著	東吳大學
西洋現代史	李邁先	著	臺灣大學
東歐諸國史	李邁先	著	臺灣大學
英國史綱	許介鱗	著	臺灣大學
印度史	吳俊才	著	政治大學
日本史	林明德	著	臺灣師大
日本現代史	許介鱗	著	臺灣大學
近代中日關係史	林明德	著	臺灣師大
美洲地理	林鈞祥	著	臺灣師大
非洲地理	劉鴻喜	著	臺灣師大
自然地理學	劉鴻喜	著	臺灣師大
地形學綱要	劉鴻喜	著	臺灣師大
聚落地理學	胡振洲	著	中興大學
海事地理學	胡振洲	著	中興大學
經濟地理	陳伯中	著	前臺灣大學
都市地理學	陳伯中	著	前臺灣大學